高职高专创新人才培养规划教材

连锁经营管理

连锁企业采购管理实务

（第二版）

张 琼 主编

全渠道运营、场景化营销以及数据驱动的链路重组为消费升级和线上线下零售新生态的构建指明了方向。本次修订在保持上一版教材特色的基础上，根据最新理论进展、零售企业采购技术创新实践对教材内容进行了适当更新，以适应行业发展和教学模式改革的需要。

东北财经大学出版社
Dongbei University of Finance & Economics Press

大连

图书在版编目（CIP）数据

连锁企业采购管理实务 / 张琼主编. —2版. —大连：东北财经大学出版社，2018.2
（高职高专创新人才培养规划教材·连锁经营管理）
ISBN 978-7-5654-3021-3

Ⅰ．连… Ⅱ．张… Ⅲ．连锁企业-采购管理-高等教育-教材 Ⅳ．F717.6

中国版本图书馆CIP数据核字（2017）第318479号

东北财经大学出版社出版
（大连市黑石礁尖山街217号 邮政编码 116025）
网　址：http：‖www.dufep.cn
读者信箱：dufep@dufe.edu.cn
大连市东晟印刷有限公司印刷　　　东北财经大学出版社发行
幅面尺寸：185mm×260mm　字数：303千字　印张：12.75　插页：1
2018年2月第2版　　　　　　　　　2018年2月第2次印刷
责任编辑：郭海雷　张爱华　　　　　　责任校对：齐　欣
封面设计：冀贵收　　　　　　　　　　版式设计：钟福建
定价：30.00元

第二版前言

近年来，随着消费不断升级，零售业态创新及格局变迁也在持续显现，连锁零售企业经营情况表现各异：有的企业大规模关店，抑或快速开店跨区域布局；有的企业利润呈两位数增长，抑或加速亏损；有的企业积极探索创新转型，抑或被兼并收购。探究企业经营不善的原因，恐怕与尚未做好最为核心的商品采购工作不无关系。《国务院办公厅关于推动实体零售创新转型的意见》（国办发〔2016〕78号）提出，为适应经济发展新常态，推动实体零售创新转型，释放发展活力，要创新组织形式。鼓励连锁经营创新发展，改变以门店数量扩张为主的粗放发展方式，逐步利用大数据等技术科学选址、智能选品、精准营销、协同管理，提高发展质量。鼓励特许经营向多行业、多业态拓展，着力提高特许企业经营管理水平。引导发展自愿连锁，支持龙头企业建立集中采购分销平台，整合采购、配送和服务资源，带动中小企业降本增效。在"商品升级、营销创新"的新理念下，采购应遵从畅销、盈利、服务三大标准。商品采购是一个庞大的系统工程，如何为企业带来各具特色的高品质畅销商品，涉及商品知识、品类管理、消费者研究、营销策划、供应商管理、新技术应用、卖场设计、消费品安全以及可持续消费等诸多方面。

本版教材在保持第一版特色的基础上，根据最新理论进展、零售企业采购技术创新实践等对理论部分进行了适当更新，并根据连锁企业近年来的成功经验，更新了有关数据、资料与案例等应用和实践部分，尤其加大了案例和实训的比重，减少了纯理论陈述的部分，具有较强的应用性和实践性，能够适应行业发展的步伐和教学模式改革的需要。

本教材由浙江商业职业技术学院张琼副教授主编并主持修订，浙江商业职业技术学院李志君老师、刘潇潇老师任副主编。在修订过程中参考、吸收、采用了有关专家和学者的研究成果，在此表示衷心的感谢。由于编者水平有限，书中难免会有不足或偏颇之处，恳请广大读者及同行专家批评指正，以使我们改进。

编 者
2017年11月

目　录

第1章

连锁采购管理概述

学习目标

通过本章的学习，要求学生明确连锁采购管理的意义，熟悉连锁采购管理的主要内容，掌握连锁企业采购的主要特征，了解连锁企业常见的采购类型、优缺点以及使用条件。

【引例】 **2017中国商品采购年会召开**

近年来，随着消费不断升级，零售业态创新及格局变迁也在持续进行，连锁零售企业经营情况表现各异：有的企业大规模关店，抑或快速开店跨区域布局；有的企业利润呈两位数增长，抑或加速亏损；有的企业积极探索创新转型，抑或被兼并收购。探究企业经营不善的原因，在于这些企业尚未做好最为核心的商品采购工作。商品采购是一个庞大的系统工程，涉及商品知识、品类管理、消费者研究、营销策划、供应商管理、新技术应用、卖场设计、消费品安全以及可持续消费等诸多方面。

由中国连锁经营协会（CCFA）主办的"2017中国商品采购年会"于2017年4月18—20日在深圳召开。本届采购年会主题为"商品升级 营销创新"。本届年会集交流研讨、经验分享、特色商品展示与采购、厂家实地考察、超市一线访学，以及区域零售榜单发布等系列活动于一体，是年内零售及相关业态同行交流、学习、合作与分享的最佳一站式平台。本届年会将围绕上述内容，邀请连锁零售企业和相关厂商的高管、国内外专家从不同角度、各个层面分享他们的经验和心得。年会期间，还专设展场，并遵从畅销、盈利、服务三大标准，展示由采购委员会特别推荐的数十家优质厂商带来的各具特色的高品质畅销商品。展示商品覆盖生鲜、食品、非食品等大类，部分厂商还将分享与超市伙伴合作共赢的成功案例。

资料来源 中国连锁经营协会.2017中国商品采购年会召开［EB/OL］.［2017-04-18］. http：//huiyi. ccfa.org.cn/cms/special/index.jsp？d=703.

1.1 连锁采购管理概述

连锁采购管理是现代连锁企业管理的重要组成部分，在整个连锁企业的运转中起着举足轻重的作用。科学的连锁采购管理可以大大降低连锁企业的经营成本，给连锁企业带来很大的经济效益和利润空间。

1.1.1 连锁采购管理的含义

1.连锁采购管理与采购的区别

为了深入理解连锁采购管理的含义，我们有必要明白连锁采购管理与采购的联系和区别。

所谓连锁采购管理，就是指为保障连锁企业物资供应而对整个连锁企业采购活动进行计划、组织、指挥、协调和控制，是管理活动。连锁采购管理面向整个连锁企业，也就是说，不但面向连锁企业全体采购人员，而且也面向连锁企业的其他人员。进行有关采购的协调配合工作，一般由连锁企业的采购科（部、处）长或供应科（部、处）长或连锁企业副总来承担。其使命就是要保证整个连锁企业的物资供应。

采购是指在一定的时间、地点条件下，通过商品交易手段，实现从多个备选对象中选择购买能够满足自身需求的物品的企业活动过程。连锁企业采购是指连锁企业根据连锁经营需求提出采购计划、审核计划，有目的地选择供应商，并经过商务谈判，确定商品价格、交货方式及相关条件，最终签订合同并按合同要求收货付款的过程。相对来说，采购只是指具体的采购业务活动，是作业活动，一般由采购人员承担，只涉及采购人员个人，其使命就是完成采购科（部、处）长等布置的具体采购任务。

可见，连锁采购管理和采购不完全是一回事。但是，采购本身也有具体的管理工作，属于采购管理。采购管理本身可以直接管到具体的采购业务的每一个步骤、每一个环节、每一个采购人员。因此，采购管理与采购是有联系的。虽然个人采购、一般家庭采购等当中也有管理工作，但那是非常简单的采购管理工作，人们习惯上不把它看成一种管理工作，因此在日常生活中没有采购管理的概念。而连锁企业由于采购量大、品种多、牵涉范围广、事情复杂，采购管理工作必不可少，所以都毫无例外地设有采购管理组织机构，而且连锁企业越大，连锁采购管理工作就越重要。

2.连锁企业采购的主要特征

（1）实行统一采购制度。

对于连锁企业来说，其真正的核心竞争力在于实行统一采购制度。只有实行了统一采购制度，才能真正做到统一陈列、统一配送、统一促销策划、统一核算，才能真正发挥连锁经营的规模经济优势。

在连锁经营中，商品采购权主要集中在总部，由总部设立专门的采购部门或配送中心承担采购任务，各门店一般不承担采购任务。统一采购是连锁经营的基本特征，是连锁企业实现规模化经营的关键环节。与传统商业分散采购相比，统一采购有利于降低采购成本，规范采购行为和稳定商品质量。

（2）购销业务统分结合。

虽然连锁企业实行统一采购和购销分离的经营体系，但总部采购人员的职责绝不仅仅是将商品采购进来，他们还要对商品的销售负责，统一规划促销活动。这就促使采购人员在决定商品采购前应及时掌握销售动态，真正做到"以销定购"，同时门店也可在总部授权下对少数具有特殊配送要求的商品进行采购和加工，如生鲜商品中的叶菜、鲜活水产等。

（3）采购计划性强。

连锁企业采购计划的制订，建立在对市场状况和供应商情况进行深入调查研究的基础上，充分体现了消费者的需求和商品的供应趋势。因此，连锁企业的商品采购必须制订周密的计划，并按严格的程序执行，以此体现连锁企业的经营方向和经营方针。

（4）采购批量大。

连锁企业由于拥有庞大的销售网络体系，占据众多的零售终端渠道，能实现巨额的销售业绩，因此与其他形式的企业相比较，其商品采购批量特别大。这就使连锁企业在与供应商进行采购谈判时处于相对的优势地位。连锁企业有条件在互惠互利的基础上，要求进入连锁销售网络的供应商以较低的价格提供商品，从而降低成本，提高利润。

3.连锁企业常见的采购类型

根据我国连锁经营管理的基本状况，目前我国连锁企业常见的采购类型主要有以下4种：

（1）代销采购。

代销采购是指连锁企业先将供应商的商品采购到各门店销售，然后按采购合同约定的结算时间和结算方法，与供应商进行货款结算的一种采购方式。代销采购具体有两种形式：

A.定期结算，即双方在约定的时间期限内（一般是3个月以内），连锁企业根据所采购商品的销售情况付款给供应商。连锁企业实际销售多少，便给供应商结算多少，已在连锁企业但还没销售的商品暂不结算，待下次结算时再根据销售情况结算。

B.批次结算，也称翻单结算，即连锁企业与供应商约定，供应商送来第一批商品，连锁企业先暂不付款，在连锁企业要求进下一批商品时将上次所欠货款全部付清。结算的利润分成由双方事先在合同中约定，没有固定模式。这种采购方法的最大优势是减少了连锁企业的资金占用和经营风险，但却大量占用了供应商的流动资金，连锁企业的利润空间较小，在结算不及时的情况下，还容易引起经济纠纷。

（2）买断采购。

买断采购是指连锁企业收到供应商的商品时，经检验后符合合同所规定的标准，便立即付清全部货款的采购方式。这是一种购销关系比较规范的采购方法，在现代市场经济中常被采用。这种方法增加了连锁企业的资金占用和经营风险，但能以较低的价格采购商品，利润空间也较大。

@ **相关链接1-1**

家电零售业采购的新策略

中国连锁经营协会相关人士表示，未来几年将是零售行业加速洗牌的时期，不少没有实力和规模的企业将会被淘汰，而一些实力较强的企业将会通过规模采购、买断、包销等手段不断取得与上游企业的谈判话语权。买断、包销等手段能够保证企业的产品差异化，避免市场过度分散，从而获得比较丰厚的利润。

2016年8月，国美在"2016中国企业500强"中排名第104位。目前，包销、定制产品已经占国美整体销售额的30%。以冰箱、洗衣机为例，通过加强与冰洗制造商的深度合作，扩大采购规模，销售利润高的产品，预计两年内国美冰箱销售额将提升35%，洗衣机销售额将提升30%。

资料来源　作者根据相关资料整理.

（3）订单采购。

订单采购是指连锁企业根据市场情况和销售经验，在商品的规格品种、花色质量和数量时间等方面明确向供应商提出要求，并按单订货的方法。其结算分为两种方式：一是连锁企业先付一定比例的定金，货到后再付清余款；二是等货到后一次性付清全部货款。例如，早在2005年，国美与海尔签订了包括空调、冰箱等13大品类，总值高达6亿元的采购订单，创造了国美同期与单一上游电器生产厂商一次性签订采购订单金额的最高纪录。

@ **相关链接1-2**

我国实体零售企业自有品牌发展状况

为了解实体零售企业自有品牌经营状况，2016年8月30日，中国连锁经营协会采购委员会对内进行了自有品牌现状调查。参与调查的27家实体零售企业2015年销售规模为2 564.5亿元（仅统计超市业态销售）。

调查结果显示，自有品牌依旧处于起步阶段，大多数实体零售企业的自有品牌销售占比为6%以下，自有品牌品项开发能力不高，特别是生鲜类品项数较低，但与此同时，部分实体零售企业已从自有品牌获益，自有品牌毛利率普遍高于25%，近2/3的实体零售企业今年上半年自有品牌销售额增长在10%以上。

资料来源　中国连锁经营协会. 我国实体零售企业自有品牌发展状况［EB/OL］.［2017-05-31］. http://www.ccfa.org.cn/portal/cn/view.jsp? lt=33&id=430428.

（4）招标采购。

招标采购是指大型或特大型连锁企业定期向全社会公布本企业的商品采购计划和要求，各供应商自愿投标竞争，连锁企业经过一定程序选定供应商后，再签订合同，按合同供货的方法。连锁企业采用此方法能在较大范围内选择最佳供应商，采购到质优价廉的商品满足市场需求。但要求连锁企业具有较大的规模和较高的市场信誉，国内外大型的连锁企业常采用此方法。

1.1.2　连锁采购管理的目标

增强企业竞争力是企业经营活动的主要目标之一，也是实施采购管理的一项重要目标。只有不断增强企业竞争力，在激烈的市场竞争中企业才能生存和发展，才能确保基业长青。我们可以将连锁采购管理的目标归纳为以下5个方面：

1.为连锁企业提供所需的商品

这是连锁采购管理最基本的目标。最初，采购部门就是为此目标而设的。提供不间断的商品，以使整个组织正常运转，这是采购部门的第一要务。商品缺货时，因支出的固定成本一定，而运营成本的增加以及无法实现营业额的最大化，将对企业造成极大的损失。

2.争取最低成本

在保证获得所需商品的质量、配送和服务等方面达到要求的同时，采购部门还应该全力以赴以最低的价格获得商品。

采购成本的高低是衡量采购管理绩效的一项重要指标。采购成本具体包括直接采购成本和间接采购成本。直接采购成本是指商品的采购价格，也就是采购商与供应商最终达成的交易价格。对直接采购成本的控制主要通过优化供应商、采购市场本土化（或本地化）、数量优势谈判、提高采购工作效率、与供应商共同实施价值工程等途径来实现。间接采购成本是指采购过程中发生的相关费用，例如运输费用、汇率变动费用、仓储费用。对间接采购成本的控制主要通过增加送货频率、压缩供货周期、减少库存、实施来料免检、包装物回收利用、及时结算等途径来实现。

@ **相关链接1-3**

沃尔玛员工下班回家顺路完成商品配送

对于沃尔玛而言,如何在保证商品具有一定质量水准的前提下尽可能地控制价格,成为经营的最重大问题之一。大型连锁超市快速发展的基础就是向消费者让利,也就是控制价格。而它所"让"的这部分"利"从哪里来?首先最重要的就是控制供应价格,压缩供应商的利润空间;另外一个很重要的就是控制物流成本。

在美国3个城市的沃尔玛网站和Jet.com购物的顾客,现在有了新的配送员。但这些新的配送员并非联邦速运、UPS等大型快递公司的员工,也并非来自Instacart或Deliv等初创快递公司。这些新的配送员就是沃尔玛员工。

"与众筹配送模式不同,我们店员的配送起始点就是商品所在地。而在众筹配送模式下,司机通常需要绕路去拿包裹,然后再专程配送至目的地。"沃尔玛电商美国总裁兼首席执行官马克·洛尔在沃尔玛的博客中说。这项服务全部通过沃尔玛自己开发的APP完成,目前这项服务处于测试阶段。

此APP能够将订单配送地址与员工下班回家的驾车路线相匹配,其设计目的旨在尽量减少员工驾车回家额外绕路的情况。为顾客配送商品完全出于员工自愿,沃尔玛员工可以选择何时配送、配送包裹数量以及包裹体积。

资料来源　作者根据相关资料整理.

3.协调供应商关系,确保适时适量的供应

连锁采购管理要建立起连锁企业与供应商之间的良好关系,建立并且管好供应链,保证企业的商品来源,为经营活动的正常进行奠定基础。商品采购要适时适量:商品进少了就有可能产生缺货,影响到正常的生产经营活动;商品进多了会占用较多的资金,也会增加仓储和保管费用,加大企业的经营成本。如果保证商品供应不间断的主要方法是保持大量的库存,那么必然占用资金,最终导致这些资金不能再用于其他方面。如果采购部门可以用价值1 000万元的库存(而不是原来的2 000万元)来保证企业的正常运作,那么1 000万元库存的减少不仅意味着多1 000万元的流动资金,而且也意味着节省了大量的库存费用。因此,实现适时适量的采购目标,既可以保证供应,又可以使采购成本最小化,提高资金的使用效率。

4.提高商品的质量

质量是市场上唯一经久的价值标准。连锁企业应通过不断加强对供应商的管理,确保采购商品的质量。要达到这一目标,连锁企业就要建立严格和规范的质量管理制度,制定衡量质量的标准,通过贯彻全员质量管理来确保质量管理制度的落实与执行。同时,还应将质量管理的经营理念延伸到供应商,使供应商形成系统的质量计划、质量控制和质量改进的经营体系,为企业商品从源头上提供可靠的质量保证。

5.促进产品开发

在采购过程中,连锁企业应该充分发挥自己接触市场、了解市场的优势,鼓励供应商积极参与到本企业新产品开发的工作中来,听取和吸收他们的意见和建议,最终开发出适销对路的新产品，为本企业赢得竞争优势。常见的策略有：

（1）联合开发策略。

联合开发策略就是连锁企业与实力强大的生产商联合开发自有品牌商品，共担开发费用、共担风险、共享利润的一种策略。商品不但冠以连锁企业自有品牌，还冠以在市场上为公众所熟知的生产商品牌，形成鲜明的双品牌。这种策略的优势在于可以充分利用实力强大的生产商的声誉及其在市场上的知名度，为消费者提供双重质量保证，降低消费者的购物风险，有利于提高连锁企业自有品牌的知名度和市场份额。

（2）战略联盟策略。

战略联盟策略是指连锁企业与实力较弱的中小生产商结成联盟，连锁企业根据市场需求，提出产品的生产标准，委托中小生产商生产加工，待验收合格后在产品上冠以连锁企业自有品牌进行销售的一种策略。这种策略的优势在于连锁企业可充分利用自己的销售能力控制较为弱小的中小生产商，在生产上不必分散过多的精力和资金，专注于自有品牌的开发。

（3）自主开发策略。

自主开发策略是连锁企业从商业领域进军生产领域的一种品牌开发策略。连锁企业充分利用盈余的资本投资设厂，自主设计开发和生产产品，然后在自己的产品上加注自有品牌并置于自己的超市内等进行销售，是一种典型的前店后厂模式。这种策略的优势在于连锁企业将从产到销的整个价值链整合在一起，有利于对其中的各个环节进行有效控制。

例如，目前许多超级市场开展绿色蔬菜销售专柜，积极倡导绿色品牌产品，投入大量的资金与生产商一起开发和经营绿色食品，如无化学污染的蔬菜、水果，无病害的肉类，无菌处理的鸡蛋等，满足了因人们生活水平提高而对食品的高品质要求，并引导新的消费模式。据有关部门对北京、上海两大城市的调查，绿色食品在我国所具有的市场潜力是巨大的，有80%左右的消费者希望购买到绿色食品。有的国家绿色食品类市场消费量年增长率达到9%~10%，甚至50%。

案例1-1

美国拉笛尔蔬菜超市的"前店后场"

在美国的休斯敦市，有一家很独特的蔬菜超市——拉笛尔蔬菜超市，其最大特色就是种植同销售融为一体。拉笛尔蔬菜超市以其丰富的品种、新鲜的产品、优良的服务和低廉的价格赢得了众多消费者的青睐与信赖，也由此先后挤垮了不少中小蔬菜市场。目前它已成为休斯敦市最大的也是最受市民们欢迎的日常蔬菜供应中心，并成为全美所有蔬菜超市的佼佼者。

在拉笛尔蔬菜超市里，一排排宽大的货架上及蔬菜专用箱里整齐地摆满了近百种新鲜蔬菜，每种蔬菜都标有当日的价格牌，成捆的蔬菜都系着一个小标签，上面标明重量和价格。在超市的一角，有两大排的半成品蔬菜货架，各种蔬菜被加工成不同形状放在一个个玻璃柜里，顾客烹调起来十分方便。

设在店后的蔬菜"农场"，与超市只隔着一层玻璃，人们可以从超市清楚地看到将要购买的蔬菜是怎样生长的。"农场"近10米高的大棚被充分利用。一排排几十层高的可以自动调节升降的金属架，从地面一直到棚顶，每一层都种植不同的蔬菜，自上而下，从生长期到成熟期。金属架的4根柱子是自来水管道，每层的架子都设有喷水口，"农场"工人只要按一下遥控器按键，即可为任何一层蔬菜浇水。棚顶吊着几十盏高低不同的人造小太阳灯，能够照射到每个角落，以满足蔬菜对阳光的需求，棚内还设有温、湿度自动调节器，里面的"气候"和"季节"都由人工调控。

由于拉笛尔蔬菜超市省去了各地收购、运输和中间商等多道环节，损耗率极低，因而其售价比市价普遍低5%～7%，与同类蔬菜市场相比具有明显的质量和价格优势。

资料来源　佚名. 美国蔬菜超市的"前店后场"［EB/OL］.［2015-12-05］. http://www.doc88.com/p-9733189943017.html.

1.2 连锁采购管理的职能

连锁企业的采购实现了对整个企业的商品供应，已成为企业联系整个资源市场的纽带。采购管理的职责主要包括以下几个方面：

1.2.1　选择与评价供应商

这一任务包括供应商的筛选、鉴别、评价、认证、培养，以及审核、考察、评审、资料备案等具体工作。它是采购工作的起点和重点，没有对供应商的了解和管理、没有专业性地对行业进行了解，供应商的产品和服务就很难满足企业的需要。对供应商做的工作越多，采购工作就会越有效率，管理问题就会少一些。

1.2.2　保证公司在采购价格上的优势

采购部门应及时了解市场（国际/国内）的行情，保证公司在采购价格上的优势，在市场状况发生明显变化时能够妥善利用供应商的资源，采取适当策略降低风险和取得竞争优势。例如沃尔玛始终保持自己的商品售价比其他商店便宜，是在压低进货价格和降低经营成本方面下功夫的结果。沃尔玛直接从生产厂家进货，想尽一切办法把价格压低到极限。公司纪律严明，监督有力，禁止供应商送礼或请采购人员吃饭，以免采购人员损公肥私。沃尔玛取得成功的关键在于商品物美价廉，以及对顾客的服务优质上乘。

@相关链接1-4

降低商品成本的方法和手段：

1.通过付款条款的选择降低采购成本。如果企业资金充裕，可采用现金交易或货到付款的方式，这样往往能带来较大的价格折扣。

2.把握价格变动的时机。价格会经常随着季节、市场供求情况的变动而变动，因此采购人员应注意价格变动的规律，把握好采购时机。

3.选择信誉佳的供应商并与其签订长期合同。与诚实、讲信誉的供应商合作不仅能保证供货的质量、及时交货，还可得到其付款方式及价格的关照，特别是与其签订长期的合同，往往能得到更多的优惠。

4.充分进行市场调查和信息收集。一个企业的采购管理要达到一定水平，应充分注意对采购市场的调查和信息的收集、整理，对供应商的产品成本或服务状况要有所了解，只有这样，才能充分了解市场的状况和价格的走势，才能在价格谈判中使自己处于有利地位。

资料来源　佚名. 如何降低采购成本［EB/OL］.［2017-08-17］. https：//article.liepin.com/writings/450775.shtml. 节选.

1.2.3　制定采购制度和设计合理的采购流程

采购部门应制定符合本公司的规章制度，同时满足质量管理和财务制度的采购控制流程，确保公司的采购活动能够满足生产部门、市场部门、公司内部其他各种采购要求。采购活动是公司中资金占用最多的活动，它的合理运作依靠公司每个部门的每个员工的大力支持。采购活动的整个流程反映了公司各个方面的规定，如财务制度、人力资源管理制度、销售管理制度、仓库管理制度、配送管理制度、信息管理制度等诸多方面。管理完善的公司，资金的使用效率和效益都远好于一般公司。值得注意的是，很多公司都有流程，但是存在两方面问题：一方面，流程不合理、冗长，签字烦琐、流于形式；另一方面，流程没有真正发挥效力，违反流程的事一再发生，被领导们"下不为例"轻松放过，流程成为表面文章。树立流程的威信、坚守流程是采购能够充分发挥作用的关键。

连锁企业采购作业流程会因采购的方式、采购的对象等不同而在作业环节上有所差异，但一个完整的采购流程，一般包括以下几个基本环节：

1.确认采购需求——请购

任何采购都产生于连锁企业中某个部门的确切需求。连锁企业各部门应该清楚地了解其对商品的需求：需要什么、需要多少、何时需要。采购部门对它们的商品需求加以汇总，从而进行采购。

2.需求商品的说明

如果不了解使用部门到底需要什么，采购部门就不可能进行采购。因此，在确认商品需求之后，要对商品需求的细节加以描述，包括商品品质、包装、售后服务、运输及检验方式等，以使商品来源选择及价格谈判等作业能顺利进行。

3.选择供应商

明确了采购需求的商品细节之后，连锁企业就可以开始考察市场，以选择供应商了。首先在原有供应商中选择业绩良好的，通知其报价，或者采用各种方式选择新的供应商。供应商的选择是连锁企业采购活动中较重要的一环，涉及连锁企业是否能购买到所需的商品。供应商的选择应结合价格、质量、交货时间、售后服务等综合考虑。

4.采购合同谈判

选定供应商之后，连锁企业要确定采购价格、采购条件、供货条件等，以便与供应商进行谈判。连锁企业可以通过招标方法来确定价格条件等，但许多采购活动不是通过招标进行的，可以和供应商进行谈判来确定价格条件等。

5.签订采购合同和订单安排

采购合同的条款达成一致后，连锁企业就可以与供应商办理订货签约手续了。订货签约手续包括订单和合约两种方式：订单和合约均属于具有法律效力的书面文件，买卖双方的要求、权利及义务，必须在订单或合约中予以说明。

6.商品跟催

连锁企业把采购订单发给供应商之后，应对订单进行跟踪和催货。订单发出的同时会确定相应的跟踪接触日期。

7.商品验收和发票的核对

商品验收是采购活动的一个重要环节，连锁企业一般都会集中验收，验收部门直接或间接地对采购部门负责。

8.验收不符与退货处理

凡所交货品与订单规定不符而验收不合格者，应依据订单规定退货，并立即办理，予以结案。

9.结案

验收合格付款，或验收不合格退货，均须办理结案手续，清查各项书面资料（合同、订单、验收单、发票、申请付款单等）有无遗失、绩效好坏等，报高级管理层或权责部门核阅批示。

10.记录与档案维护

凡经结案批示后的采购案件，均应列入档案，登记编号分类，予以保管，以备今后选择供应商时参阅或事后发生问题时查考。

课堂讨论1-1

案例背景：韵达快递现已成为集快递、电子商务配送和仓储服务为一体的全国网络型品牌快递物流企业，服务范围覆盖国内31个省（区、市）及港澳台地区。2013年以来，韵达快递开启了国际化发展步伐，相继与日本、韩国、美国、德国、澳大利亚等国家和地区开展国际快件业务合作，逐步走出国门，为海内外消费者提供快递服务。2017年1月18日韵达快递正式在深交易所上市。

韵达快递在全国建设了70余个中转站，有遍布全国的40 000余家营业网点（包括公司、服务部、分部、门店），方便客户寄递快件。图1-1体现了由中转站、网点等组成的纵横交错的韵达快递网。

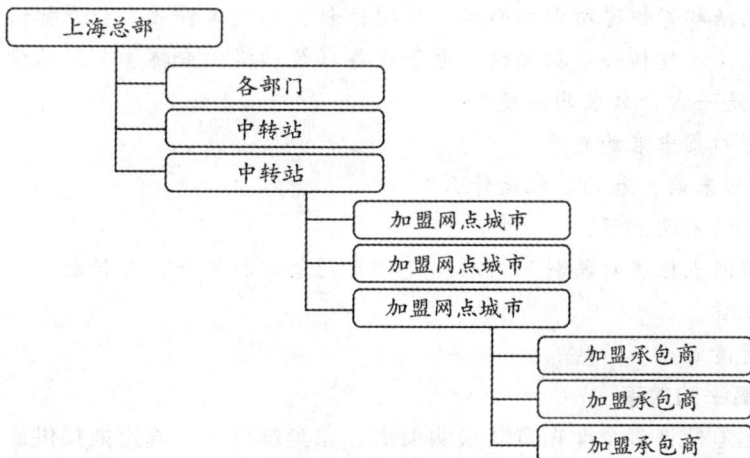

图1-1 韵达快递网

韵达快递是一家连锁加盟快递企业，具备一定条件的加盟承包商经网运中心审核批准，并缴纳一定的费用和押金，即可加入韵达网络，享有韵达网络的权益和责任。

快递加盟不同于餐饮、服装、美容等行业的加盟方式，其他行业的连锁加盟企业可以单店经营，而快递企业必须通过网络来运营。另外，需要划分一定的区域范围给网点经营，并给予网点人员训练、组织结构、经营管理、商品采购等方面的指导和帮助，网点则需要向总部支付相应的费用。网络中转运营方式如图1-2所示。

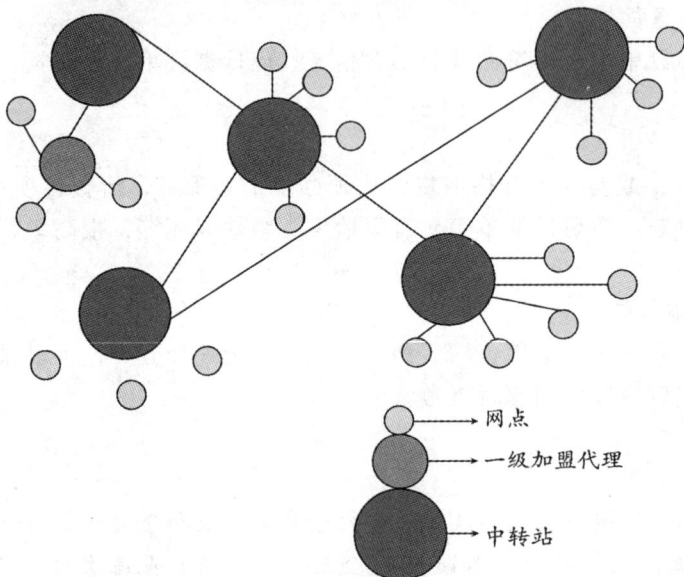

图1-2 网络中转运营方式

问题1：网点、中转站向谁采购？采购什么？

提示：在采购方面，涉及韵达快递品牌的产品都必须向总部采购，任何网点和中转站（除授权外）不得随意印制带有韵达快递标识的产品。对中转站来说，更是所有的采购都必须通过总部，因为是直营。

特许加盟对于网点来说，一些面单、软硬信封、服装、车身标识贴等也必须向总部采购。采购产品包括邮寄快递所需的面单、软硬信封、韵达工作装、企业标语贴、车身标识贴等，除这些外，还包括一些扫描仪、电子设备（帮助提供分拣、包装的设备）等。

问题2：这是一种什么采购制度？

提示：典型的集中采购制度。

问题3：如何采购？采购流程是什么？

提示：网点的采购流程：

①韵达快递网点根据对物料的需求，发传真到总部物料部，并付款。

②物料部发货。

③网点收货清点。

1.2.4 提高采购效率

经济全球化迫使许多企业拓宽其采购渠道，在全球范围内确定能提供质优价廉的商品和服务的潜在供应商，而且信息和电信的技术革命取代了传统采购部门的手工作业，提供了低成本、高效率和电子化的成效最佳的选择，这样采购可以获得更短的产品生命周期、更快的技术变化和更成熟的客户，使得采购过程中的柔性和敏捷性变得更高。采购部门应通过不懈的努力，降低采购运作成本，提高采购效率，提高门店和供应商的满意度。

提高采购效率应该遵循"五适"原则。

1.适价（right price）

适价，即适当的价格。采购时要考虑商品的价格。

2.适时（right time）

适时，即适当的时间。需购进的商品如果不按时购进，就会出现脱销，或者因为调整计划而造成管理成本增加的现象。不该购进的购进了，就会导致企业资金的积压，而且会造成商品贬值。

3.适质（right quality）

适质，即适当的质量。很多企业的采购人员只考虑到商品采购成本，而往往忽略了品质成本，品质成本主要的构成来自于预防成本、鉴定成本以及失败成本。

4.适量（right quantity）

适量，即适当的数量。采购人员依照销售需求计划中的数量购买，买进以后，配送中心管理人员依照订购单的品名、数量、交货期等作为收货的依据，厂商交货时应进行数量点收。

5.适地（right place）

适地，即能在近处购买就不必舍近求远。

@相关链接1-5

五大因素影响采购效率

1.法律因素

法律规定了6种不同采购方式的时间要求，尤其对招标方式规定了20天的候标期，如此下来，完成一个项目短的需要40多个工作日。

2.组织因素

这主要是指集中与分散采购两种模式的划分是否科学合理，是否符合人们的认识水平和适应监管水平。一般而言，集中度高则效率低；反之，效率可提高。

3.市场供求因素

与经济发展水平、财政收支规模和政府采购规模关联度较高。越是经济发展水平低、采购规模小的地方，潜在供应商和竞标供应商就越少，竞争越不充分，采购失败的风险越大。

4.管理因素

采购代理机构的服务水平决定效率高低。如果采购组织效率、采购技巧、采购文件编制、采购前期市场调查和分包等存在较大缺陷，而且每个环节均存在较大漏洞，经不起推敲，那么将导致质疑、投诉案件上升，拉长采购周期。

5.供应商投标技巧因素

一般情况是投标技巧不高，导致采购失败率较高，常见的错误主要表现在：一是编制的投标书不能满足采购文件规定的商务条款；二是投标书不符合基本形式的要求；三是业绩资料不能证明其有效性；四是提供的财务报表真实性较差；五是投标样品粗制滥造或质量低劣等。

资料来源 佚名. 五大因素影响采购效率［EB/OL］.［2017-10-30］. http://www.sooshong.com/bcc168/offerdetail-18980600.html. 节选.

1.2.5 控制采购风险

采购风险通常是指采购过程中可能出现的一些意外情况，包括人为风险、经济风险和自然风险。具体来说，如采购预测不准导致商品脱销、供应商群体产能下降导致供应不及时、货物不符合订单要求、滞销商品增加、采购人员工作失误或和供应商之间存在不诚实甚至违法行为。这些情况都会影响采购预期目标的实现。

采购部门应通过人员培训和组织调整，控制采购的合同风险和法律风险，杜绝来自公司内外的对采购流程的侵犯，提高采购部门的纯洁性。

1.3 连锁采购管理的意义

采购管理在现代连锁企业运转中起着非常重要的作用，其基本意义至少表现在以下几个方面：

第一，为连锁企业保障供应，维持正常经营，降低缺货风险。很显然，商品供应是连锁企业经营的前提条件。经营所需要的商品、设备和工具等都要由采购来提供，没有采购就没有经营条件，没有商品供应就不可能进行销售。

第二，采购商品的质量好坏直接决定着连锁企业商品质量的好坏，商品采购成本（其中包括采购费用、购买费用、进货费用、仓储费用、流动资金占用费用以及管理费用等）太高，将会大大降低连锁企业的经济效益，甚至导致亏损。

第三，物资采购是连锁企业与资源市场的关系接口。它是连锁企业外部供应链的操作点。只有通过物资采购部门人员与供应商的接触和业务交流，才能把连锁企业与供应商连接起来，形成一种相互支持、相互配合的关系。在条件成熟以后，可以组织成一条供应链，那样就会使连锁企业在管理方面、效益方面都登上一个崭新的台阶。

第四，物资采购是连锁企业与市场的信息接口。物资采购部门人员直接和资源市场打交道，而资源市场和销售市场是交融混杂在一起的，都处在大市场之中，所以物资采购部门人员和市场打交道，对市场信息比较容易获得，是连锁企业的市场信息接口，可以为连锁企业及时提供各种各样的市场信息，供连锁企业进行管理决策。

第五，物资采购是连锁企业科学管理的开端。连锁企业物资供应是直接和生产相联系的。物资供应模式往往会在很大程度上影响生产模式。例如，如果实行准时采购，则连锁企业的生产方式就会变成看板方式，连锁企业的生产流程、物资搬运方式都要做很大的变革。再如，如果要实行供应链采购，则需要实行供应商掌握库存、多频次小批量补充货物的方式，这样也会大大改变连锁企业的生产方式和物资搬运方式。所以，如果物资采购提供一种科学的物资采购供应模式，必然会要求生产方式、物资搬运方式都做相应的变动，合在一起共同构成一种科学管理模式。而且这种科学管理模式是从物资采购供应作为开端而运作起来的。

1.4 连锁采购管理的内容

采购管理是现代连锁企业管理的一项重要职能，也是专业管理的主要领域之一。采购管理的内容包括制订采购计划、进行采购决策以及采购计划的组织实施等。

1.4.1 制订采购计划

1.采购管理组织

采购管理组织是采购管理最基本的组成部分。为了搞好连锁企业复杂繁多的采购管理工作，需要有一个合理的管理制度和一个精干的管理组织机构，以及一些能干的管理人员和操作人员。

2.需求分析

需求分析就是弄清楚连锁企业需要采购什么品种、需要采购多少、什么时候需要等问题。作为全连锁企业的物资采购部门，应当掌握全连锁企业的物资需求情况，制订物料需求计划，从而为制订出科学合理的采购计划做准备。

3.资源市场分析

资源市场分析就是根据连锁企业所需要的物资品种，分析资源市场的情况，其中包括资源分布情况、供应商情况、品种质量和价格情况、交通运输情况等。资源市场分析的重点是供应商分析和品种分析，分析的目的是为我们制订采购计划做准备。

4.采购计划的制订

采购计划的制订是根据需要的物资品种情况和供应商的情况，制订出切实可行的采购计划，其中包括选择供应商、供应品种、具体的订货策略、运输进货策略以及具体的实施进度计划等，具体地解决什么时候订货、订购什么、订多少、向谁订、怎样订、怎样进货、怎样支付等。这些具体的计划为整个采购订货画了一个蓝图。

1.4.2 进行采购决策

采购部门在制订了采购计划之后，就要进行以下几方面的决策：

1.采购商品的品名和规格决策

这主要是指采购部门应该选择哪种品牌的商品。一般来讲，品牌的选择意味着对供应商声誉的信赖，除非品牌商品的价格太高，否则不会选择品牌知名度不高的替代品。

2.采购量（批量）决策

在商品采购过程中，订货量少则交付频繁，订货量多则交付次数少。在对众多的供应商评价模式中，采购数量与交付效率指标是最常用的评价供应商的标准。对连锁企业来讲，采购量（批量）决策中比较重要的是采购时间方面的决策，目标是减少采购过程中的时间间隔，协调商品流动，消除供应链系统的浪费，确保商品经济批量的按时或准时到达。

3.采购方式决策

几乎所有采购部门的采购方式决策都集中在自制还是外购这个问题上。在传统的生产经营中，大多数企业都倾向于选择自制，从而形成一个逆行联合的包括很多制造与组装分厂的大型组织，大额采购仅限于企业内部进行加工的原材料。随着国际市场的逐渐形成，企业向具有相应优势的外部供应商购买需要的商品或服务，可以更好地集中精力管理自己的业务，这种发展趋势已促使企业在经营规模上进行必要的收缩，从而拓展采购的范围。在自制与外购的决策中还涉及分包、外包等的具体决策。

4.采购价格决策

虽然价格只是采购工作的一个方面，但它却非常重要。从采购部门的目标来看，所采购商品或服务的"适价"对企业实现持续发展、提供满意的顾客服务、提升竞争力等方面的战略目标具有关键的作用。采购人员必须熟练地掌握各种定价方法，了解各种定价方法的适用时机，并且能够利用讨价还价技巧来取得满意的支付价格。在决策方面，采购部门要加强对内部成本和外部成本的管理，利用一切机会来降低、控制成本，从而确保采购成本最低化，这样才有可能使之成为以较低价格提供优质商品或服务的零售商。

1.4.3　采购计划的组织实施

采购计划的组织实施就是把上级制订的采购计划分配落实到人，根据既定的进度实施。通过这样的具体活动，完成一次完整的采购活动。

1.选择供应商

了解供应商是有效采购的前提条件。在一般情况下，采购部门可以通过供应商的商品目录、行业期刊、工商企业名录、销售代表等途径来搜集有关信息。其中，供应商的销售代表是采购部门接触到的最有价值的信息源，他们能为采购部门提供供应源、产品型号、产品规格、售后服务等方面的具体信息。

在了解了供应商以后，采购部门还要对供应商进行正式或非正式的评价，根据供应商以往交付订货的情况，追踪并检查产品在质量、数量、价格、交货日期、服务等方面的状况，对供应商进行评级，选择最高等级的供应商。

2.向供应商订货

向供应商订货具体包括联系指定的供应商、进行贸易谈判、签订订货合同等。如果采购订单涉及金额较大，特别是在一次性购买大量商品的情况下，通常采用招标采购的方式，邀请供应商积极投标。

3.验收入库

在采购过程中，采购商的一个非常重要的权力就是在接收货物之前进行检验。这个权力设定的目的就是为了给采购商一个机会，去鉴定供应商交付的货物是否与合同中规定的要求标准相一致。如果供应商交付的货物未能与合同中规定的相一致，采购商可以选择以下策略：拒收全部货物，拒收发生的费用由供应商全部承担；接收部分货物，拒收次品；接收全部货物，并要求赔偿。

需要注意的是，拒收供应商的货物必须在交付货物后的合理期限内。在实践中，由于许多采购商希望得到货物，他们往往采用其他方法来解决不符合合同规定的货物，主要看违反订货合同的严重程度。如果不严重的话，对供应商提出口头的警告就可以了。

4.合同监督

市场经济本质上就是契约经济、合同经济。采购商与供应商在达成交易之前必须订立订货合同或购销合同，以明确双方的权利和义务。有效合同包括4个基本要素：有资格的签约方，包括委托人或有资格的代理人；合法的标的或目的；发盘和接受；具体细节（如外汇兑换率等）。采购商的采购订单是一种包含了买方发盘并在供应商接受时签订的、合法的合同形式。大多数订单都包含了确认或接受的条款，有些采购商订单的背面还印有适合于任何交易的条款细节，供应商需要注意，可向法律顾问咨询。一旦签订合同，采购部门要主动与供应商联系，督促其按期交货。同时，要对交货时出现的产品质量、规格、数量等方面的问题进行交涉，确保合同的顺利执行。

5.采购评价

采购评价就是在一次采购完成以后，对这次采购活动的评价，或月末、季末、年末对一定时期内采购活动的总结评价。采购评价的主要目的在于评价采购活动的效果，总结经验教训，找出问题，提出改进方案等。通过总结评价，可以肯定成绩、发现问题、制定措施、改进工作，使采购管理水平不断提高，并将评价结果档案化，方便下一次采购时利用。

1.4.4　采购的监督与控制

采购的监督与控制是采购管理工作的重要组成部分，其目的就是确保采购计划的顺利执行。它具体包括以下内容：

1.对采购人员的监控

采购人员是采购活动的实施者，直接影响到采购计划的实施。企业要加强对采购人员的职业道德教育和业务知识培养，努力提高采购人员的综合素质，消除和杜绝采购过程中采购人员的行贿受贿、贪污腐败、假公济私行为，同时建立有效的奖惩制度，规范采购人员的业务行为。

2.对采购流程的控制

整个采购流程包括许多环节，对其控制要有所侧重，要抓关键环节，达到以点带面的效果。具体来讲，采购流程包括以下控制重点：

（1）采购计划的制订。

在采购管理中，实际的采购计划工作开始于从每个经营年度的销售预测、生产预测和市场趋势预测中获得信息。销售预测将提供关于材料、产品及采购后获得的服务的总的测量；生产预测将提供关于所需材料、产品和服务的信息；市场趋势预测将提供价格、成本和供求对比方面的信息。

库存控制数据的确定要考虑采购提前期的时间问题与安全库存量，再将这些估计数据与商品的价格趋势结合起来，制订出科学的采购计划。

（2）供应商的评级与选择标准。

选择供应商是实现企业合理采购的基础。对其进行控制具体包括供应商能否满足企业有关物资质量、数量、交付、价格、服务目标等方面的具体要求，与此相联系的还包括对供应商的历史记录、设备与技术力量、组织与管理水平、财务状况、商誉、品牌知名度、地理位置、运输条件等进行分析与评价。

（3）采购合同的拟订与审批。

采购合同的拟订要依据《中华人民共和国合同法》。如果采购商在与中国之外的供应商交易时产生了法律问题，采购合同中要特别规定解决争端时应采用哪国的法律。如果所在的国家都采用《联合国国际货物销售合同公约》（United National Convention on Contracts for the International Sale of Goods，简称CISG），除非签订合同的双方有其他约定，否则都必须遵守CISG。

（4）采购合同的督导执行。

采购合同的督导执行具体内容主要包括：严密跟踪供应商准备商品的详细过程，发现问题要及时反馈，不可贻误时间；如果本批商品需要提前交付，应该立即与供应商协商，解决提前交付的相关问题；科学地进行库存控制，使库存出货进度与合同执行进度相衔接。

（5）供应商交付货物的检验。

供应商交付货物的检验主要包括：品名规格验收、数量验收、品质验收以及凭据验收。

（6）采购绩效的考核。

由于采购对企业经济效益有很大影响，所以对采购绩效进行考核就显得非常重要。采购绩效的考核主要包括：企业内部是否建立了明确的考核目标；是否建立了完善的绩效衡量体系；主要有哪些具体的数量指标；采用的绩效标准是否科学合理。

在美国高级采购研究中心采购主管的圆桌会议上，来自《财富》杂志500强企业的60位采购主管列出了衡量采购绩效最重要的10个标准，具体为：采购商与供应商双方共同努力降低的材料成本的比例；主要供应商按时交付的比例；接到有具体预定期限订单的比例；内部顾客的满意度；统一集中采购节约的材料成本所占的比例；交付材料的次品率；与供应商之间的战略伙伴关系的建立与改善的程度；供应商提前交付货物的比例与程度；供应商认同采购商采购标准的比例；与供应商建立长期供货关系的比例。

（7）采购文件的保管。

采购文件的保管具体内容包括：根据不同的标准对采购文件进行分类、编号、归档，建立系统的采购文件数据库，以便以后在生产经营过程中使用。

3.对采购预算及执行情况的控制

采购预算是对采购过程中发生成本费用的具体匡算，不仅包括成本费用总额，而且包括费用列支情况。它是采购计划的具体化，也是实施采购计划的保证。连锁企业要建立健全严格的采购预算管理体制，明确费用列支的范围和责任。

1.4.5　采购信息的收集与使用

要通过采购调查来进行系统的数据收集、分类和分析，为企业的采购决策提供依据。企业要做好采购信息的收集与使用就要指定专职工作人员负责此项工作，使收集的采购信息面广点新，客观反映市场状况。一般来讲，可以通过以下方面的调查来获取采购信息：

（1）对所购商品或服务的调查，包括价格、功能等。

（2）对供应商的调查，包括供应商的态度、财务状况分析、生产设施分析、分销成本分析、购买物资的质量保证、绩效评价、销售战略、涉外贸易环境等。

（3）对采购系统的调查，主要目的是改进采购系统的管理，所涉及的调查项目包括采购价格的形成、价格折扣分析、货物的总成本、付款或现金折扣的程序、供应商追踪系统、货物验收系统、少量或紧急采购过程、与供应商之间的数据共享、采购人员绩效评价方法、采购部门绩效评价方法、供应商绩效评价方法。

【案例精析】

沃尔玛的全球采购秘密

在2002年2月1日之前，沃尔玛并没有自己从海外直接采购商品，所有海外商品都由代理商代为采购。沃尔玛要求刚刚加盟的沃尔玛全球副总裁兼全球采购办公室总裁崔仁辅利用半年时间做好准备，在2月1日这一天接过支撑沃尔玛2 000亿美元营业额的全球采购业务。结果，他不但在紧张的时间里在全世界成立了20多个负责采购的分公司，如期完成了全世界同步作业的任务，而且使全球采购业务在一年之后增长了20%，超过了整个沃尔玛营业额12%的增长率。

那么沃尔玛全球采购业务的秘密何在？在沃尔玛，全球采购是指某个国家的沃尔玛店铺通过全球采购网络从其他国家的供应商进口商品，而从该国供应商进货则由该国沃尔玛公司的采购部门负责采购。举个例子，沃尔玛在中国的店铺从中国供应商进货，是沃尔玛中国公司的采购部门工作，这是本地采购；沃尔玛在其他国家的店铺从中国供应商采购货品，就要通过崔仁辅领导的全球采购网络进行，这才是全球采购。这样的全球采购要求在组织形式上做出与之相适应的安排。企业活动的全球布局，当今比较成熟的组织形式有两种：一是按地理布局；二是按业务类别布局。区域事业部有助于公司充分利用该区域的经济、文化、法制、市场等外部环境的机会，不利之处在于各业务在同一区域要实现深耕细作需要付出很大的成本。而业务事业部的利弊则刚好相反。崔仁辅的全球采购网络首先由大中华及北亚区、东南亚及印度次大陆区、美洲区、欧洲中东及非洲区4个区域组成。其次在每个区域内都按照不同国家设立国别分公司，其下再设立卫星分公司。国别分公司是具体采购操作的中坚单位，拥有工厂认证、质量检验、商品采集、运输以及人事、行政管理等采购业务的全面功能。卫星分公司则根据商品采集量的多少来决定拥有其中哪一项或几项功能。

在沃尔玛的全球采购流程中，其全球采购网络就像是一个独立的公司，在沃尔玛的全球店铺买家和全球供应商之间架起买卖的桥梁。"我们的全球采购办公室并不买任何东西。"崔仁辅解释说，全球采购网络相当于一个"内部服务公司"，为沃尔玛在各个零售市场上的店铺买家服务——只要买家提出对商品的需求，全球采购网络就尽可能在全球范围搜索到最好的供应商和最适当的商品。全球采购网络为店铺买家服务还体现在主动向买家推荐新商品。

沃尔玛全球采购的流程分为重复采购和新商品采购两种。所谓新商品，就是买家没有买过的商品。对于这类商品，沃尔玛没有现成的供应商，就需要全球采购网络的业务人员通过参加展会、介绍等途径找到新的供应商和商品。由于沃尔玛的知名度很高，许多厂商也会毛遂自荐，把他们的新商品提供给全球采购网络。然后，全球采购网络就会把这些信息提供给买家。全球采购网络不仅要服务好国外的买家，还要在供应商的选择和建立伙伴关系上投入。"不管是哪个国家的厂商，我们挑选供应商的标准都是一样的。"崔仁辅介绍说，"第一个标准是物美价廉，商品价格要有竞争力，质量要好，要能够准时交货。第二个标准是供应商要遵纪守法。沃尔玛非常重视社会责任，所以我们希望供应商能够像我们一样守法，我们要确定他们按照法律的要求向工人提供加班费、福利等应有的保障。还有一点就是供应商要达到一定规模。我们有一个原则，就是我们的采购不要超过任何一个供应商50%的生意。"崔仁辅解释说，"虽然从同一个供应商采购的量越大，关于价格的谈判能力就越强，但是供应商对采购商过分信赖也不完全是好事。如果供应能够持续管理和经营，那还可以，但如果供应商在管理和经营上出现波动，那就不仅仅是采购商货源短缺的问题了。一旦采购商终止向该供应商采购，该供应商就会面临倒闭的危险，由此也会产生较大的社会问题。这是我们不愿意看到的。"

精析：

沃尔玛在全世界成立了20多个负责采购的分公司，完成了全世界同步作业的任务，而且使全球采购业务在一年之后增长了20%，超过了整个沃尔玛营业额12%的增长率。

沃尔玛的全球采购网络首先由大中华及北亚区、东南亚及印度次大陆区、美洲区、欧洲中东及非洲区4个区域所组成。其次在每个区域内都按照不同国家设立国别分公司，其下再设立卫星分公司。这种区域事业部有助于公司充分利用该区域的经济、文化、法制、市场等外部环境的机会，并且国别分公司是具体采购操作的中坚单位，拥有工厂认证、质量检验、商品采集、运输以及人事、行政管理等采购业务的全面功能。

全球采购网络相当于一个"内部服务公司"，在沃尔玛的全球店铺买家和全球供应商之间架起买卖的桥梁，在全球范围搜索到最好的供应商和最适当的商品。沃尔玛的采购标准是物美价廉，商品价格要有竞争力，质量要好，要能够准时交货，同时要求供应商遵纪守法。其中还有一个原则就是"我们的采购不要超过任何一个供应商50%的生意。"

资料来源　小兰. 采购成功案例：沃尔玛［EB/OL］.［2016-01-05］. http://www.xuexila.com/success/chenggonganli/397281.html.

职场指南

采购人员的能力要求包括：

1.有良好的沟通能力、团队协作能力，踏实肯干。

2.认真，工作细心负责。

3.有较好的执行能力、良好的心理素质，能够承受较大的工作压力。

4.熟悉采购业务流程，有较好的市场判断和把握能力。

5.具有良好的语言表达能力，能利用谈判技巧进行良好的议价。

6.具有较强的数据分析能力和组织协调能力。

7.能熟练使用办公软件，特别是Excel的操作。

本章小结

1.连锁采购管理是现代连锁企业管理的重要组成部分，在整个连锁企业的正常运转中起着举足轻重的作用。科学的连锁采购管理可以大大降低连锁企业的经营成本，给连锁企业带来很大的经济效益和利润空间。

2.所谓连锁采购管理，就是指为保障连锁企业物资供应而对整个连锁企业采购活动进行计划、组织、指挥、协调和控制，其使命就是要保证整个连锁企业的物资供应，为连锁企业提供所需的商品和服务，争取最低成本，协调供应商关系，确保适时适量供应，提高商品的质量，促进产品开发。

3.采购管理的内容包括制订采购计划、进行采购决策以及采购计划的组织实施等。

主要概念

采购　连锁采购管理　代销采购　买断采购　订单采购　招标采购

基础训练

一、选择题

1.连锁企业通常采用（　　　）采购制度。

A.混合　　　　　　　B.分散　　　　　　C.集中

2.连锁企业采购批量大的主要原因是（　　　）。

A.有较多的供应商　　　B.有庞大的销售体系　　　　　C.采购技术先进

3.定期结算是连锁企业常见的采购类型，它属于（　　　）。

A.代销采购　　　　B.买断采购　　　C.订单采购　　　D.招标采购

二、判断题

1.采购和连锁采购管理的含义是相同的。（　　　）

2.在连锁企业经营中，商品采购权主要集中在总部，由总部设立专门的采购部门或配送中心承担采购任务，各门店一般不承担采购任务。（　　　）

3.科学的采购管理可以大大降低企业的经营成本，给企业带来很大的经济效益和利润空间。（　　　）

三、简答题

1.什么是采购及连锁采购管理？

2.列举一则连锁企业采购的实例，阐述采购有哪些特征。

3.简述连锁采购管理的重要性。

实践训练

一

【实训项目】

调查物美超市的采购类型

【实训情境设计】

北京物美商业集团股份有限公司是我国较早以连锁方式经营超市的专业集团公司。公司自1994年在京率先创办综合超市以来，取得了显著的成就，成为首都最大的连锁零售企业，位列中国连锁百强排名第十位。经过多年的发展，物美超市在华北、华东及西北已经拥有满足顾客一次购物需求的大卖场、提供大社区全面服务的生活超市、便利商店和中高端百货公司等各类店铺700余家，建立了为城乡居民服务的连锁零售网络，不断推进着中国商业流通现代化的进程。了解并分析物美超市独特的采购类型，有助于我们理解科学的采购管理在整个企业的经营管理中所起的举足轻重作用。

【实训任务】

1.了解该连锁企业的经营规模和经营品种。

2.调查其主要的采购类型。

3.分析采购类型和商品品种之间的关系。

4.调查一则物美超市独创的采购实例，说明采购管理对该连锁企业的意义。

【实训提示】

1.指导老师应讲解清楚实训的目的和要求，协助学生分组并选出组长。

2.组长应充分发挥小组成员积极性，取得成员的配合、支持。

3.学生讨论发言的参与度应计入平时分数。

【实训效果评价表】

采购类型调查考评表

考评人		被考评小组	
小组成员			
考评内容	采购类型调查		
考评标准	考评点	分值（分）	评分（分）
	对物美超市采购类型调查是否全面	30	
	对采购类型与商品品种关系的分析是否正确	30	
	具体的采购实例是否有创新	20	
	组员讨论参与度	10	
	小组发言效果	10	
合计		100	

注：评分满分为100分，60~70分为及格，71~80分为中等，81~90分为良好，91分以上为优秀。

二

【实训项目】

访问当地家乐福的采购部门

【实训情境设计】

家乐福全球采购已经与1 425家中国供应商建立了业务往来，分布于全国各省市。家乐福不仅通过其销售网络为中国的新产品开拓国际市场，还通过与供应商的合作伙伴关系，帮助他们了解市场需求，改进和优化他们的生产，间接地为中国制造业的发展做了贡献。

【实训任务】

1.了解家乐福在中国的采购网络。

2.调查家乐福的采购目标。

3.体会全球采购给家乐福带来的好处。

4.分析家乐福在中国的采购网络存在的问题。

【实训提示】

1.指导老师应讲解清楚实训的目的和要求，协助学生分组并选出组长。

2.组长应充分发挥小组成员积极性，取得成员的配合、支持。

3.学生讨论发言的参与度应计入平时分数。

【实训效果评价表】

采购部门调查考评表

考评人		被考评小组	
小组成员			
考评内容	采购网络调查与采购优势分析		
考评标准	考评点	分值（分）	评分（分）
	对家乐福采购网络的了解是否全面	30	
	对家乐福采购优势的分析是否全面	30	
	对采购管理存在问题的分析是否有创新	20	
	组员讨论参与度	10	
	小组发言效果	10	
合计		100	

注：评分满分为100分，60～70分为及格，71～80分为中等，81～90分为良好，91分以上为优秀。

第2章　　　　　　连锁企业采购部门设计与人员管理

学习目标

通过本章的学习，要求学生了解连锁企业采购部门设计的原则和影响因素，掌握连锁企业采购部门的设计方式以及各种设计方式的优缺点，理解3种采购制度的优缺点和使用条件，明确连锁企业采购人员的素质要求，掌握采购人员招聘和培训的主要方式。

【引例】　　　　　　　**高绩效采购管理的四大着力点**

一家连锁企业采购费用的下降对提高利润率有巨大的作用。除了降低采购费用可增加利润以外，还可与供应商结成战略联盟，共同开发新产品，强化供应链管理，降低库存，保证到货的及时性，从而取得竞争对手所不能具有的竞争优势。

由于采购对连锁企业效益有如此之大的影响，所以那些在采购实践上实行严密管理、不断创新、与合作伙伴建立起良好关系的连锁企业，无疑会赢得同业的尊重，被视为采购管理的领先者。目前有些连锁企业，在采购管理上还没有成体系的管理模式，还是粗放的管理方法，很不利于提高竞争力。最常见的缺陷是没有集中采购。一个集团，一个大公司，下面的分、子公司各设自己的采购部门，相同的商品由不同的采购部门小批量地重复采购，白白地放弃了规模的优势。没有供应商管理体系，对不同重要程度的供应商没有差异化的管理体制；缺乏定期的供应商审核制度；对供应商的成本构成、供应商的供应链缺乏了解。其他的问题包括供应商和存货信息不能共享，采购控制通常是事后控制等。

要改变这种状况，必须建立起行之有效的采购管理机制。埃森哲在为客户提供供应链咨询服务的过程中和对《财富》500强企业的调查中，发现采购绩效优异的公司，在以下4个方面有独到之处：

一、建立统一的测评机制

在大多数企业中，CEO和负责采购的副总或其他高层主管，对采购业绩各有自己的评价标准。在某种程度上，这属于正常现象，因为企业的高层管理人员总有一些与所担任的职位相联系的具体目标，所以对不同的事情有不同的优先考虑顺序。很多公司都要应对这种采购评价标准的不连贯状况。在这方面走在前面的公司，CEO和采购主管等使用同一个平衡记分卡（balanced scorecard）来评价绩效，以便使每一个人都能够以大致同样的方式来理解采购信息。纵贯全公司的平衡记分卡帮助各个不同的业务部门调整它们处理业务轻重缓急的顺序，制定目标和期望，鼓励有利于业务开展的行为，明确个人和团队的责任，决定报酬和奖励，以及推动不间断的改进。

二、积极的领导作用

有眼光的采购领导的第一件也是最重要的一件任务，就是确立全局的采购策略。一般而言，这个策略应该围绕企业如何采购物资和服务，提高绩效水平，来规范业务实践、政策、优先考虑的事情和做事情的方法。其中最重要的一点是要把采购和整个供应链管理结合起来。

三、创造性地思考组织架构

采购业务做得好的公司，最常用的组织架构形式是根据同类物品划分组织。这种架构使公司可以在全局范围内聚合采购量，并且有利于集中供应基地。按同类物品划分的组织架构还有利于采购人员深入了解行业、产品和供应商情况，并且学会怎样用同一种声音与供应商对话。但是，这种方式也有不足之处。例如，因为要与公司内跨不同事业部的内部客户打交道，协调和合作可能比较困难。地处一隅的客户会觉得自己离供应商的选择和管理流程太遥远，因而可能会禁不住想独自与外界的供应商发展和保持关系。

为了应付这种挑战，有些公司尝试集中普及采购知识，例如招标、合同、谈判、服务等，这些知识成为采购优化的中心。在公司内部，这些知识能帮助增加地方用户的接受程度，降低发展关键技能所花的时间和资源，并且有助于在分散的采购环境中培养符合法律和道德规范的行为。

四、全企业范围内的整合

为了让有效率的、从企业出发的采购理念取得优势地位，领先的公司常常依靠覆盖全企业范围的采购团队。团队的成员包括采购、工程和产品开发的代表，不定期的会有财务、销售和IT等的人员参与。团队一起决定采购优先考虑的事项，设计物料占有成本模式，发展品种策略，并设计供应商选择标准。

资料来源　亿光. 高绩效采购管理的四大着力点 [EB/OL]. [2015-04-03]. http：//blog.sina.com.cn/s/blog_1417aefa60102vqfc.html.节选.

2.1 连锁企业采购部门设计

2.1.1 连锁企业采购部门设计的原则

1.与连锁企业的性质和规模相适应原则

采购机构的设置同连锁企业的性质、产品、规模有直接的关系。比如一些规模小的连锁企业只需要设计一个简单的采购部门就能完成连锁经营所需要的采购；一些规模大的连锁企业则需要设置采购配送中心才能完成连锁经营所需要的采购。

2.与连锁企业管理水平相适应原则

不同的连锁企业管理水平存在很大的差异。如果连锁企业管理水平很高，导入了MRP（物资需求计划）或者JIT（准时化）采购系统，那么连锁企业的采购需求计划、订单的开具、收货、跟单等均可通过计算机系统进行操作和控制；而管理水平较低的连锁企业，则可能还处于手工操作阶段。

3.权责相适应原则

要保证连锁企业采购部门中"人人有事做""事事都能正确做""事事都能做好"，不仅要明确采购部门的任务与责任，而且在采购部门设计中，要规定相应的并取得利用人力、物力、财力以及信息等工作条件的权力。没有明确的采购权力，或权力的应用范围小于工作的要求，则可能使责任无法履行，任务无法完成。如果权力大于采购工作要求，虽能保证采购任务完成，但会导致不负责任的滥用，甚至会危及连锁经营系统的运行。

2.1.2　连锁企业采购部门设计的影响因素

影响连锁企业采购部门设计的最主要因素是管理层对采购工作的重视程度。如果管理层仅把采购看作一项普通的连锁企业运作活动，那么采购部门自然在连锁企业中处于相对较低的从属地位，采购的管理控制肯定就是低水平的；如果管理层认为采购是连锁企业竞争取胜的重要因素，对连锁企业的发展具有战略意义，则采购部门很可能具备强有力的构架并直接向最高领导汇报。管理层对采购的认识又受到以下因素的影响：

（1）管理层自身的知识及认识水平。

（2）连锁企业采购产品成本占总成本的比重。

（3）连锁企业的财务状况及采购对连锁企业的贡献。

（4）连锁企业对供应市场的依赖程度，通常供应市场越集中越容易引起管理层的注意。

2.1.3　连锁企业采购部门的设计方式

所谓连锁企业采购部门的设计方式，即将采购部门应负责的各项功能整合起来，并以分工方式建立不同的部门来执行采购任务。

一般来讲，在规模比较大的连锁企业，采购部门是按照其职能来设计的。如图2-1所示，采购科负责执行购买的功能，并与供应商议价；稽催科负责使供应商如期交货并确保品质；管理科负责采购文件和报告的准备工作以及电脑系统的作业；研究科负责收集、分类及分析采购决策所需的资料。

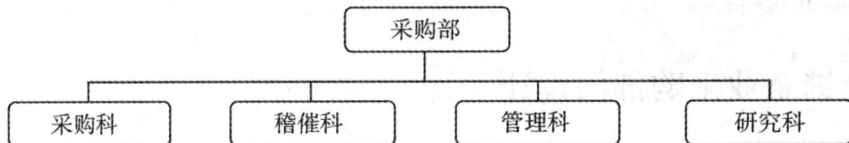

图2-1　按职能设计的采购部门示意图

不过在一般中小型的连锁企业中，通常缺乏稽查、管理、研究等功能，或因这几种功能并不明显就没有分别设置部门，至多将这几种功能合并为管理科或并入采购科。因此，对于连锁企业采购部门的设置，我们分别就执行购买功能的采购部门来说明。

1.按采购地区设计

按采购地区设计是指依照连锁企业物品的采购来源的不同的分设不同的采购部门，比如国内采购部、国外采购部，如图2-2所示。

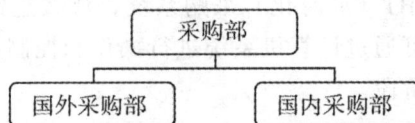

图2-2　按采购地区设计的采购部门示意图

这种采购部门的划分方式主要是基于国内采购和国外采购的手续以及交易对象有着显著的差异，因而对采购人员的工作要求也不尽相同。不过，采购主管必须就所购买的物品比较国内、外采购的优劣，判定采购事务应交哪一部门办理。

2.按采购物品类别设计

采购部门按采购物品类别设立部门，如图2-3所示。

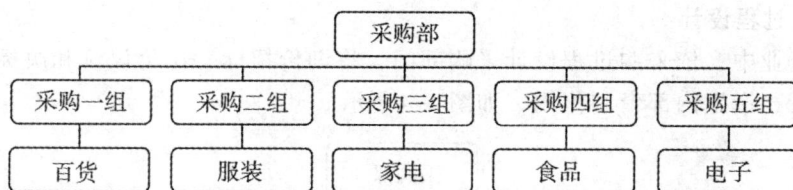

图2-3 按采购物品类别设计的采购部门示意图

此种采购部门的设计，可使采购人员对其经办的项目非常精通，比较能够发挥"熟能生巧"以及"触类旁通"的效果。这也是连锁企业最常见的采购部门设计方式，对于采购种类繁多的连锁企业特别适用。

3.按采购物品价值设计

在连锁经营中，采购次数少但采购价值高的物品，应由采购管理人员负责；反之，采购次数多但采购价值低的物品，则可授权由基层采购人员办理，见表2-1。

表2-1 **按采购物品价值设计的采购组织分工**

物品	价值	次数	承办人员
A	70%	10%	经理
B	20%	30%	主管
C	10%	60%	职员

按照采购物品价值设计的方式，主要是保障采购管理人员对重大的采购项目能够集中精力加以处理，达到降低成本以及确保来源的目的。此外，让采购管理人员有更多的时间，对采购部门的人员与工作绩效加以管理。

4.按采购物品的重要性设计

在连锁企业采购中，可按采购物品的重要性设计采购组织。策略性采购项目，比如利润影响程度大、供应风险高的物品，其采购决定权应交由最高等级领导来实施，例如采购总监；将瓶颈采购项目，比如利润影响程度小、供应风险高的物品，交由较高等级领导负责，例如采购经理；将杠杆采购项目，比如利润影响程度大、供应风险低的物品，交由中间等级人员办理，例如采购主管；将非紧要采购项目，如利润影响程度小、供应风险低的物品，交由较低等级人员办理，例如采购职员。按采购物品重要性设计的采购组织分工，见表2-2。

表2-2 **按采购物品重要性设计的采购组织分工**

类别 \ 因素	利润影响程度	供应风险	采购承办人
策略性采购项目	大	高	采购总监
瓶颈采购项目	小	高	采购经理
杠杆采购项目	大	低	采购主管
非紧要采购项目	小	低	采购职员

5.按采购过程设计

在连锁企业中，依采购过程设计采购部门，将询价招标、比价议价和决标签约等分由不同人员负责，产生内部牵制作用，如图2-4所示。

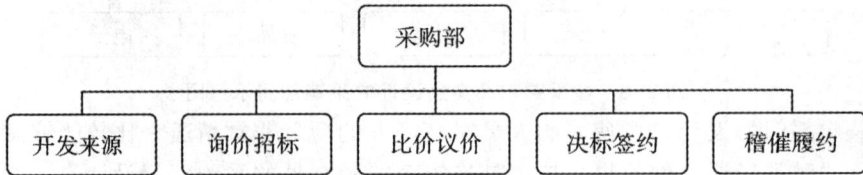

图2-4 按采购过程设计的采购部门示意图

这种采购过程适用于采购量和价值巨大、事务浩繁，而且作业过程复杂、交货期长以及采购人员较多的连锁企业。借此可将采购工作分工专业化，以避免由一位采购人员担任全部有关作业可能造成的不利情况。

6.混合式设计

在许多稍具规模的连锁企业中，通常会兼有以采购物品类别、地区、物品价值等为基础来建立采购部门的内部组织，如图2-5所示。

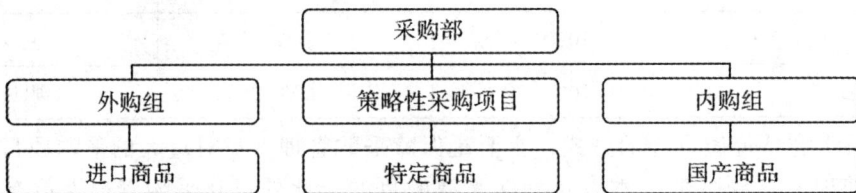

图2-5 混合式采购部门设计示意图

2.1.4 连锁企业采购部门设计方式优劣的比较

以上采购部门设计的方式，除了按采购过程（即分段作业的组织方式，每位采购人员只承担一项采购事务的部分过程，并承担局部的责任）为基础，其余分别按采购物品类别、采购物品重要性、采购地区、采购物品价值等为基础来建立部门，采购人员承担一个采购事务的全部过程与有关作业，包括开发来源、询价、订购、付款等功能，并承担一切责任，这是一贯作业的组织方式。

1.一贯作业

一贯作业的组织设计方式有下列优点：

（1）一位采购人员可综理全部采购过程，权责相当分明。

（2）符合规模经济的原则。

（3）与供应商的关系良好。

（4）由于对供应商有取舍的权力，故可增强及时交货及改善品质的管理效能。

一贯作业的组织设计方式有如下缺点：

（1）一位采购人员负责全部过程的各项作业，工作相当繁复，且无法专精。

（2）采购从头至尾，全由一人包办，使采购人员掌握生杀大权，难免滋生弊端。

（3）采购人员常因某一采购案件之羁绊，而无法进行其他的案件，致使采购完成效率偏低。

2.分段作业

分段作业的组织设计方式有下列优点：

（1）每位采购人员只负责采购过程中的一部分，熟能生巧，减少错误的机会，并提高办事效率。

（2）采购过程的每一阶段均由专业人员负责，可提升采购作业的品质。

分段作业的组织设计方式有如下缺点：

（1）采购过程由不同人员分段处理，发收转接手续较多，延误时效。

（2）各自为政，且购用与使用之间接手人员太多，徒增联系上的困难。

（3）采购人员的工作满足感比较低，因其对任何采购案件均无完整的决定权。

（4）一方面是分工，另一方面则是合作，除非全体人员团结一致，否则合作起来肯定有困难。

2.2　连锁企业采购制度

连锁企业采购制度是指连锁企业采购中使用的采购方式和采购行为准则。在采购工作实践中，采购制度主要有3种，分别是集中采购制度、分散采购制度和混合采购制度。采购制度的决策与该企业的规模、地理条件、产品种类等皆有密切的关系。

2.2.1　集中采购制度

集中采购制度即将采购相关的职责或工作，集中授予一个部门来执行，如图2-6所示。一般情况下，连锁企业的集中化采购是指将各连锁企业所需要的经营物资统一由一个部门负责，其他部门均无采购职权。这一采购部门一般设在由连锁企业总部直接控制的采购配送中心。下面介绍集中采购制度的优缺点及适用条件：

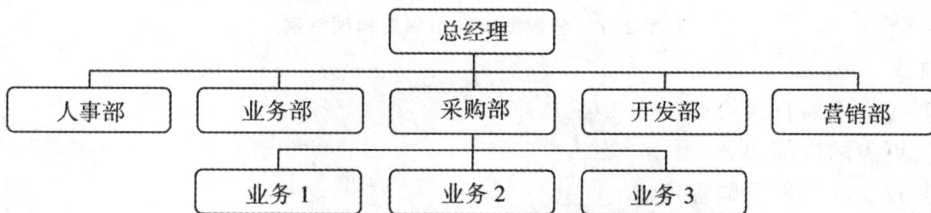

图2-6　集中型采购组织结构图举例

1.集中采购优点

（1）价格优惠。集中采购可以使采购数量增加，提高与卖方的谈判力量，比较容易获得价格折扣和良好的服务。

（2）管理统一。只有一个部门开展采购，因此采购方针和采购作业规划比较容易统一实施。

（3）节约成本。采购功能集中，减少了管理上的重复设置，可以精简人力，有利于人才的培养与训练。推行专业化分工，使采购作业成本降低，效率提升。建立各部门共同的物料标准规模，除可简化种类、互通有无外，也可节省检验工作。

（4）统筹规划。可以统筹规划供需数量，避免各自为政，产生过多的存货，并且各部门的过剩物资，也可相互转用。

2.集中采购缺点

（1）采购流程过长，延误时效，零星、地域性及紧急采购状况难以适用。

（2）非共同性物料集中采购，无数量折扣利益。

（3）采购与使用分离，影响采购绩效。例如，规格确认、物品转运等费事耗时。

3.适用条件

（1）连锁企业产销规模不大，采购量比较小，全连锁企业只有一个采购单位来办理，即可充分满足各部门对物品或劳务的需求。

（2）连锁企业各部门及门店集中在一个地方，采购工作并无因地制宜的必要，或采购部门与需求单位虽然不在同一个地方，但是因为距离并不遥远，通信工具相当便捷，采购工作集中由一个单位办理，尚不至于影响需求时效。

2.2.2 分散采购制度

所谓分散采购制度，是将采购工作分散给各需求部门自行办理，如图2-7所示。这种组织结构最主要的特点之一就是每个经营单位都是一个独立的利润中心，各经营单位都要对自己的财务结果负责，因此各经营单位要对其所有的采购活动负完全责任。

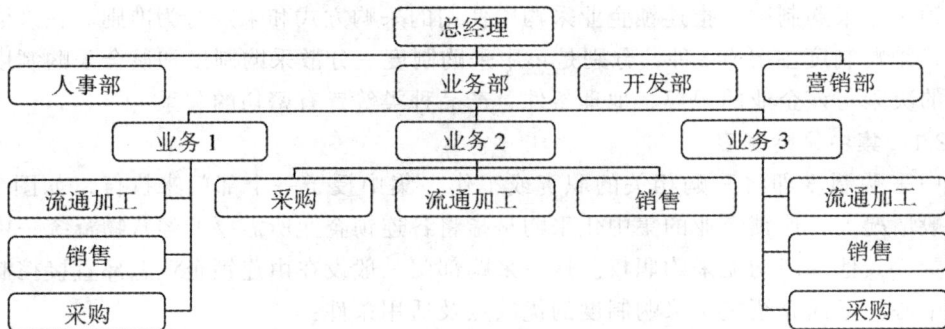

图2-7　分散型采购组织结构图举例

1.优点

（1）与供应商直接沟通。

（2）更少的内部协调。

（3）较少的官僚采购程序。

（4）对内部用户更强的顾客导向。

（5）对利润中心直接负责。

2.缺点

（1）分散的采购能力，缺乏规模经济。

（2）缺乏对供应商统一的态度。

（3）分散的市场调查。

（4）不同的经营单位可能存在不同的商业采购条件。

3.适用条件

分散采购制度适用于规模较大、业务分布较广、各部门差异较大的大型连锁企业。

2.2.3 混合采购制度

混合采购制度是指连锁企业既在核心管理层建有采购机构，又在各经营单位设置采购组织和岗位。

对于一些规模大、产品种类多、需求差异大、各子公司的地理位置距离较远的连锁企业，比较适合建立混合型采购组织。图2-8是某个采用混合型采购制度的连锁企业的组织结构图，该企业进口的商品统一由总务部下属的采购科办理，国内购进的商品则由工厂采购科办理。

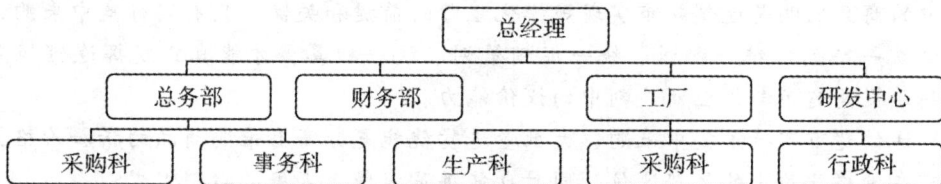

图2-8　混合型采购组织结构图举例

混合采购制度集中了集中采购制度和分散采购制度的优点。凡属共同性商品、采购金额较大、进口品等均集中由总部办理；小额、因地制宜、临时性的采购，则授权分店执行。

@ **相关链接2-1**

超市商品采购的模式

超市采购的模式按超市是否连锁可分为单店采购模式和连锁采购模式。其中连锁采购模式，又可按集权与分权的程度细分为集中采购模式和分散采购模式。

1.单店采购模式

尽管超市越来越趋向于大规模连锁型发展，但单体的超市仍广泛地存在着。在这种超市里，商品采购常由一个采购部负责，直接与众多的供应商打交道，一般进货量较小，配送成本较大，必须努力实现采购的科学管理，否则失败的风险很大。对于一些规模不大的超市，有时店长直接负责商品采购，但实现较为理想的商品组合仍是困难的，特别是由于进货量小，不可能取得较低的进货价格。减少流通环节、降低商品价格成为可望不可及的事情。

这种超市的店长是企业的法人代表，可以完全按照自己的经营意愿开展经营活动。这种超市卖场规模一般比较小，经营商品的品种通常在2 000种以下，在竞争中往往处于劣势。这种超市的商品采购模式主要有如下3种具体形式：

（1）店长或经理全权负责。商品采购的权力完全集中在店长或经理手里，由他选择供应商，决定商品购进时间和购进数量。

（2）店长授权采购部门经理具体负责。超市的店长或经理将采购商品的工作下放给采购部门的经理，由采购部门经理根据超市经营的情况决定商品采购事宜。

（3）由超市的商品部经理具体采购。超市商品部经理是一线管理人员，熟悉商品的经销动态，比较了解消费者的偏好，可以根据货架商品陈列情况以及仓储情况灵活地进行商品采购决策，因此这种形式比上述两种形式更为有效。

不论采用哪种形式，单店超市由于规模较小，经营商品品种较少，在商品采购数量方面不占优势，在与供应商的价格谈判中常常处于劣势地位，不利于其实行低价格策略。

2.集中采购模式

集中采购模式是指超市设立专门的采购机构和专职采购人员统一负责超市的商品采购工作，如统一规划同供应商的接洽、议价，商品的导入，商品的淘汰以及POP促销等，超市所属各门店只负责商品的陈列以及内部仓库的管理和销售工作，对于商品采购，各分店只有建议权，可以根据自己的实际情况向总部提出有关采购事宜。

集中的商品采购是连锁超市实现规模化经营的前提和关键，只有实行集中采购，才能真正做到统一陈列、统一配送、统一促销策划、统一核算，才能真正发挥连锁经营的优势，有利于提高超市与供应商谈判中的议价能力。

（1）连锁超市实行了集中采购，大批量进货就能充分享有采购商品的折扣价格，保证连锁超市在价格竞争中的优势地位，同时也能满足消费者求廉的心理需求。

（2）有利于降低商品采购成本。大批量集中进货，可以大幅度减少进货费用，再辅以配套的统一配送机构与制度，就能有效控制连锁超市的采购总成本。

（3）有利于规范连锁超市的采购行为。在分散采购模式中，由于商品采购的决定权下放到各分店，对采购行为很难实施有效的约束，所以采购人员的种种不规范行为屡禁不止。而集中采购模式则有利于规范连锁超市的采购行为，为连锁超市营造良好的交易秩序和条件。

3.分散采购模式

分散采购模式就是超市将采购权力分散到各个分店，由各分店在核定的金额范围内，直接向供应商采购商品。从超市的发展趋势来看，分散采购是不可取的，因为它不易控制、没有价格优势而且采购费用高。分散采购模式有以下两种具体形式：

（1）完全分散采购。

完全分散采购是超市总部根据自身的情况将采购权完全下放给各分店，由各分店根据自己的情况灵活实施采购。它最大的优点是灵活，能对顾客的需求做出有效的响应，比较有利于竞争。比如，法国的家乐福曾经在很长一段时间都实行分散采购，由于其单店规模巨大，同样也有效。但完全分散采购的最大弊端在于不能发挥规模采购的优势，不利于压低价格，不利于控制采购，因此就连家乐福这样的超市公司也逐渐向集中采购模式转变。

（2）部分分散采购。

部分分散采购是超市总部对各分店的地区性较强的商品（如一些地区性的特产就只适合于该地区销售），以及一些需要勤进快销的生鲜品实行分散采购，由各分店自行组织进货，而总部则对其他的商品进行集中采购。

比如，某一分店的目标消费者有特殊的饮食习惯，而总部又不了解该市场行情，在这种情况下，由分店进行商品采购决策就比较适宜。这种采购具有较强的灵活性，使分店可以根据自身的特征采取弹性的采购策略，确保了分店效益目标的实现。

资料来源　张志强．超市采购的模式［EB/OL］．［2011-08-18］．http://www.doc88.com/p-575478100201.html.

2.3 连锁企业采购流程

2.3.1 连锁企业的采购流程

连锁企业采购流程会因采购的方式及采购的对象等不同而在作业环节上有所差异，但一个完整的采购流程一般包括以下几个基本环节：

1. 确认采购需求——请购

任何采购都产生于连锁企业中某个部门的确切需求。连锁企业各部门应该清楚地了解本部门对商品的需求：需要什么、需要多少、何时需要。采购部门根据各部门商品的需求加以汇总，从而进行采购。表2-3为某企业的请购单。

表2-3　　　　　　　　　　　　　　　某企业的请购单

日期：　　年　　月　　日　　　　　　　　　　　　　　　　　　编号：

申请部门						部门主管	
详情及用途	序号	品名	规格	单位	申请数量	描述	
	1						
	2						
	3						
	4						
	需求日期： 遇到问题时通知： 特殊发送说明：						
主管负责人批示		财务审核			行政经理批示		

说明：本表一式两份，原件送往采购部门，申请者保留文件副本。

请购单的填写应注意：

（1）物品的请购时间和需求时间是不同的，要给采购部门充分的时间进行必要的询价、报价、议价、样品检验、发出采购订单和收货等工作。

（2）请购的物品数量是基于需求来预测的，所以要尽量准确预测，避免紧急订单和特殊订单（会增加采购成本），同时了解价格趋势和市场变化，避免供应中断或价格上涨，发出一些期货订单。

在实际采购中，按惯例，一份请购单中可以出现多项要求。对于特殊的项目，如果需要同时发运，可以把几项采购要求填写在同一张请购单上。但如果这个项目是由不同的供应商提供的，并且发运日期也不一样，则需要单独的请购单。

（3）要了解这个申请是否是在采购合同基础上的申请，就要了解采购条件（采购价格、发货点、总价值、支付条件等），核对细节以及准备订单。如果不是基于合同的采购，这个项目不曾被公司采购过，就要发出询价单。采购部门列出可能的供应商名单，然后将采购询价单通过邮寄或传真等方式送达供应商那里。当供应商的报价到达采购部门之后，采购部门经过比较决定和哪个供应商做生意。请购单准备好后就发给选定的供应商。

（4）请购单最好要有2份，原件送往采购部门而附件留在发出申请的部门。

2.需求商品的说明

如果不了解使用部门到底需求什么，采购部门就不可能进行采购。因此，在确认需求之后，要对需求商品的细节加以描述，包括商品品质、包装、售后服务、运输及检验方式等，以使商品来源选择及价格谈判等作业能顺利进行。

为了减少工作量，以及避免需求商品说明中出现误差，建议在需求商品说明过程中，用来描述所需商品的字眼应该统一，可编写合适的名词手册。确保词汇统一的一个有效方法是采购部门要保留一份文件，列出经常购买的商品的名称。这份文件要完善的规划、精心的维护，而且要不断更新，这样才有利于推动采购工作中对商品一致性的认识。

3.选择供应商

明确了采购需求的商品之后，连锁企业就可以开始考察市场，选择供应商了。首先在原有供应商中选择业绩良好的，通知其报价，或者采用各种方式选择新的供应商。供应商的选择是连锁企业采购活动中较重要的一环，涉及连锁企业是否能购买到所需的商品。供应商的选择应结合价格、质量、交货时间、售后服务等综合考虑。

供应商有3类：外部固定供应商、外部新供应商、公司自有供应商。外部固定供应商关系比较稳定，供应商表现良好。为调整产品结构或者淘汰掉一些供应商时，需要寻找外部新供应商。自有生产基地或生产企业，或者贴牌生产等属于公司自有供应商。考核供应商的关键是要对商品及绩效等方面综合考评。

4.采购合同谈判

选定供应商之后，连锁企业要确定采购价格、采购条件、供货条件等，以便与供应商进行谈判。连锁企业可以通过招标方法来确定价格条件等，但许多采购活动不是通过招标进行的，可以和供应商进行谈判来确定价格条件等。

@ 相关链接2-2

谈判技巧

谈判不是球赛，更不是战争，通常在球赛或战争中只有一个是赢家，另一个是输家。在成功的谈判里，双方应该都是赢家（双赢）。

谈判不是绞死对方：很多采购人员都误认为，采购谈判就是"讨价还价"。但其实绝大多数成功的谈判，都是买卖双方经过研究、计划和分析，最后达成互相可接受的协议或折中方案。采购合同中条款那么多，如果只纠结于价格和费用条款等，不但容易将谈判搞僵，而且还容易失去更好的结果。

大多数谈判的结果是落到妥协中，或者落到协作中。供应商不是傻子，其在某项上失去的，肯定要在另外的项目上找回来。

1.谈判前要有充分的准备

知己知彼，才能百战不殆。采购人员必须了解商品知识、品类、市场现有价格和供需状况，本企业情况，供应商情况，本企业所能接受的价格底线与上限，以及其他谈判的目标。

2.只与有权决定的人谈判

谈判之前，最好先了解谈判方的权限。采购人员应尽量避免与无权决定事务的人谈判，以免浪费自己的时间，同时也要避免事先将本企业的立场透露给对方。

3.尽量在本企业业务洽谈室谈判

采购人员应尽量在本企业的业务洽谈室里谈业务。除了可以提高采购活动的透明度，杜绝个人交易行为之外，最大的目的其实是可以帮助采购人员创造谈判的优势地位。

4.对等原则

不要单独与一群供应商谈判，这样对自己不利。也就是说，我方的人数与级别应与对方大致相同。如果对方想集体谈，先拒绝，再研究对策。

5.不要表露对供应商的认可和对商品的兴趣

交易开始前，对方的期望值会决定最终的交易条件，所以有经验的采购人员，不论遇到多好的商品和价格，都不过度表露内心的看法，要让供应商得到一个印象：费九牛二虎之力，终于获取了你的一点宝贵的让步!永远要记住：谈判中的每一分钟，都要一直持怀疑态度，不要流露出与对方合作的兴趣，而要让供应商感觉其在你心中可有可无。这样比较容易获得有利的交易条件。

6.放长线钓大鱼

采购人员要避免先让对方知道我公司的需要，否则对方会利用此弱点要求采购人员先做出让步。

7.必要时转移话题

若买卖双方对某一细节争论不休，无法将谈判进行下去，有经验的采购人员会转移话题，或暂停进行茶歇，缓和紧张气氛，并寻找新的切入点或更合适的谈判机会。

8.谈判时要避免破裂，同时不要草率决定

有经验的采购人员不会让谈判完全破裂，否则根本不必谈判，他总会给对方留一点退路；另一方面，采购人员需要明白，没有达成协议总比勉强达成协议好，勉强协议可能后患无穷。

9.尽量成为一个好的倾听者

采购人员应尽量倾听供应商的讲话，从他们的言谈及肢体语言中，可以听出他们的优势与劣势，也可以了解他们的谈判立场。

10.尽量从对方的立场说话

成功的谈判都是在和谐的气氛下进行的。在相同的交涉条件上，要站在对方的立场上去说明，让对方感到：达成交易的前提是双方都能获得预期的利益。

11.以退为进

有些事情可能超出采购人员的权限或知识范围，采购人员不应操之过急，不应装出自己有权或了解某事，做出不应做的决定。此时不妨以退为进，请示领导或与同事研究，弄清事实情况后，再答复或决定也不迟。草率仓促的决定通常都不是很好的决定，智者总是先深思熟虑，再做决定。

12.交谈集中在我方强势点（如销售量、市场占有率成长等）上

告诉对方我公司目前及未来的发展及目标，让供应商对我公司有热忱，有兴趣。不要过多谈及我方的弱点，一个供应商的谈判高手会攻击你的弱点，以削减你的强项。

13. 以事实说话，提高权威性

无论什么时候都要以事实为依据。事实主要是指充分运用准确的数据分析，如销售额分析、市场份额分析、品类表现分析、毛利分析等，进行横向及纵向比较。

14. 控制谈判的时间

预计的谈判时间一到，就应真的结束谈判离开，让对方感到紧张，以做出更大的让步。可能的话，把他的竞争对手也约来谈，让你的助理故意进来告诉下一个约谈的对象已经在等待。

15. 不要误认为50/50最好

谈起双赢，有些采购人员认为谈判的结果是50/50最好，彼此不伤和气，这是错误的想法。

有经验的采购人员总会设法为自己的公司争取最好的条件，然后让对方也得到一点好处，能对他们的公司交代。对于要谈判的事，要求越离谱越好，说不定和供应商的实际条件比较吻合。

资料来源　佚名. 采购〔EB/OL〕. 〔2011-06-25〕. http：//www.360doc.com/content/11/0623/14/7201835_129038768.shtml. 节选.

5. 签订采购合同和订单安排

采购合同的条款达成一致后，连锁企业就可以与供应商办理订货签约手续。订货签约手续包括订单和合约两种方式：订单和合约均属于具有法律效力的书面文件，买卖双方的要求、权利及义务，必须在订单或合约中予以说明。在实际买卖中，供应商有自己的销售订单，而采购商也有自己的采购订单，到底选用哪一方准备的文书有时取决于双方相对实力的强弱、采购物品的特点、交易的复杂程度等。

6. 商品跟催（跟踪和催货）

连锁企业把采购订单发给供应商之后，应对订单进行跟踪和催货。订单发出的同时会确定相应的跟踪接触日期。

跟踪是对订单所做的例行追踪，以便确保供应商能够履行其商品发运的承诺。如果出现问题，如发运方面或货物质量、数量等方面的问题，可以尽早准备。跟踪的方式可以是电话或系统。不同类型的供应商的跟踪过程不同。加工型供应商的备料、加工、组装、调试等过程均需一一跟踪；存货型供应商只需从库房中调集相关产品及适度处理，即可发往买家。

催货是对供应商施加压力，以便其履行最初做出的发运承诺，提前或按时发运商品，或者加快已经延误的订单涉及的商品的发运。催货适用于采购订单的一小部分。在订货以前，连锁企业已经对供应商做了全面的分析，所以基本上所有的供应商都是可靠的。特殊情况除外，如货源紧张等。

@ 相关链接 2-3

知己知彼，才能百战不殆。既先要了解自己，就是知道公司在付款和订单方面的情况，也要了解供应商的负责人和他们上级领导的性格与联系方式，同时还要了解供应商的生产能力。对于供应商，多多少少会有赖皮的时候，会出现不能兑现承诺的情况，因此采购人员必须学会催货。采购催货要掌握以下几点：

*了解自己。

*了解供应商。

*了解订单的紧急程度。

*了解供应商的各种联系方式。

*要随时知道自己催货的订单内容。

*熟悉自己所负责的商品。

*先软后硬。做事不要怕，遇到解决不了的问题及时上报主管。

*说话时讲究技巧，不要一张口"我的货呢？"如果你与供应商还不熟悉，应先聊聊天，拉近距离。

*控制自己的脾气，催不到货时更要稳住，保持镇静。

*催不到货时，首先要告诉你的上级而不是生产部门经理。

*拿供应商没有办法时，上报上级，同时聆听上级是怎样跟供应商讲的，不要忘记时时刻刻去学习催货的技巧。

*多与生产部门和业务部门沟通。

7.商品验收和发票的核对

商品验收是采购活动的一个重要环节，连锁企业一般都会集中验收，验收部门直接或间接地对采购部门负责。

一般商品由配送中心负责验收，包括品质和数量；特殊商品则由使用部门、品管单位负责品质验收，物料部仅负责点收数量。

在验收商品时，可根据供应商的表现进行严格检验或放宽检验，也可根据不同商品的重要程度选择不同的检验方法。发现短缺现象或质量与订单不符等情况，都要写出详细的报告交给采购部门。

8.验收不符与退货处理

凡所交货品与订单规定不符而验收不合格者，应依据合约规定退货，并立即办理，予以结案。

对于偶然性的质量问题，可由配送中心或订单人员通知供应商。对于多次存在的质量问题，由认证人员正式向供应商发出质量整改通知书，限期供应商进行改正。对于重大问题或经常有问题的，由认证部门组织专题会议，讨论质量问题的对策，确认原因是采购方案的问题还是供应商的问题，如果是前者，则修正方案；如果是后者，则要对供应商进行处理，包括罚款、质量整改、降级使用、取消供应商资格等。对于致命或严重缺陷的应考虑换货，同时根据需求的紧急情况确定是重新采购还是等待供应商整改。

9.结案

验收合格付款，或验收不合格退货，均须办理结案手续，清查各项书面资料（合同、订单、验收单、发票、申请付款单等）有无遗失、绩效好坏等，报高级管理层或权责部门核阅批示。

10.记录与档案维护

凡经结案批示后的采购案件，均应列入档案，登记编号分类，予以保管，以备今后选择供应商时参阅或事后发生问题时查考。

表2-4为某企业采购申请时效追踪记录表，该表用来跟踪记录整个采购过程，保证采购人员及时完成采购工作，提高采购效率。同时有利于对整个采购过程的监控。

表2-4　　　　　　　　　　　　某企业采购申请时效追踪记录表

序号	申请			采购			跟踪		
	申请部门	申请时间	申请内容	采购人员	时间	供应商	采购人员确认	时间	跟踪结果
1									
2									
3									
4									

2.3.2　连锁企业采购流程设计注意事项

1.商品采购流程应与采购数量、种类、区域相匹配

除了应注意商品采购流程应与采购数量、种类、区域相匹配外，还应注意采购流程要与重要性或价值相适应，也就是说，程序繁简和被重视程度应当与所处理的业务或采购项目的重要性或价值的大小相适应。

2.采购流程的先后顺序及时效控制

避免同一主管对同一采购文件重复审核；避免同一采购文件在不同部门有不同的作业方式；避免同一采购文件签字部门太多，影响作业时效。同时做某项采购计划时，要对所有的环节进行时间控制。

3.采购流程中关键点的设置

保证采购流程各个阶段都能跟踪管理。凡涉及数量比较大、价值比较高或者容易发生舞弊的作业，应有比较严密的监督；反之，则可略微予以放宽，以提高工作效率。

4.采购流程中权利、责任或者任务的划分

采购流程中的各个环节应有明确的责任和核查办法，如请购、采购、验收、付款等权责应予以区别，并确定主管单位。

5.避免作业流程中发生摩擦、重复与混乱

注意变化性或弹性范围以及偶然事件的处理规则，如"紧急采购""外部授权"。

6.采购流程应反映集体决策的思想

一项完整的采购任务的完成需要各个部门人员的配合，如计划、设计、认证、质检等人员一起来决定供应商的选择。

7.采购流程的设计应配合作业方式进行调整

手工作业方式改变为计算机管理系统辅助作业，其流程与表格需要程度也应进行相应的调整或重新设计。

@ **相关链接2-4**

解百优化采购流程，推动连锁经营

一、落实组织机制，规范采购流程

在采购和配送方面，解百制定了一套较为规范的操作流程和配套的组织机构与规章制度，把加强商品采购管理放到极其重要的位置。设立了专门的采供部，下设专职采购人员和三信员。采购人员由一批综合素质较高，具有一定的经营管理意识、市场意识和公关谈判技巧的人员组成，负责新渠道引进和新品引进；三信员（质量、计量、物价管理员）负责商品质量把关，并直接参与新品引进的资质审核，主要包括商品质量、计量、价格、标志、合同的审核，引进的新品必须做到证件齐全。各连锁门店专门负责销售促进，并不具有独立的进货权。新品引进后配送到各门店，门店销完后向采供部提出要货计划，采供部保证在两天内将货品配送到要货门店，实行统一进货、统一配送、统一结算。这种"进销分离"的经营模式，使各个岗位分工明确、各司其职，有利于岗位之间相互合作、相互监督，使采购人员一心一意钻研市场需求，了解市场动态，提高业务能力，引进适销对路的商品，不断扩大经营商品的类别和品种；门店则专门研究市场，提高促销水平，扩大市场占有率。这种模式为净化进货渠道、杜绝人情货、引进货真价实的商品提供了机制上的保障。

二、强化商品控制，完善淘汰机制

解百建立起一套商品控制和淘汰机制，主要措施有：

1.引入计算机POS系统，利用计算机POS系统方便、快捷、准确的特性对商品进、销、存进行全过程动态控制，掌握商品的动销情况。

2.质量控制，把好商品质量关。进货时坚持"六不进"原则，即假冒伪劣商品不进；无厂名、无厂址、无合格证商品不进；不符合质量标准及有关法律法规商品不进；索证不齐商品不进；进货渠道不正商品不进；来路不明、有疑问商品不进。上柜时坚持商品检查验收，门店每月定期和不定期对商品进行抽查，并形成制度，对于不符合质量标准的坚决不予上柜。

3.对同类商品的品种实行严格的控制，对于那些生活必需品，如拖鞋、扫帚、拖把等，顾客对此类商品的品牌要求不高，所以要控制同类商品的重复；而对于那些品牌认知度较高的商品，如化妆品等，则尽量扩大经营的品牌，细分目标顾客群，从而提高销售。

4.对于新引进的商品实行试销制度，即新品引进后配送到各门店，试销3~6个月，如门店销售不畅，该商品坚决予以清退。

5.过季商品及时撤换，腾出场地销售当季热销商品，提高场地的利用率。

6.随着商品市场的日益丰富，新品层出不穷，对那些逐渐滞销的商品及时淘汰，使门店商品常换常新，保持旺盛的生命力。

三、降低进价成本，形成规模效应

为了降低零售价格，解百首先降低进价成本，为此公司采取了多种行之有效的办法，如：

1.对采购人员进行职业道德和业务技能培训，不断提高他们的业务水平，使他们掌握谈判技巧，竭尽全力降低进货价格。

2.利用公司的品牌、信誉效应和现有的业务渠道，吸引大量厂家主动提供价廉物美的商品。

3.制定具体的进货原则：本地商品坚持从厂家直接进货，扩大一手货的范围；外地商品要从总代理处拿到最低价格；减少进货环节，降低进货成本。

4.扩大连锁范围，发展直营和加盟形式的便民超市与大型综合超市，不断扩大销售量，通过规模效应降低进价成本。

5.加强与厂家的合作，建立良好的工商关系。通过为供应商提供良好的服务，及时反馈商品信息、及时结算或引进一些商品已形成系列化的厂家进店设立专柜等，使进货价格进一步降低，而厂家派往门店的促销员，也使门店节省了大量的劳动力成本。

6.掌握市场需求，扩大商品销售。

为了及时掌握市场动向，采购人员改变以往坐等厂家和供应商上门推销的被动做法，采取多种渠道开展市场调研，了解市场需求，从而确定经营的商品种类。门店向周围小区居民和购物顾客发放了近万张的调查表，征询意见，并在此基础上对经营的商品进行调整，在加大非食品类经营力度的同时，重点增加生鲜、熟食卤味、腌腊、粮食加工等居民"菜篮子工程"系列商品，扩大了门店的销售额。

门店发展中心还针对个性化的消费需求，走自有品牌的道路，探索定牌加工的路子，充分发挥解百的品牌优势，创出自己的经营特色，挖掘新的利润空间。

资料来源　佚名. 杭州解百集团如何优化其采购流程的［EB/OL］.［2014-09-22］. http://wenda.so.com/q/1482335444726188.

2.4　连锁企业采购人员管理

2.4.1　采购人员素质要求

合适的采购人员的甄选和培养是保证完成采购任务的核心条件。由于采购部门的重要性和采购业务的复杂性，连锁企业采购人员需要有较高的素质，尤其是随着经济的发展和国际贸易的日渐频繁，连锁企业采购方式也在迅速向多元化方向发展。目前，最明显的趋势是全球化采购和本土化采购相结合。因此，连锁企业对采购从业者的要求也越来越高。合格的采购人员应具备以下方面的素质：

1.品德方面

因为采购行为的稽查比较困难，所以采购工作很大程度上是"凭良心工作"。因此，良好的品德素养应是采购人员必备的。

（1）忠诚、廉洁。采购人员要对连锁企业高度忠诚，始终以连锁企业利益为重，严把商品进货关，避免一切可能损害连锁企业利益的行为。商业活动的目的在于追求利益最大化。有些供应商认为，如果与连锁企业内部个别采购人员的私下交易搞好了就会降低成本，可以通过这种方法实现"低收入、高产出"。为了达到这个目的，有些供应商会想办法以金钱或其他方式来诱惑采购人员。面对供应商的各种诱惑，采购人员必须廉洁，规避一切可能危害商业交易的供应商和其他与自己有生意来往的对象，拒绝接受供应商的赠礼。只有人格正直、责任心强、廉洁自律的人才能够胜任采购工作。

（2）敬业、勤奋。敬业是做好本职工作的前提。一个人如果没有高度的敬业精神，没有工作责任心，即使能力再强，也难以做出成绩。采购人员是否敬业对连锁企业至关重要，因为采购人员敬业程度如何、是否勤奋，会直接影响到他能否顺利完成采购计划，而这又将直接关系到连锁企业能否顺利完成生产经营活动。因此，要求采购人员具有吃苦耐劳的敬业精神。

（3）真诚、耐心。真诚、平等地与供应商打交道有助于双方的顺利合作。作为买方，采购人员在与供应商谈判时往往占有优势，但不可因此而盛气凌人，以强欺弱，而应本着互利互惠的原则，平等合作。

与供应商谈判的过程异常艰辛与漫长，采购人员必须要有足够的耐心，才能够胜任"拉锯战"式的长时间谈判，尤其是处在劣势时，更应不急不躁、恪尽职守。

（4）客观、公正。在选择供应商时，采购人员应客观、公正，不带个人偏见，综合考虑全局因素，客观评价供应商，这样才能选出理想的供应商。

（5）遵纪守法。首先采购人员应该严格遵守国家法律，杜绝违法违纪行为。同时，采购人员是代表连锁企业与外界打交道的，他们的一言一行都代表着连锁企业的形象，他们的工作好坏不仅影响连锁企业的效益，而且影响连锁企业的声誉，因此连锁企业应针对采购人员规定若干行之有效的规章制度和纪律，要求他们自觉遵守、认真执行。

2.知识方面

采购人员为了完成采购任务，不但要熟知有关采购的知识，还应具备相关的生产经营知识和有关管理方面的基本常识。

（1）积累丰富的商品知识。连锁企业要采购的商品种类繁多、规格各异，而且新品层出不穷，所以采购人员必须积累丰富的商品知识，包括商品功能、用途、品质、价格、成本构成等，这是做好采购工作的必要条件。不仅如此，采购工作还需要长期不断地积累经验和自我启发。要熟练驾驭采购工作是比较困难的。何况，随着发展，连锁企业每年甚至每个季节都要求创造更新的附加价值。这就使采购工作更加难上加难。因此，努力工作、积累丰富的商品知识是合格的采购人员的基本素质。

（2）熟悉连锁企业的经营和销售状况。采购是由经营的需要而引起的，采购人员必须熟悉所购商品的需要量、需要时间、销售状况等，这样才能使采购工作更具有主动性和针对性。

（3）掌握灵通的市场信息。采购是一种经济行为，要求采购人员能够即时把握市场信息。随着科技的迅速发展，商品日新月异，连锁企业的采购需求也不断更新变化。为此，采购人员必须努力通过各种渠道及方式了解所购商品的市场供求状况，新品的性能、价格等方面的信息，随时关注与采购相关的领域所发生的事件，如商品价格的波动、气候的变化等，以便及时采取预警及防范措施。

（4）把握供应商的信息。采购工作有两个最基本的要求：一个是要按质按量保证商品供应；另一个是要想方设法降低采购成本。为了实现这两个要求，采购人员必须全面了解供应商的情况，包括能提供所需商品的供应商的数量、分布，供应商距本企业的距离，供应商的产能、成本构成等信息。

（5）熟练掌握采购业务知识。为了应对日益提高的工作挑战，要求采购人员熟练地掌握采购工作的专业知识，例如，采购流程、供应商或替代品的开发、合同签订、谈判方法、服务内容等，这是做好本职工作的关键。这些知识有助于采购人员与供应商的沟通，有助于提高用户的接受程度，并且有助于在分散的采购环境中培养符合法律和道德规范的行为。

（6）了解财务管理知识。采购人员也需要了解一些必需的财务管理知识，比如结算模式、账期计算方法、费用报销流程、有关税费的规定等。

（7）清楚国家相关政策和法律法规知识。采购工作具有较强的政策性，需要采购人员了解国家政治经济形势，谨慎研究有关政策、法律和规定，并能正确理解和执行。

3.能力方面

（1）分析判断能力。采购人员常常面临许多不同策略的选择与确定，例如，供应商的选择，合作方式的确定，商品的品质、品牌、价格的决定等，因此要求采购人员要具备一定的分析判断能力，并能针对分析结果制定有效的决策。例如，为了达到降低采购成本的目的，采购人员必须有"成本效益"的观念，具有成本分析的能力，争取不花一分冤枉钱，不买品质不好或不具有使用价值的商品，这就要求采购人员能准确判断所购商品的品质，并随时将投入（成本）与所得（销售状况、时效、损耗率、维修次数等）加以比较。再比如，对报价单的内容，应掌握分析的技巧，不可与"总价"比较，必须在相同的基础上，逐项（包括商品、人工、税捐、利润、交货时间、付款条件等）加以剖析判断。

（2）预测能力。在市场经济条件下，商品的采购价格与供求状况是经常变动的，采购人员应该能依据各种产销资料，判断货源是否充裕；通过与供应商的接触，从其销售的态度，揣摩商品可能的供应状况；从商品原料价格的涨跌，推断采购成本受影响的幅度大致有多少。总之，采购人员必须具备"察言观色"的能力，对商品将来供应的趋势做到心中有数。

（3）沟通协调能力。采购工作是一项需要与人协作共同完成的工作，采购人员一方面要与各种类型的供应商打交道，另一方面还要与连锁企业内部各部门打交道，如与财务部门协商，解决采购资金、报销等问题；与仓储部门沟通，了解库存状况。为此，需要采购人员具有良好的沟通协调能力，处理好与供应商和连锁企业内部各方面的关系，为工作的顺利开展打下良好的基础。

（4）语言表达能力。采购人员是用语言和文字与供应商沟通的，必须能正确、清晰地表达所欲采购的各种商品及其条件，例如规格、数量、价格、交货期限、付款方式等。如果口齿不清、语意含混、说话没有重点，就会浪费时间，甚至造成谈判破裂。因此，采购人员具有较好的语言表达能力十分重要，是采购人员必须具备的基本素质。

随着经济的发展，连锁企业的采购方式日趋多样化，采购人员的沟通协调能力显得更为重要。尤其是随着国际贸易的增加，进行跨国家、跨地区的采购司空见惯，因此采购人员还需要有很好的外语沟通能力，并具有国际视野。总之，采购人员必须具备与工作复杂性相适应的素质和能力，通过专业化的工作和能力培训达到甚至超过与连锁企业和市场要求相适应的水平。

4.自身的心理、生理方面

（1）接受能力强，具有创新精神。采购人员要能够迅速准确地掌握所需知识，并随时补充新知识，具有较强的接受能力，而且要有创新意识。因为商场如战场，不进则退。采购人员应具有创新精神，力求突破现状，随时以新点子或创意来改善个人的工作方式与效率。这样才能做好新形势下的采购工作。

（2）具有顽强的性格和良好的心理素质。采购工作压力大、劳心劳力，所以采购人员要有顽强的性格和良好的心理素质，具有吃苦耐劳的精神和承受挫折的能力。同时，采购是灵活性很强的工作，需要随时掌握市场及供应商的情况，需要经常到外地甚至国外采购，因此采购人员还需要有较强的适应性。

（3）有团队合作意识。从表面上看，采购工作似乎是单独作业，但实际上采购工作不可能脱离连锁企业的整体作业，采购人员必须与同事和谐相处、彼此合作、互相支援。身为采购人员要去除本位主义思想，凡事以连锁企业大局为重，待人处事以连锁企业的利益为重，注重团队合作。

（4）有充沛的体力和精力。采购工作比较辛苦，活动范围大，临时采购、紧急采购和新货源、新供应商的开发等，都需要采购人员有充沛的体力和精力。

采购人员素质的高低对采购任务完成的好坏影响重大，连锁企业必须努力培养一批高素质的采购人员，这样才能保证连锁企业的正常运营，获得良好的经济效益。

@ 相关链接2-5

成功的采购人员需要具备7要素

1. 操守廉洁

有些供应商总会想办法以金钱或其他方式来诱惑采购人员，以达到销售目的。采购人员若无法把持，可能会不自觉地掉入供应商的陷阱，进而不能自拔，任由供应商摆布。有一句名言很值得我们参考，那就是："做事可以失败，做人不可失败。"我们深信大部分的采购人员都能洁身自爱，否则纸是包不住火的，不应得之财富终会被曝光，这种人必遭连锁企业与社会唾弃，最终身败名裂。

2. 掌握市场

零售业商品种类繁多，且日新月异，采购人员必须努力通过各种渠道及方式了解市场的需要及趋势（包括听取卖场人员的建议），尽量利用一切资源掌握市场。

3. 精打细算

有一位商场名人曾说："会卖不如会买。"这句话在流通业已成为至理名言。这句话的意思是：若商品不对或价格太高，就算卖场人员使再大的劲卖得也不行，所以采购人员必须选择对的、价格合理的商品，因为顾客的眼睛是雪亮的，如果被卖场人员说服买下不对或价格太高的商品，事后发现被骗，他是不会再光顾的。采购人员必须能精打细算，供应商虽然牺牲了一点利润，但若销售量增加，供应商还是喜欢与这种采购人员或连锁企业来往的。

4. 积极认真

现代流通业讲求的是速度及效率高，否则就被淘汰出局。采购人员以积极认真的态度来工作，可使本企业的商品适时适地推出，符合卖场的需要。与卖场的沟通更需要此种工作态度。

5. 创新求进

商场如战场，不进则退，输家可能变成赢家，赢家也可能变成输家。流通业尤其需要采购人员有创新（非标新立异）精神。

6. 适应性强

采购是个机动性很强的职业，要求采购人员对市场及供应商情况均须随时掌握。开发新的商品或供应商也是采购人员的重要职责之一，故东奔西走，甚至远赴国外采购有时也是必要的。因此采购人员必须有很强的适应性，能够适应不同的环境、地区、国家，否则一直坐在办公室里是不可能把工作做好的。采购人员应对其所负责的利润预算负全责，其压力可想而知，采购人员必须适应此压力。这是一项劳心劳力的工作：劳心指狡尽脑汁把工作做好；劳力指辗转各地，体力超负荷。要做好采购工作，需要事先有此心理准备。

7.团结合作

表面上看，采购工作似乎是单独作业，但实际上采购工作不可能脱离连锁企业的整体作业，采购人员必须与同事和谐共处、彼此合作、互相支持，采购工作才能无往不利。团结所有力量，发挥连锁企业的整体优势，与竞争对手在市场上一争高下。覆巢之下无完卵，连锁企业的每一位同事都应有此忧患意识。

资料来源　黄巧妹．采购人员必备条件［EB/OL］．［2015-01-22］. http://www.doc88.com/p-7334221168128.html.

2.4.2　采购人员的招聘

采购人员招聘原则同整个连锁企业员工的招聘原则相同。通常来讲，采购部门的招聘都是由连锁企业人力资源部门统一进行的。但在一些连锁企业中，总经理也授权给连锁企业的部门主管，由其负责部门内部人员的招聘。

1.员工招聘原则

由于员工招聘成功与否对连锁企业生存和发展非常重要，所以在日常员工招聘过程中应该体现以下几个原则：

（1）高素质和多样性的原则。

（2）效率优先的原则。

（3）公平竞争、择优录用的原则。

（4）内部优先的原则。

2.招聘方法与渠道

为了避免安置不合格的候选人，连锁企业必须寻找和利用各种应聘者来源。连锁企业可以通过刊登广告或求助于职业介绍所等，但要招聘到最优秀的人才，必须更加别具匠心。有时为了找到最有价值的人，连锁企业不得不进行深层次的挖掘。

通常可以利用的招聘渠道有：

（1）内部征召。

内部征召是指吸引现在正在连锁企业任职的员工，填补连锁企业的空缺职位。它是连锁企业重要的征召方法，特别是对于连锁企业管理职位来说，它是重要的应聘者来源。美国的抽样调查资料显示，90%的管理职位是用内部征召的方法填补的，如内部提升和职位转换。

内部征召可以选择不同的方法，但是连锁企业内部征召通常采取职位公告和职位投标的做法。职位公告是指通过布告或连锁企业的报刊等向员工通告空缺职位的情况，通常职位公告应该包括职位的责任、义务、必需的资格、工资水平以及其他有关信息，如公告的日期和截止的申请日期、申请程序、测试内容等。职位投标是指允许那些自认为具备资格的人员申请公告中的职位，即具有资格的申请者在职位投标单上签名。职位公告和职位投标体现了招聘工作的公开性和公平性原则，会极大地调动员工的积极性。

（2）外部征召。

当连锁企业需要员工时，外部征召也是一种方法。外部征召的方法多种多样：

一是刊登广告。招聘最普通的渠道是刊登广告，虽然这可能是吸引应聘者的一种有效的方式，但有时被称为"花钱求人"的方法——制作一则广告，花钱刊登，祈求一个好的效果。为使投资物有所值，连锁企业应该制作一则准确且有趣的广告，在合格的候选人中达到需要的效果，将为职位所做的广告与产品广告或服务广告视为同一。为了保证广告有效果且能吸引最优秀的候选人，应仔细阅读采购工作说明书。现在通常用来刊登招聘广告的媒体有报纸、杂志、电视、网络等。在制做广告内容时，措辞应能吸引读者注意，并且根据招聘岗位和对候选人的要求，以及候选人重点关注的问题展开。对于一个采购职位，一些典型的优秀措辞有机遇、收入、收益，其他经常使用的措辞有职业发展、福利、团队、工作保障、旅游、固定工时、提供培训、带薪假期等。在招聘广告中，应注明要求应聘者是亲自申请，还是通过电话、邮件或传真等申请。

二是员工推荐。一套有效的员工推荐系统会鼓励员工积极推荐合适人选，以协助连锁企业的招聘工作。一个优秀的计划可以使员工成为连锁企业的"猎头"。这对于那些已使员工满意的组织是一种特别有效的策略。因为除非员工认为该企业是一个工作的好地点，否则他们不会推荐朋友和家庭成员来应聘。

除了上述方法外，还有大学校园招聘、在线招聘、委托专职猎头机构招聘等。

3.甄选

连锁企业要把合适的人选安排到空缺的职位上，必须使招聘过程按照一定的程序进行，而且要求连锁企业借助于科学可行的选拔方法。连锁企业进行员工甄选的方法非常多，有效的几种方法如下：

（1）对应聘者的背景进行调查。

（2）心理测验，包括智力测验、个性测验、能力倾向测验。

（3）情境模拟。情境模拟是根据应聘者可能担任的职务，编制一些与该职务实际相似的测试题目，让应聘者处理可能出现的问题，以此来测评应聘者的心理素质、潜在能力的一种方法。

（4）笔试。笔试是通过纸、笔的形式了解应聘者的知识广度和知识深度的一种方法，在连锁企业员工招聘中，笔试一直被广泛利用。

（5）面试甄选。进入到最后一轮都会有一次面试，有时甚至随着主考官的不断变化安排几次面试，面试是通过交流和观察等来了解应聘者的性格、态度、随机应变能力、形象、气质等方面的特性，从而挑到合适的人选。

2.4.3 采购人员的培训

1.员工培训需求分析

员工培训需求分析是有效实施培训的前提条件。如果培训需求分析正确，就能保证制订符合实际情况的培训方案、选择适当的培训方法，所以它是企业进行员工培训必须首先做好的一项工作。企业员工培训需求分析应从3个方面进行，即企业、工作和个人。只要3者中的任何一个方面在需求上出现问题，就要提出培训要求。

（1）企业的培训需求分析主要从两个方面进行：

①组织结构和组织行为等现状。一是维持经营活动所需要的人员数量、类别及素质；

二是企业当前的人力资源状况，包括数量、年龄结构、知识结构、出勤率、离职率等，找出企业人力资源现状与实现组织目标的差距。

②企业未来的状况预测。分析企业在将来某一时期的发展目标，采用的经营管理手段，实现这些发展目标所需要的人力资源数量、类别和素质，以及未来企业将面临的外部环境，包括市场销售状况、劳动力市场状况等。通过这些分析，企业的人力资源部门便可以找出实现企业目标和企业人力资源状况之间的差距，进而确定哪些差距可以通过培训来解决，以及培训的项目和内容。

（2）工作任务的描述和需求分析。

这项描述和分析将说明每项工作的任务要求、能力要求和对员工素质的要求等。通过对工作任务的描述和需求分析，使每个人都能认识到接受一项工作的最低要求是什么，满足这些要求的员工才能上岗，否则就要对其进行培训。因此，职位分析是确定培训内容的重要依据。表2-5是采购员职位描述。

表2-5　　　　　　　　　　　　　采购员职位描述

职务名称	采购员
向谁负责	采购与供应经理
职位概述	负责准备和发出指定的商品供应或服务的采购订单。追求最低采购总成本，在价值最大化的同时，识别和发展合格的供应商。如果发生供应中断，要恰当地加以协调
本职工作范围	管理全部商品和服务的采购，与2～50个供应商保持联系，处理各种不确定的任务，确保谈判成功
主要职责	执行指定任务，确保实现质量和成本目标，进行有效的谈判，满足企业需要。实行增值性采购活动，实现成本控制的目标。管理、维持与供应商的关系，减少供应商数量
需要的知识和技能	工商管理、连锁经营管理专业大专以上学历，良好的沟通技能和分析技能

（3）个人需求分析。

这是分析员工从事现任职位的要求与实际工作能力之间的差距，通过分析可确定谁需要接受培训和需要哪种培训，使存在差距的员工通过培训，能力得以提高。在分析时可通过下面简单的公式来进行：

培训需求=需要达到的工作绩效-实际工作绩效

需要达到的工作绩效可由企业提出的绩效标准来确定；个人的实际工作绩效可通过员工个人提供的实际工作绩效数据，以及对员工的表现评价来反映。需要指出的是，以上培训需求分析应是一个连续的过程，要形成制度，定期进行。

2.确定员工培训计划

企业员工的培训对象可分为3类，即基层员工、专业技术人员、管理人员。为了最大限度地提高员工培训的投资效益，企业必须从自身发展需要和员工个人的具体情况，合理地确定培训对象。确定培训计划时要考虑这样几个原则：第一，急需原则，即企业迫切需要一部分人员改进目前的工作或掌握新的知识和技术，以利于尽快提高组织的效率，对这部分员工的培训应优先考虑。第二，关键性原则，企业对关键技术人员和管理人员应优先予以培训。第三，长远原则，根据企业中长期人力资源的需求分析，对企业在未来发展中需要的合适的人才，可以进行培训，以使他们掌握一些新技能和新知识。

（1）培训内容。

企业员工培训的内容涉及面较广，应根据培训对象的不同确定培训内容。具体来说，员工培训内容可归纳为以下一些方面：

①企业文化方面的内容。例如，企业的物质文化方面，其中包括有关企业的概况、企业的组织结构、企业的产品、企业的技术水平等；企业的精神文化方面，其中包括企业的价值观念、道德规范与行为准则、企业精神与领导作风等。

②企业、行业及相关岗位所需要的知识和技能方面的内容。

③一般文化知识的普及和提高等方面的内容。

④协调人际关系等方面的内容，如冲突的处理、团队工作关系等。

⑤知识更新、本行业中最新科学技术等方面的内容。

⑥现代管理知识和技能等方面的内容。

（2）培训类型。

员工培训的类型与方式视企业各类人员的具体情况而定，一般来说，员工培训有以下一些类型：

①新员工入门培训和上岗前培训。这是对刚刚进入企业的新员工所进行的专门培训。新员工入门培训主要是向新员工介绍企业的基本情况、企业的规章制度、企业文化、企业的发展前景等，帮助新员工学会适应企业的需要，实现角色转换。这种培训一般由人力资源部门统一安排，不需要采购部门单独进行。

②员工上岗后的适应性培训。适应性培训是指为不断适应工作要求而对在岗位上的员工进行的培训，它是企业对所有员工进行的日常性培训，可以定期，也可以不定期。适应性培训的内容包括：第一，根据工作分析和岗位职责的规定与要求，对任职者进行有关岗位知识、工作态度、职业道德等方面的培训，通过培训使员工提高素质，适应本职位要求。第二，对员工进行本岗位新知识、新技能、新方法和新观念以及相关领域的辅助性知识和技能培训。适应性培训的内容、时间和方法可以根据企业的具体要求灵活掌握。

③专业技术人员培训。在企业中，各类专业技术人员通常都需要定期培训。这是因为现在是科学技术飞速发展的时代，各类专业知识、技能不断更新，各种先进技术手段层出不穷，如果忽视对专业技术人员的持续不断的培训，专业技术人员就不能很好地适应组织发展的需要。在专业技术人员中，尤其要重视培养他们解决实际问题的能力和处理人际关系的能力，帮助专业技术人员将知识应用于生产与经营过程中，并且应用于组织内或同事间的互相协作中。

④管理人员培训。管理人员培训包括高层管理人员培训、中层管理人员培训、基层管理人员培训。高层管理人员培训主要由人力资源部门负责，采购部门中的基层管理人员培训则可由本部门单独负责。事实上，即使是那些由人力资源部门负责此类培训的企业也必须注重采购部门的参与。

以上这些培训可通过不同的方式进行。培训的方式主要有两类，即在职培训与离职培训。所谓在职培训，是指员工不脱离岗位，利用业余时间和部分工作时间参加培训，如各种类型的短训班，一般不超过一个月，重点放在解决某一类问题上。这种短训班比较灵活，效果也好。在职培训的另一种方式就是在职学习，一般指利用晚上和业余时间进行培训，时间也比较长。在职培训还有一种方式就是岗位轮换。岗位轮换可使员工了解企业的整体活动和各部门的关系，掌握相关知识和技能。所谓离职培训，是指员工离开工作岗位，专门学习某些业务知识或技能。离职培训可采取到高校学习、到国外学习、到其他单位培训等方式。离职培训的时间一般从几个月到几年不等。离职培训的内容有攻读学位、新技术培训、管理知识和技能培训。

不管采用哪种方式进行培训，企业都应当将技术培训与管理培训相结合；将工作技能培训与工作态度培训相结合；将当前工作需要与未来工作需要相结合；将企业目标与员工个人目标相结合。

（3）选择员工培训方法。

员工培训作为人力资本投资的一种方式，需要投入一定的金钱、时间和精力等。如果培训的方法不当，很可能导致员工对培训的积极性不高。所以，企业必须努力探索出见效快、易掌握的培训方法。下面介绍一些常用的培训方法，供企业在不同的培训课程中灵活运用：

①讲授法。这种方法通过教师的语言表达，系统地向学员传授知识。它是员工培训中应用最普遍的一种方法。

讲授法的优点：有利于系统地讲解和传授知识，容易掌握和控制学习进度，培训费用相对较低，可同时对许多人进行培训。

讲授法的缺点：讲授内容具有强制性，学员无权选择学习内容，缺乏实际操作的机会。

②视听法。这种方法是利用幻灯片、电影、录像、录音等视听教材进行培训。

视听法的优点：因为它是利用人体的某些感官去体会的一种培训，所以比单纯讲授给人的印象更深刻，更易于理解。此方法生动形象，给学员一种亲切感，容易引起学员的兴趣；视听教材可以反复使用，从而可以更好地适应学员的个体差异和不同水平的要求。

视听法的缺点：视听设备和教材的购置要花费较多的费用与时间，不太容易选择合适的视听教材，学员要受视听教材和视听场所的限制。

③案例研究法。管理案例是对企业过去实际发生情况的描述。案例研究就是让学员对过去发生的情况做诊断或解决问题。

案例研究法的优点：可以启发学员的思路，提高学员分析问题和解决问题的能力。

案例研究法的缺点：要求学员具有一定的基础知识，并能运用已有的知识分析问题。

④讲座法。这种方法是通过学员之间的语言交流来解决问题，巩固和扩大所学的知识。

讲座法的优点：学员能主动提出问题，表达个人的感受，有助于激发他们的学习兴趣，在讨论中互相取长补短。

讲座法的缺点：不利于学员系统掌握知识；讨论题选择的恰当与否，直接影响培训效果。

⑤角色扮演法。这种方法让学员借助角色的演练来理解角色内容，从而提高解决问题的能力。

角色扮演法的优点：有助于训练基本技能，培养工作中所需要的素质，培训费用较低。

角色扮演法的缺点：适应性有限，不适于对某些行业人员的培训。

⑥岗位轮换法。这种方法是让受训者在不同的职位上轮流工作，以使其全面了解整个组织的不同工作内容，得到各种不同的经验，为今后在较高层任职打好基础。

岗位轮换法的优点：为受训者提供一个全面锻炼的机会，增加了经验。

岗位轮换法的缺点：由于受训者没有实际的权力，因此不能像任职者那样负起责任；由于轮换的时间不够长，难以证明他们今后的成效；有时在轮换培训结束后，没有合适的职位可安排。

⑦设立"助理"职位法。在一些管理职位上设立助理职务，让受训者与有经验的人一起工作，这样可以使受训者增加工作经验，促进其成长，直到其能够承担全部职责。

此外，还有敏感性训练、商业游戏、计算机辅助指导等方法。可以根据参训人数和层次、培训项目和培训经费预算，以及本单位的培训资源，选择不同的培训方法。

通过上面的一系列工作，企业确定了具体的培训内容和方法以制订合适的、有效的和可操作的培训计划，并付诸实施。

案例精析

北京A公司集中采购的实际困难与解决办法

1. 企业概况

北京A公司是一家健身俱乐部，在北京共有19家连锁健身中心，总部设在海淀区，为私人所有，已有15年历史。公司没有专门的采购部，只有一位专门负责采购事务的人员，在该公司内部推行实施了一套集中采购计划。

2. 原来的分散采购

为了维持各健身中心的运作，公司需要许多不同的物品，包括机器和设备的部件等，例如自行车配件、磨砂灯泡、办公和卫生等用品。

每家健身中心都各自负责自己的采购事务，绝大多数的健身中心不设自己的库存而是随需随买，例如需要办公用品时就随时到附近的商店购买。

在总部也曾经有一位兼职人员负责采购和库存控制，不过他只负责总部而不负责其他健身中心的物品采购，对其他健身中心的物品采购仅仅是做些采购记录而已。

3. 现在的集中采购

经过调查分析，公司采购管理人员得出，以前所使用的以各健身中心为主的随需随买的采购体系问题很大，应该采用效果更佳的集中采购体系。集中采购体系确实可以为公司节省一大笔开支。例如，可找一家供应商，公司向其批量购买卫生用品，这家供应商可以把价格降低一半。于是，采购管理人员开始寻找更多的提供不同物品的供应商，并制定了集中采购体系的一系列细则。

这套集中采购体系基本上把所有的采购工作都集中到公司总部，各健身中心的经理不能再像以前那样各自随意地购买所需的物品。如果有需求，他们要填一份请购单，然后传真到总部。传真到总部的最后期限是每周五下午5点。在下周一，各健身中心所需采购的物品将由总部的相关部门及时派人送达。

采购管理人员如发现各健身中心所请购的物品不合适，有权加以否定或减少其采购量。但是每一个健身中心都另有1 000元人民币的现金用于应付可能随时发生的紧急采购需求。

4. 集中采购遇到的困难

在集中采购体系实施一个月后，公司遇到了一些挫折。有几家健身中心的经理对集中采购有些抵制，最棘手的是朝阳区的3家健身中心的经理，曾联合起来拒绝接受集中采购，他们的理由是手续太烦琐。

5. 解决方案

采购管理人员要想取得采购管理体系变革的成功，还要从以下3方面着手：

◆进一步取得总经理的坚定支持，为变革的实施提供组织上的保证。

◆建立一支有力的采购团队，这是实施采购方式变革的关键。

◆组织培训各健身中心的经理，帮助他们尽快接受新的采购管理方式。

精析：

A公司的采购模式由分散采购转变为集中采购，并给每个健身中心一定的采购金额以备应急。这种转变使得采购制度规范化，取消了随意采购的机制，有效约束了采购行为；并通过集中采购降低了采购成本，有效地控制了采购总成本。但遇到的主要问题是几家健身中心经理的抵制，建议通过培训使其了解变革的必要，另外根据健身中心经理对集中采购的支持力度做相应的奖励。

资料来源　佚名. 某企业集中采购的实际困难与解决方法［EB/OL］.［2016-08-06］. http：//www.doc88.com/p-5741019035985.html.

职场指南

采购员的职场发展之路

采购员职业生涯规划：

采购师国家职业资格证共分为四个等级，分别为：

➢ 采购管理员（国家职业资格四级）

➢ 初级采购管理师（国家职业资格三级）

➢ 中级采购管理师（国家职业资格二级）

➢ 高级采购管理师（国家职业资格一级）

采购员职业发展方向：

1. 做职业的采购经理人

如果决定要在采购这条路上走下去，可以考虑去考采购师国家职业资格证。

2. 向产业链上游发展，做供应链管理

在企业中特别是在制造业企业中，企业产品的上游供应链处在一个极其重要的位置，直接影响了企业的产品生产成本，企业绝不会忽视这方面的管理。因此，企业的供应链管理也是相当重要的一个职位。

3.走管理之路

优秀采购员→采购经理助理→采购经理→市场经理、运营经理等平行职位→采购总监

这些职位由于直接掌握着企业的原材料供应或市场资源，因而在企业中起着举足轻重的作用，无论是前途还是钱途都是不可限量的。

4.自主创业

多年的采购员做下来，手中肯定掌握有大量的市场信息、人脉资源，再加上这些年积累的商业管理知识、财务知识等内容，完全有能力来自己创业。

供应管理的重要性及其对企业的贡献已为业界充分认识，与此同时，采购也逐渐成为热门职业并被人们所重视。当你选择采购作为自己的职业道路，你将拥有广阔的前程。任何一个行业，无论是制造业还是服务业，无一例外，都需要采购专才。

采购作为企业生产经营管理过程中的一个基本环节，过去一直以"幕后英雄"的形象示人。有人认为采购是孤立、简单的职能，花钱买东西有何难。但随着WTO多边协议之一"政府采购"的出现，国内的企业逐步认识和了解到采购在生产与销售中的重要价值。国际化的贸易需要实现从供应商、厂家、分销商到最终用户之间的物流、信息流和资金流的一体化管理，因此建立新型供需关系和采购经营模式成为企业运营的关键。外资大规模进入，中国逐渐成为亚洲乃至全球的制造业中心。调查显示，有近76%的跨国公司将中国作为首选的物资采购基地，像全球最大的零售企业沃尔玛已将其采购总部从香港迁往深圳。新商机带来新挑战，采购人员要逐渐从幕后走向前台，采购人员也必须是多面手：战略家、分析家、公司外交大使、财务人员、销售人员等。

本章小结

1.连锁企业采购部门设计的方式，即将采购部门应负责的各项功能整合起来，并以分工方式建立不同的部门来执行采购任务。其分工方式可采取按采购物品类别、采购地区、采购物品价值、采购物品重要性、采购过程和混合式设计。

2.连锁企业采购制度是指连锁企业采购中使用的采购方式和采购行为准则，主要包括集中采购制度、分散采购制度和混合采购制度。一般来说，连锁企业规模越小，分支机构分布越邻近，产品种类越相似，采用集中采购制度的机会越大；反之，则采取分散采购制度或混合采购制度。

3.采购人员管理包括采购人员的招聘和培训，它是连锁企业人力资源管理与发展的一个重要组成部分，是保障采购能力与培养采购队伍的基本内容，因此采购人员的管理对于连锁企业的发展是非常重要的。

主要概念

一贯作业　分段作业　集中采购制度　分散采购制度　混合采购制度

基础训练

一、选择题

1.连锁企业集中采购，是指将各连锁企业所需要的经营物资统一由（　　）部门负责。

A.一个　　　　　　　　B.两个　　　　　　　C.三个

2.下列属于一贯采购优点的是（　　　　）。

A.专业精通　　　　　B.内部牵制　　　　C.规模经济　　　　D.效率高

3.下列招聘方式中，属于外部征召的有（　　　　）。

A.刊登广告　　　　　B.职位转换

C.员工推荐　　　　　D.大学校园招聘

二、判断题

1.分散型采购组织中不同的经营单位可能会与同一个供应商就同一种产品进行谈判，结果达成了不同的采购条件。　　　　　　　　　　　　　　　　　　　（　　　）

2.连锁企业不会采用混合型采购组织。　　　　　　　　　　　　　　（　　　）

3.一般来讲，企业规模越小，分支机构分布越邻近，采用分权制的可能性越大。
　　　　　　　　　　　　　　　　　　　　　　　　　　　　　　（　　　）

4.按采购地区设计属于分段采购作业。　　　　　　　　　　　　　　（　　　）

5.合适的采购人员的招聘和培养是保证采购任务完成的核心条件。　（　　　）

三、简答题

1.连锁企业采购部门设计的方式有哪些？并对比各种采购方式的优劣。

2.连锁企业采购制度有几种？分别阐述其优缺点和适用条件。

3.连锁企业培训采购人员的方法有哪些？

实践训练

一

【实训项目】

连锁企业采购制度和采购部门设计

【实训情境设计】

模拟一家连锁企业，如连锁零售业、服务业、餐饮业等，简单阐述该连锁企业的基本情况，包括运营内容、组织结构，并明确连锁企业采购制度，设计企业的采购部门（根据商品种类、采购地区、商品价值等），并说明理由。将小组同学虚拟分配到采购部门去，并将各成员采购职责细化，同时根据企业情况选择采购物资，采购物资必须明确化、多样化。

【实训任务】

1.说明该连锁企业的基本情况。

2.确定连锁企业的采购制度，说明设计的理由。

3.设计连锁企业的采购部门，说明设计的理由，并将部门成员采购职责细化。

4.明确连锁企业采购的商品品类。

【实训提示】

★在实训过程中，可以参考一些知名连锁企业的采购制度和采购部门来设计。

★采购部门的设计要结合采购商品的特点，并满足连锁企业运营的要求。

【实训效果评价表】

连锁企业采购制度和采购部门设计评分表

考评人		被考评小组	
小组成员			
考评内容	连锁企业采购制度和采购部门设计		
	考评点	分值（分）	评分（分）
考评标准	连锁企业采购制度设计的合理性	20	
	连锁企业采购部门设计的合理性	20	
	采购职责的完整性	15	
	采购商品的全面性	15	
	文本制作的条理性	10	
	文字表述的逻辑性	10	
	组员参与的积极性	10	
合计		100	

注：评分满分为100分，60～70分为及格，71～80分为中等，81～90分为良好，91分以上为优秀。

二

【实训项目】

连锁超市对采购人员的管理

【实训情境设计】

去当地一家知名连锁超市，了解该超市对采购人员的素质要求，以及该超市采购人员的培训体系。

【实训任务】

1.了解该连锁超市对采购人员的素质要求。

2.说明该连锁超市对采购人员的培训体系，包括采购人员培训需求分析，采购部门从采购总监到采购员每个岗位的课程开发情况，以及培训方法。

【实训提示】

★将学生分组，每组5～6人，分配到当地的连锁超市去调查，并将该连锁超市对采购人员的培训体系写成一份完整的调查报告。

★每个小组将调查报告转化为PPT，和同学分享调查的结果和感受。讨论连锁超市如何完善对采购人员的培训体系。

【实训效果评价表】

调查连锁超市对采购人员的管理评分表

考评人		被考评小组	
小组成员			
考评内容	连锁超市对采购人员的管理		
考评标准	考评点	分值（分）	评分（分）
考评标准	对培训体系了解的完整性	20	
考评标准	对培训体系调查的深入性	20	
考评标准	文本制作的条理性	15	
考评标准	发言效果	30	
考评标准	组员参与的积极性	15	
合计		100	

注：评分满分为100分，60~70分为及格，71~80分为中等，81~90分为良好，91分以上为优秀。

第3章　连锁企业商品采购决策

学习目标

通过本章学习，明确连锁企业商品采购品类的决策步骤，掌握连锁企业商品品项决策和价格决策，了解连锁企业商品采购质量的管理和控制以及连锁企业商品采购数量的确定。

【引例】　　　　　　　　　卡斯美的商品采购品类及品项管理

日本卡斯美拥有102家超级市场，年销售额约为1 480亿日元，折合人民币123亿元，经营品种约为1.2万种。卡斯美总部负责商品采购业务的部门被称为商品部。商品部以商品的进货、开发和管理为中心，其职能包括起草进货和销售计划，负责商品开发、制品开发、渠道开发。商品部内部设11个部门，设立的原则是根据其在经营额中的重要程度。目前卡斯美鲜鱼部的销售额约占总额的15%，鲜肉部约占12%，果蔬部约占14%。根据商品分类表开办超市，首先要做的工作就是决定卖什么商品，即把商品的大分类、中分类及小分类确定下来。这就要根据当地的消费水平、消费习惯来确定商品分类表。由于各地生活习惯的差别，各地超市的商品分类表也不相同。比如南方地区由于天气炎热，饮料可作为一个大类来经营。在商品的经营和管理上，卡斯美有一套根据自家的理解而设定的分类框架。通常的做法是，按照使用者的用途或TPOS（时间、场所、动机、生活方式）设定商品分类。分类框架设定好后，再筛选、寻找应备齐的具体商品品种，最后建立起自己的MD体系（商品体系）。日本超级市场的商品分类框架一般设定为5个梯度（5段分位法），即部门、品群、小分类、品种、品目。

根据当地实际情况编制出的商品分类表，是推行标准化的内容之一，作用极大。它可以界定所经营的商品范围，还可以便于对经营业绩按商品结构进行分析。商品分类后，计算机系统也同时对卖场进行分类管理，分析销售额、毛利率、损耗率、费用额、客单价、卖场销售效率、周转天数的变更等。根据业态理论，确定超市经营的居民日常生活需要的食品和日用品，也就是高消耗、高周转的大众品和实用品。大众品不是指便宜的商品，而是指一般老百姓日常生活要吃或要用的东西。实用品是指用完了还要周而复始地去购买的东西。就具体的小分类来讲，要适合居民日常生活消费的特定需要，例如酒类，假设市场上最便宜的酒是3元1瓶，二锅头酒是5元1瓶，最贵的酒是洋酒。根据目前的收入水平，5元1瓶的酒应当作为大众品，这样在安排商品的时候，5元1瓶的酒的品目数应当最大、品种最全。确定商品陈列面表，确定小分类的适当规模。在确定商品陈列面表时，卡斯美首先从理论上认为，商品陈列的货架越多、展示越充分，所实现的销售额也就越大。但是货架是有限的，摆放多少呢？什么是适当规模？各个小分类引进多少个品目、摆在多少个货架上最出效益呢？这些并没有现成的计算方法，需要采购员对每个小分类的陈列面与销售额进行对比、分析。确定各个小分类的适当规模的原则是：要满足一般老百姓生活需求的品目数的80%；了解其他商场各个小分类的布局情况；容易陈列，方便顾客选择购买。卡斯美的酱油和奶酪分别有45个品目和69个品目，都是用2个货架摆放的，而针棉织品需用10个以上的货架才行，因为顾客年龄段、性别不同，需要的各种规格尺寸颜色式样十分复杂繁多，应按系列化做足才能满足顾客需求。卡斯美认为，必须这样考虑设置货架。其次，卡斯美还十分注重陈列面管理表。在采购员的职责中，货架管理必须细致到对各个小分类的货架陈列进行设计，设计出来的货架陈列图样称为陈列面管理表。陈列面管理表规定了陈列格式：用几层隔板及隔板的尺寸，悬挂陈列时用多长的挂钩及使用数量；规定了每种商品的售价、陈列位置、排面数及陈列量。使用这种标准化的陈列面管理表能够将总部的商品策略贯彻到每一个店铺，使整个连锁系统的商品营运容易控制，对于季节性变动修正及新品的增列、滞销品的删减等工作，执行效率比较高。在卡斯美，陈列面管理表运用得非常广泛，每家连锁店的每个店铺都有陈列面管理表，它是管理控制商品最基本的工具。因此新店在开设之前，应当首先把陈列面管理表规划好，再进行一切硬件的设置与进货陈列。日本厂商推出新品有固定的日期，一般是春、秋两季，每季各1次。每年年初，日本各大厂商召开新品发布会，各商业单位采购员都到那里去看，对感兴趣的新品就会索取资料。在导入新品的时候，先要把旧的商品砍掉。由于计算机程序比较完备，采购员在商品底账上敲进一个记号即可。第一次导入新品时，为了避免风险，一般先选择标准店铺进行试销，堆头陈列，统计每天的顾客量、销售额、计算PI值。试销一星期，如卖况较好可引进，其陈列面数的安排可与旧品进行类比做出；如卖况不好就不再引进。在电视上做广告的新品要比别的新品更快地导入。旧品的淘汰在卡斯美也是采购员的职责之一。当有新品引进时必先淘汰旧品，否则货架上的商品品目就会越来越多，而陈列面会越来越少，销售额就会下降。淘汰旧品的标准主要是依据销售额。采购员根据计算机系统提供的小分类销售报表、商品销售额排序、商品销售量排序、ABC分析、部门管理表等资料，能够非常精确地淘汰掉那些卖况差的品目。卡斯美的采购管理是现代零售业态和经营方式下的一种管理模式，是现代零售管理模式的重要标志之一。

　　与传统的商业管理方式相比，这种操作方式使采购职能大大扩展，工作方法和管理手段的技术含量大大提高。

资料来源　朱新民，林敏晖. 物流采购管理［M］. 北京：机械工业出版社，2007.

3.1　连锁企业商品采购品类决策

3.1.1　确定连锁企业商品采购的范围

　　采购什么样的商品是采购决策的关键。采购品种一般是在过去采购实际和销售实际的基础上，根据市场预测得出的消费需求及其变化趋势的有关资料，进行综合分析后确定的。商店在确定采购商品范围时需要考虑以下几个方面：

　　1.商店的业态类型、经营规模及经营特点

　　确定商品采购范围，必须首先考虑商店的业态类型、经营规模及经营特点。不同业态的商店，其商品经营有着不同分工：专业性商店以经营本行业某一大类或几大类商品为界限，其专业分工越细，经营范围越狭窄；综合性商场除了经营某几类主要商品外，还兼营其他有关行业的商品。商店经营规模越大，经营范围越宽；反之，则越窄。此外，商店经营对象是以附近顾客为主，还是面向更广泛的市场空间；商店是属于百货商店，还是属于超级市场、便利店；商店是以高质量商品、高服务水平为经营特色，还是以价格低廉为经营特色。这些都将对商店采购商品范围有着重大影响。

2.商店的目标市场

商店的地址和商圈范围确定以后，其顾客来源的基本特征也就随之确定下来。商店目标顾客的职业构成、收入状况、消费特点、购买习惯都将影响着商店采购商品的范围。处在人口密度大的城市中心的商店，由于目标顾客的流动性强，供应范围广，消费阶层复杂，因而经营品种、花色样式应比较齐全；处在居民区附近的商店，消费对象比较稳定，主要经营人们日常生活必需品，种类比较单一；处在城市郊区，或工矿区，或农业区，或学校集中区的商店，由于这些地区消费者的特殊性形成了其特殊需要，所以在确定商品采购范围时，也要充分考虑这些地区消费者需求的共性及个性。

3.商品的生命周期及新品的开发

任何商品都有其生命周期，即从进入市场到退出市场所经历的4个阶段：导入阶段、成长阶段、成熟阶段、衰退阶段。在现在这个信息时代，科技日新月异，商品的生命周期不断被缩短，新品不断涌现，旧品不断被淘汰。商店必须跟上这种不断变化的时代步伐，随时注意调整自己的经营范围。一方面，商店必须跟踪掌握商品在市场流通中所处的生命周期，商品一旦到达衰退期，应立即被淘汰；另一方面，随时掌握新品动向，对于有可能成为畅销商品的新品，在上市前就应列入商品采购计划范围之内。

4.竞争对手情况

邻近同行业竞争对手的状况也影响着商店采购商品的范围。在同一地段内，相同业态商店之间，经营特点不宜完全一致，应有所差别，其差别主要体现在商店主营商品的种类上。俗话说："追二兔不如追一兔。"特点多反而显示不出特点来，每家商店为突出自己的特色都会选择一个最适合自己形象的主营商品大类。因此，商店只有弄清楚周围竞争对手的经营对策、商品齐全程度及价格和服务等状况，才能更好地确定自己的商品采购范围。

5.商品本身的特点

商店经营一方面是为了满足广大消费者的需要，另一方面也是为了取得更多的利润。因此，在人力、物力、财力及营业面积有限的情况下，商店无法使商品经营品种无所不包，所以应首先选择那些利润高、周转快的商品经营。此外根据商品消费连带性的要求，应把不同种类但在消费上有互补性，或在购买习惯上有连带性的商品一起纳入经营范围，这样既方便顾客挑选购买，也利于扩大销售。在确定采购范围时，还应考虑商品的自然特性，某些化学性质相抵触的商品或对人体有害而没有必要保管设施的商品不宜经营，以免发生损失和不良影响。

商店商品采购范围的确定，除考虑以上几个方面外，还应随着商店的经营规模、经营目标、商品生产技术发展、人口数量及消费者收入水平等实际情况的变化而随时加以调整，不能一成不变，墨守成规。

@**相关链接3-1**

欧美连锁经营采购组织分工

在欧美市场上确立的连锁经营系统中，采购组织的分工设置如下：其一，由上层决定企业的商务方针，具体包括：主营业务（主要商品部门），业态（销售形式），价格中枢（中心价值区域），选址、商圈、客户层次和经营商品用途，店铺和商店的标准面积，基本投资额和设备，流动资本额和库存额界限，资本收益，企业形象，商品部和运营部人员的职务、权限及相互关系。其二，商品部的负责人按照上级的方针制定商品政策。接受上级的商务方针后，在其规定和框架内，作为商品部负责人——商品销售经理要决定基本商品对策和销售方法，也就是要决定商品政策。当然，这必须基于上级提出的商务方针，不过，使之具体化的仍是商品销售经理。这里的"具体化"是指商品销售经理要亲自起草、亲自决定，并管理属于商品部的从事创造性工作的员工，而且要对数值化的结果负责。其三，商品部员工的首要任务是在现场维持制定的商品政策。这里的现场维持主要是在卖场、店铺、配送中心、加工中心、食品加工工场、分类保管站等场所进行的维持。如果员工能在现场维持商品政策，而且能实现事先分配的数值任务，就可以独当一面了。因此，这里应该加以明确的是商品政策的维持和数值责任的实现，二者构成了同样比重的责任。员工不能随意变更，也不能偏离"方针"和"政策"，同时必须实现规定的应该达到的结果数值。按照规定做了，却未达到数值要求是不行的，无论从哪里采购了什么，只有实现数值才符合要求。

资料来源　作者根据相关资料整理所得．

3.1.2　确定连锁企业商品政策

商品政策是商店在确定经营范围和采购范围的基础上根据自身的实际情况建立起来的具有独特风格的商品经营方向，也是商店采购商品的指导思想。一般来说，商店采用的商品政策主要有：

1.单一的商品政策

单一的商品政策是指商店经营为数不多、变化不大的商品品种来满足大众的普遍需要，如专卖店、快餐店、加油站、自动售货机等，均采取这一商品政策。采取这一商品政策的商店一般在竞争中不易取得优势，因而它的使用主要局限于：

（1）消费者大量需求的商品，如加油站、粮店、烟酒专卖等。

（2）享有较高声誉的商品，如麦当劳的汉堡包等。

（3）有较高知名度的专卖商店。

（4）有专利保护的垄断性商品。

采取这一商品政策要注意商品的个性化，其品质应优于其他商店。这样才能对消费者形成吸引力。

2.市场细分化的商品政策

市场细分化就是把消费市场按各种分类标准进行细分，以确定商店的目标市场。如按消费者的性别、年龄、收入、职业等标准进行划分，各类顾客群的购买习惯、特点以及对各类商品的购买量是不同的，商店可以根据不同细分市场的特点来确定适合某一类消费者的商品政策。例如，若商店选择的目标市场是儿童市场，则商品经营范围将以儿童服装、儿童玩具、儿童食品、儿童用品为主，借此形成自己独特的个性化的商品系列，并随时注意开发有关商品，以满足细分市场的顾客需要。

3. 丰满的商品政策

丰满的商品政策是指在满足目标市场的基础上，兼营其他相关联的商品，既保证主营商品的品种和规格档次齐全、数量充足，又保证相关商品有一定的吸引力，以便目标顾客购买主营商品时能兼买其他相关商品，还可吸引非目标顾客前来购物。要使商店经营的商品让人感到满意，必须重视下列几类商品：

（1）名牌商品。这类商品一般是企业长期经营、在消费者中取得良好信誉的商品。这类商品品种全、数量足，能提高商店的声望，对促进销售起到重要作用。

（2）诱饵商品。这类商品品种齐全、数量足，可以吸引更多消费者到商店来购物，同时也可以连带销售其他商品。

（3）试销商品。这类商品包括新商品和本行业刚刚经营的老商品，其能销售多少很难预测，但是将这类商品保持一定的品种和数量，可以丰富商店商品的品种，促进商品销售额的扩大。

4. 齐全的商品政策

齐全的商品政策是指商店经营的商品种类齐全，无所不包，基本上满足消费者进入商店后可以购齐一切的愿望，即所谓的一站式购物。一般的超大型百货商店、购物中心以及大型综合超市均采用这一商品政策。一般来说，采用这一政策的商店，其采购范围包括食品、日用品、纺织品、服装、鞋帽、皮革制品、电器、钟表、家具等若干项目，并且不同类型商品分成许多商品柜或商品区。有的商店每一个柜台的商品部经理都可以自由进货、调整商品结构、及时补充季节性商品，但连锁性质的大型超市则采取集中采购和配送的方法。当然，任何一个规模庞大的商店要做到经营商品非常齐全是不可能的。因此，目前国内外一些老牌百货商店正纷纷改组，选择重点经营商品，以这个重点为核心建立自己的商品政策，力促自己的经营特色，以与越来越广泛的专业商店相竞争。

3.1.3 连锁企业商品采购目录的制定

当连锁企业确定了商品采购范围和政策以后，还必须将各商品品种详细地列出来，形成连锁企业的商品目录。商品目录是连锁企业经营范围的具体化，也是连锁企业进行采购的依据，是连锁企业管理的一项重要内容。

连锁企业的商品目录包括全部商品目录和必备商品目录两种。全部商品目录是连锁企业制定的应该经营的全部商品种类目录；必备商品目录是连锁企业制定的经常必备的最低限度商品种类目录。必备商品目录不包括连锁企业经营的全部商品种类，而只包括其中的主要部分。

必备商品目录是按照商品大类、中类、小类按顺序排列的。每一类商品都必须明确标出商品的品名和具体特征。由于商品特征不同，消费者选择商品的要求也不同，因而确定商品品名和特征的粗细程度与划分标准也不相同。一般情况下，商品特征的多少决定着品名划分的粗细程度，特征简单的商品如食盐、糖等，品名可以粗一些；特征复杂的商品，品名可以适当细化。目前，有些连锁企业采用电脑进行管理，实行单品核算，这时商品品名应根据最细小的标准来划分，直至无法划分的程度，以便准确区分每一具体商品。

必备商品目录确定以后，再根据顾客的特殊需要和临时需要加以补充与完善，形成连锁企业全部商品目录。连锁企业商品目录制定以后，不应固定不变，而应随着环境的变化定期进行调整，以适应消费者需要。一般来说，季节性商品需分季调整，非季节性商品按年度调整，做到有增有减。但在调整中要注意新旧商品交替存在的必要问题，在新商品供应商未稳定之前，不可停止旧商品的经营，以防影响消费者的选择需要。

3.1.4　确定连锁企业商品结构配置策略

在确定了商品采购范围、政策和采购目录之后，接下来应研究哪些商品是主力商品，哪些商品是辅助商品，它们之间应保持怎样的比例关系，花色品种、质量等级如何分配等。

商品结构实际上就是由不同商品种类而形成的商品广度与不同花色等品种而形成的商品深度的综合。

所谓商品的广度，是指经营的商品系列的数量，即具有相似的物理性质、相同用途的商品种类的数量，如化妆品类、食品类、服装类、家电类等。

所谓商品的深度，是指商品品种的数量，即同一类商品中，不同质量、不同尺寸、不同花色等的品种的数量。

保持合理的商品结构对商店的发展有着重要的作用。由于商品广度和深度的不同组合，形成了目前商店商品结构的不同配置策略，这些策略各有利弊。

1.广而深的商品结构

这种策略是指商店选择经营的商品种类多，而且每类商品经营的品种也多的策略，一般为较大型的综合商场所采用。由于大型的综合商场的目标市场是多元化的，常需要向消费者提供一揽子购物，因而必须备齐广泛的商品种类和品种。

这种策略的优点是：目标市场广阔，商品种类和品种繁多，商圈范围大，选择性强，能吸引较远的顾客专程前来购买，顾客流量大，基本上满足顾客进店一次购齐一切的愿望，能培养顾客对商店的忠诚度，易于稳定老顾客。

这种策略的缺点是：商品占用资金较多，而且很多商品周转率较低，导致资金利用率较低；此外，这种商品结构广泛而分散，试图无所不包，但也因主力商品过多而无法突出特色，容易形成企业形象一般化；同时，企业必须耗费大量的人力用于商品采购上，由于商品比较容易老化，企业也不得不花大量精力用于商品的开发研究上。

2.广而浅的商品结构

这种策略是指商店选择经营的商品种类多，但在每一种类中经营的商品品种少的策略。在这种策略中，商店提供广泛的商品种类供消费者选择，但对每类商品的品牌、规格、式样等给予限制。这种策略通常为廉价商店、杂货店、折扣店等零售企业所采用。

这种策略的优点是：目标市场比较广泛，经营面较广，能形成较大商圈，便于顾客购齐基本所需商品；便于商品管理，可控制资金占用。

这种策略的缺点是：由于这种结构模式每种种类的品种相对较少，满足需要能力差，顾客的选择性有限，很容易导致失望情绪，不易稳定长期客源，易形成较差的企业形象。商店不注重商品特色，在这样一个多样化、个性化趋势不断加强的今天，即使商店加强促销活动，也很难保证商店经营的持续发展。

3.窄而深的商品结构

这种策略是指商店选择较少的商品经营种类，而在每一种类中经营的商品品种很丰富。这种策略体现了商店专业化经营的宗旨，主要为专业商店、专卖店所采用。一些专业商店通过提供精心选择的一两种商品种类，配以大量的商品品种，来吸引相应偏好的消费群。目前国内一些大型百货商店和超级市场也开始注重引入这种策略。如广州新大新、广州百货大厦，近几年来不断减少商品种类，五金、布料等商品最早消失，随之家具、杂货比例也逐渐缩小，主要以服饰、皮革、电器、美容品、食品为主力商品。

这种策略的优点是：专业商品种类充分，品种齐全，能满足顾客较强的选购愿望，不会因品种不齐全而失去顾客；稳定顾客，增加重复购买的可能性；形成商店经营特色，突出商店形象；便于商店专业化管理。这种模式现在较为广大消费者欢迎。

这种策略的缺点是：种类有限，不利于满足消费者的多种需要，市场有限，风险大。

4.窄而浅的商品结构

这种策略是指商店选择较少的商品种类并在每一类中选择较少的商品品种。这种策略主要被一些小型商店，尤其是便利店所采用，也被自动售货机出售商品和人员登门销售的零售商所采用。自动售货机往往只出售有限的饮料、香烟等商品；而人员登门销售所销售的商品种类和品种也极其有限。这种策略要成功使用，有两个关键因素，即地点和时间。在消费者想得到商品的地点和时间内，采取这种策略可以成功。

这种策略的优点是：投资少、见效快；商品占用资金不大，经营的商品大多为周转迅速的日常用品，便于顾客就近购买。

这种策略的缺点是：种类有限，品种少，挑选性不强，易使顾客产生失望情绪，商圈较小，吸引力不大，难于形成商店经营特色。

由于目前的便利店经营的商品在品种和价格上难以吸引消费者，因而它们的优势主要在经营地点、经营时间和便民服务上。

@ 相关链接3-2

连锁药店优化商品结构

一、优化商品结构

1.商品结构的定义

商品结构是指符合公司市场定位及商圈顾客需求的商品组合。商品结构应明确定义采购部门描述的大分类、中分类、小分类、品项数、价格带、直线陈列米数以及陈列层板数等。

对于零售企业来说，优化商品结构的关键是如何对商品的数量、品种进行合理的筛选，而使企业的销售能力资源（如资金、空间等）得到合理的配置，发挥最大的潜力，取得最佳的经济效益。

2.商品分类和品类管理

大分类：根据商品的特征和属性来划分。

中分类：大分类中细分出来的类别。

小分类：中分类进一步细分，按功能、剂型等。

单品：不能进一步细分的、完整独立的商品品项。

品项数：单品的品种数量

品类管理：在商品分类的基础上，按一定的商品组合对商品群进行整体的综合管理，是一系列活动、一个持续的过程。

二、商品结构调整的必要性

中型零售药业公司的商品会有几千个品种，大型连锁的往往会有一万以上个品种。现在零售药店必须重点考虑经济效益，以效益为中心对商品的结构进行优化是当今药店必须解决的问题。

三、商品结构优化需注意的问题

在激烈的市场竞争中，如何整合企业内部资源，建立自身特色的经营模式？优化商品结构就成为通常采用的方法。但商品结构调整并不是单纯淘汰滞销品、引入畅销品这么简单，而应是分析各个类别的客流量、客单价、毛利率、动销率的情况，结合以下指标进行商品结构的优化和调整：

1. 销售排行

依据门店在固定时间段的商品销售排行榜，从中分析出商品的销售情况。特别是对滞销商品进行原因分析，并着手利用各种促销手段，如加大提成点数等来改变滞销现状，如果确实无法改变，就应予以淘汰处理。另外，对品类的分析应具体到客流量、客单价和毛利率，通过这3个指标来分析品类结构的缺陷或不足。通过对商品的引进和淘汰，在商品长度要求的范围内改善品类的销售业绩。

2. 商品贡献率

单凭商品销售排行榜来挑选商品是不够的，还应看商品贡献率。销售额高、周转快的商品，不一定毛利高，而周转率低的商品未必就是利润低。没有毛利的商品销售额再高，这样的销售也不适合。毕竟门店是要生存的，没有利润的商品短期内可以存在，但是不应长期占据货架。看商品贡献率的目的在于找出门店的商品贡献率高的商品，并使之销售得更好。

3. 损耗风险

损耗率直接影响商品的贡献毛利，而商品引进过程中的损耗风险一般由两方面原因造成：一是商品本身因为特性、包装等原因造成的商品损耗；二是商品供应商在结算方式、配合度、信用度上的不足，所造成的商品经营风险。所以在商品结构调整中，应优先考虑损耗风险小的商品，并逐步淘汰损耗风险大的商品，以保障品类的安全性。

4. 动销程度

商品的动销率也是优化商品结构的指标之一。一般来说，动销率越高，说明商品的动销程度越高，但并非越高越好，一般动销率在80%～90%比较合适，因为超过这个区间，可能会导致商品脱销、引致商品品种不齐从而不能满足顾客需求，所以应该适当引进商品；低于这个数据区间，表明商品的动销程度不够，应优先进行商品调整。但就当前情况来说，因为部分企业并未建立起强效的商品固化管理体系，所以在实施过程中不能光凭百分比的数据来判断动销程度的好坏，而是要深入品类，找到实际存在的问题。

5. 商品的更新率

门店周期性地增加商品的品种，补充商场的新鲜血液，以稳定自己的固定顾客群体。

商品的更新率一般应控制在10%以下，最好在5%左右，另外，商品的更新率也是考核采购人员的一项指标。需要导入的新商品应符合门店的商品定位，不应超出其固有的价格带，对于价格高而无销量的商品和无利润的商品应适当地予以淘汰。

6.陈列货位

在优化商品结构的同时，也应该优化门店的商品陈列。首先是品类规划的SKU数一定要少于门店货位数，最好控制在门店货位数的90%左右比较适当。如果大于货位数，必须及时调整陈列工具，改善货位数或减少品类单品数量。此外，还应对各品类的基本陈列进行统一规划，结合品类的销售情况配置单品数量，确定各品类的宽度和深度。最后还应该考虑主力商品和高毛利商品的陈列面，适当地调整无效的商品陈列面。

7.季节特点

季节性即指在零售业里，销售有明显旺淡季变化的商品，既包括夏季的清凉商品，也包含节日的礼品。所以在经营中，也应对品类的季节性商品进行补充和调整，以适应季节性销售的需要。

案例分析

到现在为止药店竞争并没有偏离价格竞争的核心，价格竞争的基础来源于单品的量化销售，若50%的单品实现了50%的销售额，表明该药店的商品中什么都能卖一点，但什么都卖不好，何来的量化销售。没有A类主力商品或A类主力商品不明确，那试问这家药店又何以和供应商压低进价？进价压不下来，它又靠什么去塑造低价形象，靠什么去和竞争对手竞争？事实上一个卖场的商品不好卖，首先要考虑的是商品的构成哪里有问题，而不是哪个商品有问题。

30：70品类结构

那么，如何判断单品数与销售额占比多少才会正常呢？根据药店的现场实践，药店的商品构成中，如果30%的商品创造了70%的销售额的时候，才表明商品构成基本正常，因为20%商品创造80%的销售额在多数情况下仅是一个理想化的状态。这时我们的工作重点才是放在引进新品淘汰滞品上。在药店的商品构成中，偏离了30%的商品产生70%销售额的均属不正常，表明采购部门、门店营运部要深入分析并改善商品构成，即首先需从品类构成上着手，而不应从单品上着手，这样会事半功倍。

差异化结构

我们在做商品结构优化的时候，还会遇到不同级别、不同地区的门店怎样分级的问题。首先，按照营业面积进行分级，不同级别的门店按品类的销售业绩进行综合分级，结合门店的商品陈列空间（即货架组数），得知一家门店可容纳的商品品种总数；然后，从最大的商品结构也就是最大门店着手，先构建一个最大的商品品类清单，再通过分析该店每个品类的销售排行、市场潜力、商圈结构、消费习惯、购买水平、竞争对手品类构成等要素进行增减，包括在各产品线价格带的深度与宽度之间进行取舍，从而形成不同级别门店的各自商品结构；最后，根据同样的分级原理形成各店一个多级的货架陈列图。这是比较具实操性的解决方法。

结论

作为药店的经营者与管理者要明确，我们靠什么去吸引顾客、靠什么去激发顾客购买欲？是靠商品又多又全吗？不是！是靠让我们的商品来满足顾客需求。是靠我们的商品新奇特吗？不是！因为药店经营的是顾客基本常用的药品……我们药店吸引顾客的核心点是让顾客能治好病，以更少的钱买上更好的药品！因而必须突出药店的专业性和更好的购物氛围！药店竞争的核心还是在于商品构成策略！所以我们在诊断分析药店的商品构成时，必须先由外到内，了解目标顾客层构成、了解商圈对手的同类商品（包装、规格、价格带等）等，反过来诊断我们的商品构成有没有问题。

优化门店的商品结构，有助于提高门店的总体销售额。它是一项长期的管理工作，应当随着时间的变化而及时地变动，这样才会使自己立于不败之地。

资料来源　佚名. 连锁药店优化商品结构［EB/OL］.［2017-06-18］. http：//www.chinadmd.com/file/iacox3o3spxrcxarxoaue6zu_1.html.

3.2 连锁企业商品采购品项与价格决策

3.2.1 连锁企业商品采购品项决策

连锁企业商品采购品项决策是商品采购的重要决策之一。连锁企业要想增强商品对顾客的吸引力，形成经营特色，必须选择适销的商品。连锁企业在选择商品品项时要遵循以下几个原则：一是采购的商品要与连锁企业的定位相吻合，要能充分体现出连锁企业总体经营方针和经营特色；二是采购的商品要符合目标市场的需要，既要能满足顾客现实的需求，又能创造和引导其潜在的消费需求，通过开发新商品淘汰滞销商品，建立合理的商品结构，将顾客的潜在需求转化为现实需求；三是要考虑连锁企业现有的经营条件，引进的新商品要有能力去经营。

采购品项决策与编制商品计划有很大区别。后者是一种发生在采购操作行为前的活动，是着眼于宏观的决策行为。而前者是发生在采购操作中的活动，侧重于微观决策，后者对前者有指导作用。商品采购品项决策分为两类：一类是对现在经营的商品，是继续维持采购，还是将其淘汰，主要用商品贡献度理论以及对将来的销售预测来分析和评估。另一类是对是否要引进某一新商品的决策，由于与前者相比，缺乏相关数据，分析起来难度更大。一般而言，是否引进一个新商品，要考虑以下几个因素：

1. 商品本身的因素

商品本身的因素主要包括功能、感觉、资讯3个方面的因素。功能是形成商品价值的基础，商品的材质、构造的设计、耐久性、使用性、安全性等都包含在这个方面。感觉方面以造型、外壳、色调、格调、容器、包装等为主要要素。资讯方面是指商品知名度，具体地说，是指厂家及其品牌的知名度。

2. 商品定位因素

采购中考虑商品定位因素，其目的是要使商品能更好地满足目标市场需要，并使商品之间能互相配套，最大效用地发挥作用。采购操作中主要要求采购人员按采购计划选择新的商品。采购计划中的商品种类分布表，往往不是指具体的特定商品，而是指构成商品种类的单品需要具备哪些条件。除非特殊情况，否则采购商品时，要根据采购计划进行。只有根据计划采购，才能保证商品定位的前后一致，减少采购工作的盲目性。

3.采购条件因素

采购条件因素包括价格条件、折扣条件、付款方式、附带服务、供给能力、交货时间等。

采购人员一般从上面几个方面对商品进行评价。为了方便分析和比较，可以将上述各项指标绘成表格，再进行打分，以此来决定是否引进该商品，见表3-1。如果综合评价不到80分，或80分以上却有两项被评为差，则该商品就不应被列入选择对象。

表3-1 连锁企业商品采购评价表

评价指标		确认项目	非常好 (5)	好 (4)	普通 (3)	差 (2)	非常差 (0)	评分
商品本身	(1) 材质	是否采用适当的材料						
	(2) 构造的设计	构造的设计如何						
	(3) 外壳	外壳是否装饰得漂亮						
	(4) 耐久性	是否能够长期使用						
	(5) 使用性	是否容易使用						
	(6) 安全性	是否安全无害						
	(7) 造型、色调	造型、色调如何						
	(8) 格调	商品是否有格调						
	(9) 容器、包装	容器与包装是否适合商品						
	(10) 知名度	品牌的知名度如何						
商品定位	(11) 对相关商品系列的适应	与其他相关系列商品的协调如何						
	(12) 对周围商品部门的适应	与周围其他部门商品的协调如何						
	(13) 对整个商店店铺的适应	与整个商品销售的协调						
	(14) 对商品品种结构的适应	使商品齐全的定位如何						
采购条件	(15) 价格条件	采购价格是否足够低						
	(16) 折扣条件	现金、数量、累计折扣是否低						
	(17) 付款方式	有无付款延期等						
	(18) 附带服务	各种服务是否齐全						
	(19) 供给能力	再订购时能否确保供应						
	(20) 交货时间	再订购时能否准确及时供货						

一些有相当行业知名度的连锁企业在有限范围内的品类管理实验使人们意识到，是推广品类管理的时候了。沃尔玛与宝洁的一次合作，使销售额上升32.5%，库存下降46%，周转速度提高11%。该项合作采用针对店铺的品类管理来优化商店的品种组合。这个项目

包括对 15 个店铺的实验和 25 个店铺的监控，其中参加实验的店铺使用了针对不同店铺的品类管理数据，监控的 25 个店铺的品种组合是统一的。

在这里，我们首先要明确一点：我们的目的不是采购品类管理，而是一个不断完善的过程。

在着手开展品类管理时，并不存在一个特定的、被验证一定能够取得成功的途径，也没有一个所有品类的管理均达到理想效果、整个管理过程都按要求自动运转的完美终点。每个分销商和供应商在实施品类管理时，都会基于众多的因素而采取不同的方法，品类管理的实施通常要与连锁企业特定的环境相适应，当然，实施方法虽然会有所不同，但都包括下面一些基本内容：

第一，对实施品类管理具备的条件进行全面的评估，就品类管理的 6 大要素（2 个核心要素、4 个保障性要素）客观评价连锁企业实施品类管理的能力（优势与不足）。

第二，组织保证。首先与连锁企业高层管理者进行沟通，达成共识，设定符合实际的目标；指定一名管理人员领导整个品类管理的实施；评价承担品类管理任务和责任的人员目前所具备的技能，找出技术上存在的差距；确定连锁企业组织结构需要调整的范围，制订调整计划，该计划应说明适应品类管理需要的组织结构、选择程序、招聘（如果有这方面的需要）、奖励制度和连锁企业文化的调整；对有关的概念做一个基础性说明以减少潜在的不稳定因素对整个组织造成的影响。

第三，实施计划。立足于评估中发掘出的最大范围的机会，制订一个详细的第一年实施计划。这些机会既要强调其关键性优势，同时也要指出其主要弱点，然后，相对简约地制订第二年和第三年的计划，挑选骨干力量并就实施计划与整个组织进行正式沟通。请回顾一下实施计划全过程的主要步骤。

第四，制定与品类管理相配套的连锁企业战略。检查、修正，必要时重新制定连锁企业和（或）部门的经营战略，该战略应能对品类管理的关键问题如品类角色的设定、资源的配置和策略等起到充分的指导作用。

第五，与合作伙伴共同制订品类经营计划的样板。从制订若干个重要但不复杂的品类的经营计划入手，从已经具备条件的东西开始，这一点很重要。业务流程中的实际操作便于进一步发现改进的机会。

第六，品类角色、策略和技术的开发。检查现有的连锁企业目标与战略，从特定的角度评价这些目标和战略在设定品类角色、开发策略和技术方面所发挥的作用，必要的话，应修正或重新制定连锁企业发展战略。

分销商：根据现有的数据和直觉给每个品类预先设定一个角色，确保所有品类的角色与经营资源相配套。根据新的信息，新的连锁企业战略、品类组合的改进以及经营策略的分析对品类角色进行必要的调整。

供应商：通过制订内部计划和策略支持分销商品类角色的设定，这些计划应与供应商整体的品类品牌策略相统一，并保持这些策略的灵活性和适应性。

第七，业务流程。制定或采用一个标准格式的品类经营计划表或模型，保证操作过程协调一致。

分销商：根据确定的标准，包括品类的战略地位（角色）、供应商和品类经理的能力、监测指标中的差距以及品类的复杂程度等，选择若干个品类制订其经营计划和业务流程模式。

供应商：为制订经营计划，建立选择客户和品类（如果拥有一个以上的品类）的标准，该标准应包括品类的战略地位（角色），分销商和供应商代表的能力，监测指标中的差距和品类的复杂程度，建立、实施和完成起步阶段品类经营计划的具体行动日程。

第八，信息技术。设计或采用品类评估进度表和数据显示模式；预先确定分销商及供应商各自采集、分析数据的责任；熟悉可以从分销商及供应商手里获取的数据类型（如消费者、市场、供应商、已发表的资料等）；了解支持品类管理业务流程的信息处理技术存在的最大不足，制订一个三年期计划，解决这些不足；利用现有的数据开始品类管理的实施过程，当能够获得新的数据或对数据的需要已明确时，应把相关的数据利用起来。

第九，监测指标体系。检查现有的监测指标，评估其在品类管理中的准确性和适用性，规范指标体系，以便从现有的体系中获取新的业务指标；确定品类经营计划执行情况的监测程序和责任。

第十，贸易伙伴间的合作关系。制定书面的合作原则和策略，指导品类管理中所有相关人员的行动；制定评估合作能力的流程，客观评价品类管理中最理想的合作伙伴；就敏感领域的问题，包括信息共享、非常规要求等做出约定。

以上也是实施品类管理的主要步骤，但是在现实操作过程中，还会根据具体情况进行调整。

在建立品类管理中还需要预防一些问题的发生，具体如下：

第一，在明确连锁企业的经营战略、掌握品类管理的业务流程之前，如果先对连锁企业的组织机构、信息系统、奖惩体系、监测指标体系进行调整，那么会因此而使连锁企业付出代价，并延长品类管理的实施过程。

第二，很多分销商和供应商在实施品类管理时，试图沿用一些老的做法，而这些老方法常常会阻碍实施进程。

第三，合作伙伴之间在品类管理技术的开发应用上存在差异。尝试采用品类管理的分销商和供应商在完成各自工作任务的过程中，会面临合作伙伴能力方面的差别和挑战，因此在合作开始之前对双方的能力进行一个客观的评价，将有助于这些问题的解决。

第四，不愿为长远利益放弃眼前的机会。

第五，缺乏适用的数据。分销商和供应商在制定消费者驱动策略时，需要消费购买行为等方面的数据，而当前的某些数据并不能反映整体的状态，甚至会产生误导（如毛利、某个渠道的市场份额等）。

第六，合作伙伴之间缺乏理解。分销商和供应商在实施品类管理时不能充分理解和利用合作伙伴的能力，导致制造和实施品类经营计划的成本增加，而且由于缺乏合作伙伴的理解和特长的发挥，计划也不够完善。

第七，不切实际的期望值。品类管理需要投入和耐心，回报需要时间，急于求成会导致双方丢掉核心或停滞不前。

第八，缺乏改进流程的技巧。品类管理的实施需要对关键性的业务流程进行重组（如订货周期、新品导入流程等），以确保稳定的发展和预期目标的实现。虽然所需要的技术和技巧相对简单，但这些东西在今天众多的销售组织中正在丧失。

第九，没有及时调整连锁企业的文化。分销商和供应商的高层管理者应规范新的行为，在调整过程中，应在全公司倡导认同与协作，他们应带头完成协调内部职能的分工和奖励体系等艰苦工作，原有的职能和体系会制约品类管理的成功实施。

3.2.2　连锁企业商品采购价格决策

连锁企业商品采购价格决策与品项决策一起构成了商品采购的两大核心决策，由于价格决策和品项决策密不可分，许多人把价格决策作为品项决策的一部分。因为商品售价是决定商品是否畅销的一个至关重要的因素，而售价制定的基础又是采购价格，所以能否以一个有竞争力的价格把商品采购进来，是衡量采购工作成败的又一关键。

现代的商品定价法与传统的商品定价法有很大的不同，传统的交易不管时间、地点、数量以及方式是否不同，只要是与某一固定的对象交易，其价格就是固定不变的。而现代商品价格的概念内涵要丰富得多，除了有不变的基准价格外，往往还有一块是会变动的，而变动部分是由折扣、补助、运费等的不同而构成的。如一个杯子，定价每个3元，订购数量超过200个每个优惠10%，如果提前以现金付款再优惠5%。3元是基准价，10%和5%分别是折扣中的数量折扣和现金折扣。下面重点对可变动的价格部分进行分析：

1.折扣

折扣是指厂商对符合一定条件的购买者给予的价格上的折让。它一般包括数量折扣、交易折扣、季节折扣和现金折扣以及不退货折扣。

（1）数量折扣。所谓数量折扣，是指买方大量采购时，卖方给予买方的价格折让。通常由于买方的大量购买，卖方会因此获得规模效益，而把一部分好处转让给买方。数量折扣包括一次性折扣和累计折扣，前者是根据每一次采购规模来确定折扣率，后者是根据一定时期内多次采购的总规模来确定折扣率。连锁企业在确定采购规模时，既要考虑数量折扣因素，又要考虑店铺销量、储存成本、运输费用等多重因素。

（2）交易折扣。所谓交易折扣，是指卖方根据买方的业务功能和组织特征，给予有利于自己的购买组织一定的价格优惠。因为连锁企业多为连锁组织形态，所以会享受到供应商的交易折扣。例如，一方面是50家独立的店铺，分散地向供应商进货，另一方面是50家连锁分店，由总部统一进货，对于供应商来说，后者的业务成本会大大低于前者。

（3）季节折扣。所谓季节折扣，是指为刺激非旺季商品销售而给予买方的价格折扣。这种折扣与采购数量、采购者无关，只是鼓励买方在旺季之前订货，使供应商淡季不淡。实际上，是供应商通过季节折扣，将商品储存功能转移给买方。要享受季节折扣，就必须提前购买商品，而这会使仓储成本增加，因此在决策时要慎重。

（4）现金折扣。所谓现金折扣，又称付款折扣，是指对提前付款所给予的价格优惠。它一般又可分为现金支付折扣和延期付款折扣两类：前者是指对款到发货所给予的价格优惠；后者是指货先发，然后再支付货款，间隔期不超过约定时期所给予的价格上的优惠，间隔期越长，优惠越少。

（5）不退货折扣。它实际是买断商品的价格，是指供应商对实行买断商品、不再退货的零售商给予的价格优惠。值得强调的是，世界上许多著名的跨国零售巨子，其经营的主力商品，均采用现金买断制，以同时获得现金折扣和不退货折扣，进而在价格竞争中占据有利地位。我国大型连锁企业所经营的很多的商品都采用代销方式，甚至采用出租柜台的方式，实际上已变成了物业管理者，与厂商共担风险的机制还远未建立起来，我国零售业的这种传统而又落后的经营方式迫切需要改变。作为以低价取胜的连锁企业更应率先实现向现金买断制的跨越。当然，为了解决自身流动资金的问题，也可以采用买断延期付款制。

2.补助

补助是指供应商为了减少零售商因特定事件发生而产生的利润损失而给予零售商经济上的特别资助。它主要包括两类：

（1）促销补助，是指供应商为了协助零售商搞好促销活动，扩大本企业商品的知名度和销售量，而给予零售商的一种资助。这种资助主要是通过价格减让和促销费用分摊两种方式来实现。如根据零售商的促销计划，对某商品降价10%进行促销，供应商为了鼓励促销活动，将其供应价相应下调5%，以加大商场的促销力度，这5%就是一种促销补助。

（2）退货补助，是指供应商对零售商销路不畅的商品进行退货而给予的在运输费用等方面的分摊和补贴。这是供应商为鼓励零售商大规模进货而采取的一种措施。

3.运费

商品运费往往构成了商品价格中很重要的一部分。不同的装运方式在货运方、交货地点、费用支付、权利和义务的分解上有很大的不同，由此形成了不同的运输方式。现实生活中运用得较多的运输方式有以下几种：

（1）工厂交货（FOB factory），即卖方负责在工厂将货物交给运输商，由买方承担运输费用的运输方式。这种运输方式由买方承担所有运费，商品所有权在装运地点由卖方转移给买方。

（2）装货地点交货（FOB shipping point），即卖方支付到装货地点为止的装运费，买方支付以后的装运费，商品所有权在装货地点由卖方转移给买方。

（3）目的地城市交货（FOB city of destination），即由卖方支付商品到达目的地城市车站、码头的运费，商品所有权在目的地城市发生转移，而买方承担以后发生的装运费，商品所有权在目的地城市发生转移。

（4）商场交货（FOB store），即卖方支付所有的装运费，商品在到达商场时所有权发生转移。

在商品采购价格决策中，首先要搞好市场访价工作，及时了解当地主要竞争对手的销售价格，如果竞争者对手有经营这种商品，则可以了解其同类商品的价格，再根据本企业价格策略，倒推预期进货成本（进价+运费）。如果通过谈判无法将价格降至预期价格以下，则对该供应商实行一票否决。其次，连锁企业在与供应商进行价格谈判时，要善于运用各种价格方式，除了要尽量争取最低的价格外，还要从企业实际出发，寻找最佳的构成结构。

@相关链接3-3

影响采购价格的因素分析

采购价格的高低亦受到各种因素的影响。对于国外采购来说，各国、地区的政治经济等环境均有不同，采购价格受到市场的供应关系以及其他许多因素的影响，如规格、服务、交货期限、运输及保险等都对价格有相当大的影响。而对于国内采购而言，尽管商业环境、地区、时间等方面有所不同，但其价格变动还是比较易于预测与控制的。其中较为主要的影响因素有以下几方面：

一、采购物品的供需关系

当企业所采购的商品供过于求时，则采购企业处于主动地位，可以获得最优惠的价格；当企业所采购的商品为紧俏商品时，则供应商处于主动地位，它会趁机抬高价格。

二、供应商成本的高低

这是影响采购价格最根本、最直接的因素。任何企业的存在都是因为利润，任何产品的生产都受到利益驱动，供应商进行生产的目的毫无疑问就是获得利润，因此采购价格一般在供应商成本之上，两者之差即为供应商的利润，供应商的成本是采购价格的底线。尽管经过谈判供应商大幅降价的情况时常出现，但这只是因为供应商报价中水分太多的缘故，采购价格的高低不是全凭双方谈判随心所欲而决定的。

三、规格与品质

采购企业对采购品的规格和品质要求越复杂，采购价格就越高。采购人员应首先确保采购品能满足本企业的需要，质量能满足产品的设计要求，千万不要只追求价格最低，而忽略了质量。

四、采购数量

如果采购数量大，供应商为了回报采购企业更是为了向采购企业示好，必然在讨价还价中或多或少地降低采购价格，采购企业就会享受供应商的数量折扣，从而降低采购的价格。因此，大批量、集中采购不失为一种降低采购价格的有效途径。

五、生产季节与采购时机

当企业处于生产的旺季时，由于对原材料需求紧急，不得不承受更高的价格。避免这种情况的最好办法是提前做好生产计划，并根据生产计划制订相应的采购计划，为生产旺季的到来提前做好准备。当然，这种时机往往就是处于生产淡季。

六、交货条件

交货条件也是影响采购价格非常重要的因素，交货条件主要包括运输方式、交货期的缓急等。如果货物由采购企业承运，则供应商就会降低价格，反之就会提高价格。有时为了争取提前获得所需货物，采购企业会适当提高价格。

七、付款条件

在付款条件上，供应商一般都规定有现金折扣、期限折扣，以刺激采购企业提前用现金付款。因此，这种付款条件在得到采购企业的遵守时，采购价格也就必然随之而变。

资料来源　佚名. 采购成本管理：分析影响采购价格的因素 [EB/OL]. [2012-05-31]. http://www.thea.cn/xcg_Zl_965769-1.htm.

@ 相关链接 3-4

连锁零售企业商品采购四原则

原则一：适宜的价格。作为采购商，谁都希望获得便宜的价格，可是"便宜没好货"，特别是在专业店，这种现象尤其严重，因此首先应该把"便宜"这个词义弄清楚。便宜分三层含义：第一，同样的商品，价格确比其他商店便宜。它又区分为三种情况：

（1）商品的品牌、品号和品目相同。（2）商品品质相同。（3）仅名称相同。第（3）条很明显品质不同，而且被含在后面阐述的第二种含义之中。（1）和（2）一般按零折扣销售，在美国的连锁业中被命名为"cheap price"。它是以不同于商品流通阶段一般业界习惯的交易方式或条件进行采购的。人们应该回避这样的折扣，可是消费者常常要求的条件是："如果是同样的商品，价格就应便宜。"第二，折扣（discount price），这个在日本容易和折扣价相混淆。美语的原意是，在生产加工阶段因用与以前不同的方法生产而便宜下来的价格。在美国连锁商店的经营上，便宜价格商品的采购充分实现后，作为下一个能力阶段就是以折扣价商品为对象。可以将前面列出的适销商品用更优惠的价格采购，潜在商品用折扣价采购。或者换一个角度讲，便宜价是对采购渠道和交易条件的挑战，折扣价是对产品开发的挑战，可以以此来区别。第三，具有顾客容易支付的价格特性。无论商品具有多么突出的功能，其价格应为大多数消费者所能接受。这在日本自古以来表现为适宜的价格。它是一种轻松支付的价格，或者是一种同意后可以支付的价格。在美国表现为大众化价格（popular price）。

原则二：信赖性和持续性。一般来讲，前者包含售价、品质（功能）、日后也能销售这三层意义。售价的信用是讲任何时候的销售价格对于顾客都处于同一水平。这时，顾客不用看价签或菜单就会决定购买。在考察美国连锁业的时候，日本人最吃惊的就是这一点。顾客不看价签就决定购买，在日本，若不是富有的客户，是无法想象的。商品品质（功能）也一样，不加认真核实就冲动地购买，也是因为消费者对美国连锁商店经营的商品具有绝对的信任感的缘故。"只要某某连锁店经营的，价格和品质就可以信赖"，这种来自消费者的信赖正是业内经营者的自豪。正因为如此，当收到顾客对经营商品的投诉时，他们常通过真诚的最大限度的道歉来进行事后处理，也会对业内有关责任人进行处罚。美国的连锁商店早在20世纪初期，就提出了"退货还款，交换自由"及"保证满意"等口号。在美国，顾客对零售连锁店、食品服务连锁店的信任超过了对名牌商品的信任，因此厂家或产地对消费者进行的大众宣传很少，但在许多连锁商店的广告中，却加进了厂家名称和商标。

原则三：大众化和实用化商品（everybody goods）。这并不是指让百分之百的人使用的意思，正确地讲，应该是指让多数人（most people）即八成人使用的意思，这些人在收入、兴趣、性格、学历、职业等方面没有太大区别。如有可能，在性别和年龄上也一样。这是将客户层扩大的考虑方法。日本商界一般考虑的是它的另一面。许多商店努力卷入更狭隘的客户层。在日本的商工会议所的推销员资格考试或通产省的中小企业诊断师的资格考试中，都把"追求狭隘的客户层"作为正确答案。但这些是以单体店经营为前提的。大众品、实用品的含义是多数人希望购买而且可以轻松购买的商品。并非所有人对店内所有商品都如此，而是多数人对多数商品。一件商品，如果本质不是流行，则没有进行连锁的必要。连锁商店的经营活动拥有相同的便利性，它把生活用品作为主力商品向消费者提供，同时谋求满足超过一半的购买力。这样一来，经营的商品必须是大部分人使用或食用的商品。例如，为了把青年人喜爱的设计使用在青年人以外的少年和中年人身上，应该努力改变其型号和性能以扩大客户群体。在这一点上，独立店经营和连锁店经营的努力方向完全不同。另外，实用品是一日之中或一周内一次又一次使用，而且在很长一段时间里使用频率较高的商品。在日本市场，100克800日元的鸡素烧肉和100克280日元的大众肉的使用频率不同。如果连锁化，100克300日元以下的牛肉就应该获得65%的垄断。而100克800日元的牛肉即使垄断，因为频率小，也不能谋求连锁。价格越高，频率越小，因为这不属于实用品。

原则四：商品不古老。所谓商品不古老，不是商品必须新的意思，而是指商品质量在由每个品种决定的库存年龄的限制范围内。超级市场使用公示（open dating）的方法。在日本，通过"品质表示法"来标示生产日期，这同公示日期的含义不同。把完全确保商品价值的期限在每个商品上标示出来才称为公示日期。为了以不古老的形态筹措商品，储存商品时限的披露制度很必要。在企业效益不高、市场不景气时，首先面临最重要的问题是商品的库存量过大，商品的周转率过低，相应资金运行恶化，周转差额资金缩小，而产生此问题最根本的原因就在于没有实行储存时限披露制度。使这一制度成为可能的手段是，变换价签或价签文字的颜色。颜色有3种即可，可以4小时等为单位变换，两个之前的颜色必须披露。例如最初以蓝色开始，然后向黑色转换。第3种颜色从绿色开始时，就必须披露黑色。无论什么样的商品，这3种颜色都足够了。这样一来，只要看到颜色就知道哪些商品超过储存时限，但应注意不要搞错。品种不同，储存时限也不同。像面包那样储存时间较短的商品，一般的储存时限是4小时；带有包装的生肉储存时间约24小时；有关的快餐食品或自己动手制作的产品（DIY产品），因为一年中商品周转率是6至7次，约2个月一次周转，所以约2个月变一次颜色，披露约2个月前的颜色就可以。有人认为"在价签中放入隐蔽号码，就能自行进行披露"，事实上，那种方法操作起来很困难，不能成为制度。

资料来源　佚名. 连锁零售企业商品采购四原则［EB/OL］.［2010-07-16］. http：//www.chinawuliu. com.cn/cflp/newss/content1/200508/771_18069.html.

3.3 连锁企业商品采购质量决策

3.3.1　连锁企业控制采购商品质量的意义

连锁企业商品采购数量巨大，销售周转快，毛利率低。能否有效控制采购商品质量，将直接影响连锁企业的经营成本和商业信誉，从而影响到连锁企业的盈利能力和持续经营能力，是连锁企业经营成败的关键因素之一。

连锁企业针对采购质量风险，在全国范围内建立了广泛的采购渠道，能动态地从优选择供应商，并对供应商按照商品质量和服务品质进行分类动态管理，择优劣汰，确保选取优秀的供应商，形成长期的战略合作伙伴关系。

3.3.2　连锁企业商品采购质量的内涵

1.商品质量的概念

商品质量是指商品满足规定或潜在要求（或需要）的特征和特性的总和。这里，"规定"是指国家或国际有关法规、质量标准或买卖双方的合同要求等方面的人为界定；"潜在要求（或需要）"是指人和社会对商品的适用性、安全性、卫生性、耐久性、维修性、有效性、审美性、经济性、信息性等方面的人为期望；"特性"是指不同类别商品所特有的性质，即品质特性，如羽绒服应有保暖功能。这里所说的商品质量实质是广义的商品质量，包含了商品质量和商品品种两方面的内容。狭义的商品质量仅仅是指商品满足规定或潜在要求（或需要）的特性的总和，不包括商品品种的内容。

2.关于商品质量的基本认识

（1）商品质量是客观的，受社会生产力和经济水平制约。

（2）商品质量得以建立的基础是商品具有能够满足规定或潜在要求（或需要）的各种特性，若把质量比作大厦，那么组成质量大厦的基本结构单元就是每一个质量特性。只有与指定用途需要相关的那些质量特性才构成该商品质量。

（3）由于时代的进步、技术经济的发展，消费者的需要也会相应变化和发展，这就必然对商品的质量特性提出更高的要求，而技术又为这种期望的实现提供了可能，因此质量是动态的。

（4）商品质量的构成要素，可形象地用质量球来表示。球的中心部位即核心，代表质量意识或质量观念。次外层代表质量软件，如质量控制、质量标准、质量法规、质量管理、情报信息、安全标志、商标服务和品牌等。最外层代表的是商品的成分、结构、性能、包装等质量硬件。

3.3.3 连锁企业商品采购质量管理的内容

为满足消费者对不同商品的需求，连锁企业在商品采购方面，除了加强与供应商的合作外，还会推出一系列自有品牌商品。针对这些自有品牌商品，连锁企业指定供应商生产，并从设计、原料选择、生产到经销，全程跟踪控制，最后贴上连锁企业品牌，在自己的卖场进行销售。因此，自有品牌的商品采购质量控制涉及产品设计、生产、销售的全过程。

1.采购技术规格

技术规格描述了产品技术方面的要求。技术规格一般由连锁企业技术部门、产品设计部门确定，是连锁企业进行采购的依据或标准，也是连锁企业质量检验部门所遵循的标准。

产品设计是产品质量的基础，在产品的开发过程中，产品性能规格越来越复杂，也越来越难以改动，而且后期的改动会造成成本成倍增加。因此，采购功能必须纳入产品早期的开发过程中。在新产品开发过程中，大型的采购商通常从以下几方面与供应商进行沟通与合作：

（1）采购设计。

采购人员是新产品设计小组的一员，他们根据采购的标准对设计提出意见，把采购目标市场的信息纳入新产品的设计阶段。

（2）供应商早期的参与。

通过与供应商的合作经历，可以找出优秀的供应商并与其合作，邀请他们对新产品设计提出意见，并对材料的选择提出建议，从而使设计不至于因为今后的更改而耗费更多的成本。

（3）派驻工程师。

例如一些大的连锁企业派工程师到供应商处，专门解决各种问题，有的供应商向连锁企业派驻工程师，时间可长可短，目的是解决开发过程中出现的设计和制造问题。

任何一个组织在开发新产品时，采购人员都起到侦察员的作用，他们比开发者和工程师与供应商的联系更密切。采购人员在开发的早期阶段加入，有助于更好地理解产品的功能和结构，把供应商及早引入，实践证明能够有效地降低成本和改进产品（见表3-2）。

表3-2　　　　　　　　把供应商纳入新产品开发，可以节约资金情况

产品设计阶段	设计的复杂程度或产品的独特性（%）		
	低	中等	高
初步设计	2~5	10~25	30~50
设计更改	1~3	3~15	15~25
为提高质量重新设计	10~13	15~30	40~60

2.采购需求规格

规格是描述产品各方面要求的各种形式的结合体。需求规格一般由产品设计部门、使用部门或采购质量专职管理机构共同确定，是供应商进行生产的依据和标准，也是企业检验部门所遵循的标准。

采购商必须保证产品需求规格能在供应商处得到满足，同时必须确保供应商能遵守交货时间、交货质量和价格等其他协议，因此采购商必须进行全面质量管理。采购需求规格是首先要确定的问题。

连锁企业采购部必须先明确需求，即需要什么规格的产品，他们应当准确、详细地描述，以利于更好地向供应商采购。一种产品的规格可以用多种形式进行描述，因此采购需求规格就是指产品的描述方式，也可以是几种描述方式的综合。它通常包括以下几种方式：

（1）品牌。

品牌是指产品的牌子，是销售者给自己的产品规定的商业名称，包括名称、标志、商标。品牌实质上代表着供应商对交付给连锁企业的产品特征和服务的一贯性的承诺。当连锁企业对购买的一件产品销售效果很满意时，往往会再购买同样品牌的产品。但是购买品牌产品可能成本比较高，连锁企业会选择非品牌的替代品。而采购时过分强调品牌，会导致潜在供应商数量的减少，丧失众多供应商带来的价格降低或改进质量的机会。

（2）至少同等规格。

在政府采购的招标或采购方的发盘中，经常会有这样的情况，规定一种品牌或厂商的型号，然后注明"至少同等规格"。这种情况下，招标方或采购方把责任留给了投标者或供应商，让他们去制定同等或更高的质量标准，自己不必再花费精力去制定详细的产品规格。

（3）样品。

这种采购方法是通过检查一件欲购产品的样品，来判断产品是否能被接受，例如木材的品种、颜色、外观、气味。适用于那些难以用文字、图样表达的物料，例如塑胶件的外观标准就常需用样品来配合图样加以说明。

（4）国际标准（国家、行业标准）。

规格包含产品规格的标准化，以及标准产品的型号、尺寸等。规格描述主要包括：物

理或化学特性描述；物料和制造方式描述；性能表现描述。很多商品无需样品，只需写明所需大小及供应商应遵守的国际或国家或行业标准即可。

另外，如果某供应商生产的产品在行业中处于领先地位，样品经试用后又完全能满足企业要求，那么可能就会把供应商提供的产品标准作为今后检验的标准。

3.采购标准化

所谓标准，就是对具有多样性和重复性的事物，在一定范围所做的统一规定，并经过一定的批准程序，以特定的形式颁布规范和法规。其制定标准和贯彻标准的过程称为标准化。

按标准化的适用范围，可分为工业标准和企业标准。工业标准是指为简化产品品种，统一产品规格、质量以及性能而制定的一系列规范、规定，如产品系列的确定，零部件标准化、通用化范围的规定，主要产品技术标准的制定等。这类标准是行业或全国通用的，分别称之为行业标准（专业标准）、国家标准，是每个企业都必须严格执行的，也是采购活动的主要依据和手段。企业标准是在国家或行业标准的基础上，由采购企业自己制定出的规格。在采购工作中，采购部门可以把企业标准寄给行业的几个主要供应商，在最终采用前征求他们的意见。

采购标准包括国际标准、国家标准、行业标准和企业标准。采购标准化意味着可以简化采购工作量，意味着采供双方就明确的尺寸、质量、规格所达成的协议。通过加强采购的标准化工作，可以减少采购的品种，降低库存，从而降低最终产品的成本。

3.3.4 连锁企业商品采购质量管理的基本方法

建立并保持记录，从而提供符合要求和使采购质量管理体系有效运行的证据，是连锁企业采购质量管理非常重要的一个部分。

在采购质量管理工作中，需要了解采购工作过程中商品的质量状况。要找出影响商品质量波动的原因，就得收集商品的质量数据记录，然后采用相应的方法进行采购质量问题的分析，从而解决采购质量问题，达到提高采购质量的目的。

1.调查表法

调查表也叫检查表，是利用统计图表进行数据收集、数据整理和粗略原因分析的一种工具。对于供应商提供的货物，其中的不合格品需要调查其项目，以及这些项目占的比率大小。例如把预先设计好的表格放在验收的现场，让验收人员随时在相应栏里画上记号，填上数据，然后再进行统计，就可以及时地掌握情况。

表3-3是一张不合格品项目调查表。这张表的日期、供应商、供应量、不合格品量、不合格品率等栏是用来填写所收集数据的，不合格品率必须通过计算得出，所以可以说是对数据进行了整理。不合格品经过分门别类的填写，就可以对不合格品的原因进行粗略的分析。

2.分类法

分类法也叫分层法，是一种把记录的原始质量数据按照一定标志加以分类整理，以便分析采购质量问题及其影响因素的方法。分类是为了把性质不同的数据和错综复杂的影响因素分析清楚，找到问题的症结所在，以便对症下药，解决问题。

将数据分类时，不能随意地分，而应根据分析的目的，按照一定的标志加以区分，把性质相同、在同一条件下收集的数据归纳在一起。分类时，应使同一层的数据波动幅度尽

表3-3　　　　　　　　　　　　　　不合格品项目调查表

日期	供应商	供应量	不合格品量	不合格品率	不合格品项目							
					(1)	(2)	(3)	(4)	(5)	(6)	(7)	其他
合计												

可能小，而不同类别的差距尽可能大。这是搞好分类法的关键所在。质量数据分类的标志多种多样，一般按以下原则进行分类：

（1）按检验时间分，如按不同的班次、不同的日期进行分类。

（2）按供应商分，如按不同的供应商进行分类。

（3）按运输方式分，如按海运、公路、航空、铁路进行分类。

（4）按进货时间分，如按不同的进货日期进行分类。

（5）按检验方法分，如按全检、抽样检验等进行分类。

（6）按型号分，如按不同的型号、新旧程度进行分类。

（7）其他分类方法。

分类法广泛运用于各个行业的采购活动，既可以用于工业企业，也适用于商业企业和服务行业等。分类法既可以用表格来表示，也可以用图来表示。例如某年某月供应商不合格品分类见表3-4。

表3-4　　　　　　　　　　　　某年某月供应商不合格品分类

供应商名称	不合格品数量（个）			
	A	B	C	合计
甲	5	10	20	35
乙	8	4	8	20
丙	3	1	2	6
合计	16	15	30	61

3.因果分析法

（1）因果分析图的概念。

因果分析图（如图3-1所示）是表示质量特性与原因关系的图，所以也叫特性要因图。因其形状像树枝和鱼刺，因此又叫树枝图或鱼刺图。在采购过程中，影响采购质量的因素是错综复杂、多种多样的。因果分析图是可以整理和分析影响采购质量（结果）各因素（原因）之间关系的一种工具。

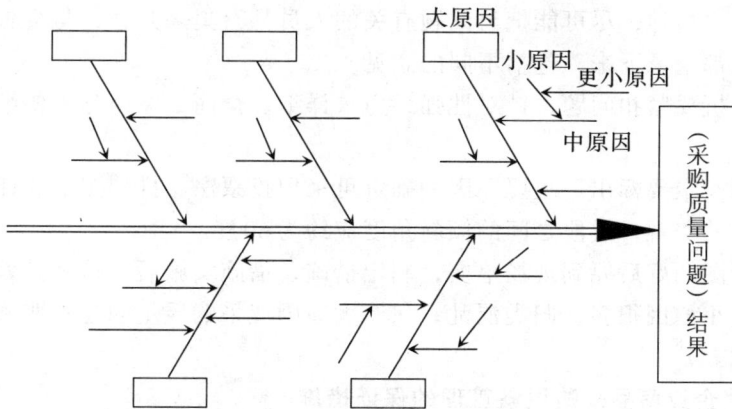

图3-1　因果分析图

（2）因果分析图的作图步骤。

①先明确要分析的采购质量问题和确定需要解决的采购质量特性。

②召集同该采购质量问题有关的人员开会讨论，充分发扬民主精神，集思广益，各抒己见，分析产生采购质量问题的原因。

③将采购质量问题写在图的右边，画一条带箭头的主干线，箭头向右。确定造成采购质量问题的大原因。因为影响采购质量问题一般有若干因素，可以就影响采购质量的因素画出，然后根据具体情况增减项目，把大原因用箭头排列在主干线的两侧。

④按各大原因引导大家展开分析。将大家提出的看法按中小原因及相互之间的关系，用长短不等的箭头线画在图上。开始分析直到能采取措施为止。

⑤把重要的、关键的原因分别用粗线或其他颜色的线标出来，或者加上框框。这类原因只能是2～3项，用投票法、排列图法或评分法确定。

⑥记下必要的有关事项，如绘制日期、制图者、制作单位、参加讨论的人员及其他可供参考的注意事项。

（3）采购质量的因果分析图的应用举例。

采购质量不合格因果分析图应用举例，如图3-2所示。

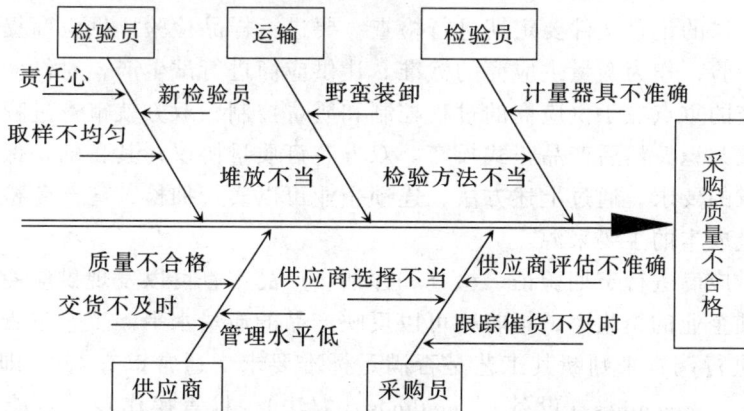

图3-2　采购质量不合格因果分析图应用举例

（4）制作因果分析图的注意事项。

①所确定的采购质量问题应尽量具体。

②要发扬民主精神，尽可能把与问题有关的人员都召集来开会，与会者要充分发表意见，把各种意见都记录下来，包括不同的意见。

③原因的分析要紧扣问题，针对性强，力求详细、全面，原因分析要细到能采取措施为止。

④主要原因一定要标出。主要原因的确定可采用投票法、排列图法或评分法确定。

⑤为了图形的美观，线段之间的倾斜角度应约为60度。

⑥因果分析图画好后要到现场落实，制定措施，措施实施后，检查其效果。

⑦大、中、小原因很多，归类混乱，只有大原因或采购质量问题不明确等是常见的毛病，应特别注意。

3.3.5　连锁企业商品采购质量管理的保证措施

用于采购质量控制的方法和程序的综合就是采购质量管理保证体系。采购质量管理保证体系通常记录在连锁企业的质量手册中，主要包括采购质量标准的制定、评估、控制和保证，采购质量控制方法，供应商的选择评估以及考核等一些内容。

采购质量管理保证体系包括下列内容：

（1）明确的采购质量目标、采购质量计划和采购质量标准。

（2）严格的采购质量责任制。

（3）专职的采购质量管理机构。

（4）采购管理业务标准化和管理流程程序化。

（5）高效、灵敏的采购信息反馈系统。

（6）供应商的质量保证活动。

供应商的质量保证活动是连锁企业采购质量管理保证体系的重点，也是开展全面质量管理的一个重要组成部分。供应商的质量保证活动主要包括以下3个方面的内容：

首先是基于预防的质量管理方法，要认真准备订单说明书，充分的准备是采购工作成功的一半。说明书中要有详细的设计部门提供的技术参数以及包装、运输等方面的说明。要对供应商进行初步的资格认定，了解供应商的交付能力；然后由专门小组对供应商的质量体系进行调查，形成调查报告，对在调查中发现的问题进行讨论并就改进方法达成一致意见；对改进方法的记录文件要定期进行检查。要进行样品检验，供应商提供的样品要经过设计部门的检验，作为衡量供应商的标准。让供应商进行试生产，对供应商的生产过程进行审查，审查的重点在于供应商的过程控制和质量控制，双方就审查过程中发现的问题交换意见，达成共识，然后产品正式投产。双方签订质量协议，其目的是保证产品质量满足供需双方达成的要求。通过上述方法，连锁企业可以实行抽检，甚至免检，减少进货成本，这也是质量成本的主要来源。

其次是对供应商进行定期验证、检查和评估。产品审查可以发现供应商各方面运转的程度，例如连锁企业的拒收率，拒收率可以反映产品的质量水平。工艺审查是通过对供应商的工艺系统进行调查来判断其工艺是否满足标准要求，通常审查4M，即men（人员）、materials（材料）、machines（设备）、methods（方法），检查操作者是否能用适当的设备和技术生产出合格的产品。系统审查是将质量体系与外部标准进行比较，标准可以是企业自行制定的，也可以是权威认证机构制定的，例如ISO 9000标准。

连锁企业可与供应商签订采购物资验证方法的协议。这个协议的作用在于对供应商提供产品的验证方法做出明确规定，防止由于验证方法不一致而产生质量评价不一致，进而引起质量争端。对验证方法协议的要求：一是与分承包方达成明确的验证方法协议；二是协议中规定的质量要求和检验试验与抽样方法应得到双方认可和充分理解。验证方法协议的内容如下：

①检验和试验依据的规程（规范）。

②使用的设备工具和工作条件。

③判断的依据（允收标准）。

④双方交换检验和试验数据方面的协议与方法。

⑤双方互相检查检验和试验的方法、设备、条件、人员技能方面的规定。

最后是实施供应商质量保证，要明确供应商在哪些方面进行了质量保证。采购部门要加强质量管理，明确是谁负责与供应商保持联系，谁负责选择供应商，与供应商的沟通口径必须一致。采购部门要树立质量第一的思想，同时供应商要及时得到质量信息的评估和反馈，通常以评估报告的形式进行。

全面质量管理是一种关注顾客满意度的管理哲学和体系。在全面质量管理中，顾客可以是企业内部的，也可以是企业外部的。在供应链管理中，任何在供应链上接受产品的人都是顾客。全面质量管理同样适用于采购质量管理，要提高采购质量，离不开有关部门和人员的通力合作，因此连锁企业的采购人员必须不断为改进采购质量而努力，要将采购质量与整个连锁企业的业务活动融合在一起，以顾客的满意度作为采购质量管理的目标，加强与供应商的合作与管理。

@ **相关链接3-5**

供应商质量审核评估表

一级指标	二级指标	总分	三级指标（考察内容）	权重	得分	加权分	备注
质量管理	质量管理体系认证	15	1.是否建立质量管理体系，将其形成文件，加以实施和保持，并持续改进其有效性	0.3			
			2.文件控制是否按"两批准、四确保、一防止"来执行（文件控制七点要求）	0.2			
			3.质量方针和质量目标是否得到有效的贯彻实施	0.2			
			4.是否按计划实施了内部质量审核管理评审，评审提出的整改、纠正和预防措施是否得到落实验证	0.2			
			5.是否有独立于生产部门之外的质量检验机构，职责是否明确	0.2			
			6.是否制定了岗位责任制，实施了定岗、定员、定责，严格按技术、工艺规范和作业指导书进行生产操作	0.2			
			7.各质量记录填写是否翔实、齐全，按规定进行保管，并定期进行统计分析	0.2			

一级指标	二级指标	总分	三级指标（考察内容）	权重	得分	加权分	备注
质量管理	采购过程控制	10	1.是否制定了供方评价、选择、再评价准则，并组织实施	0.3			
			2.是否按合格供方名单采购	0.2			
			3.是否是稳定的供货关系	0.2			
			4.采购产品标识是否清晰、易于识别，存放条件能否保证产品质量不受损	0.15			
			5.采购产品的发放是否执行先进先出原则，是否进行定期盘存	0.15			
	进货检验	10	1.是否制定了严格的进货检验或验证制度，如是否有各种产品检验规程、检验标准及技术规范	0.2			
			2.检验员是否按检验规程、检验标准进行检验，并有相应的检验记录	0.3			
			3.检验试验设备是否配备齐全，是否处于校准状态，检测能力是否能满足进货检验的要求	0.2			
			4.对检验不合格的外购件、半成品及成品是否及时进行标识、隔离、评审、处置等	0.2			
			5.对关键零部件、原材料进货检验是否实施了批次管理，可追溯性控制	0.1			
	过程控制	30	1.是否编制并执行外协配套件产品紧急放行程序，降级使用、拒收的实施是否符合要求	0.3			
			2.现场作业指导书/检验指导书等质量控制文件，是否受控、清晰、完整、易于操作	0.6			
			3.是否建立了不合格品控制程序，并对不合格品进行标识、记录、隔离、评审、处置等	0.4			
			4.是否针对不合格品实施返工、返修的需要，编制了返工、返修作业指导书，返工、返修完成后是否重新进行检验	0.3			
			5.操作者是否按质量控制文件实施有效的过程检验（自检、自查、自分），并保持相应记录	0.4			
			6.检验员是否按质量控制文件实施有效的过程检验（首检、巡检和终检），并保持相应记录	0.2			

一级指标	二级指标	总分	三级指标（考察内容）	权重	得分	加权分	备注
质量管理	过程控制	30	7.是否确认了关键过程、特殊过程，质量控制点执行情况如何	0.2			
			8.是否规定和实施了产品检验试验状态控制程序，并在生产过程中施用了明确、醒目、适宜的检验试验状态标识	0.3			
			9.产成品在内部处理及交付过程中，是否按要求提供有效防护，以保持产品符合要求（应包含标识、搬运、包装、储存和保护）	0.3			
	监视测量装置	15	1.必要的监视和测量装置是否配备齐全，对重点控制过程，如关键过程、特殊过程、质量控制点等实施过程监控并记录	0.4			
			2.配备的监视和测量设备，是否依法规定检定周期，并按规定实施检定或校准	0.3			
			3.监视和测量设备是否进行标识，检定校准状态；是否采取必要的防护措施，必要时调整或再调整	0.3			
			4.设备不符合要求时，是否立即停止使用，并评定已测结果的有效性	0.2			
			5.在搬运、维护和储存期间防止损坏或失效，而采取有效的防护措施	0.3			
	出厂检验	10	1.企业是否已制定检定文件，各项指标是否符合要求	0.3			
			2.主要检验过程是否得到严格控制，是否严格执行出厂检验，保证产品合格后才放行	0.4			
			3.是否制定和实施了有效的批次管理，满足批次质量状态的一致性和可追溯性的要求；能否确保安全件、关键件具有可追溯的唯一产品标识	0.3			
	质量改进	10	1.是否对产品质量特性和质量管理体系实施持续改进	0.2			
			2.质量信息的收集、传递、反馈及处理是否按文件规定要求执行	0.2			
			3.对顾客抱怨及提出的问题，是否及时采取纠正和纠正措施，并保持其有效性	0.3			
			4.为识别潜在不合格，是否广泛收集质量信息、进行数据分析，预测潜在不合格可能发生的概率并采取预防措施	0.3			
满分100			质量管理总得分				

评审员：

资料来源　佚名.供应商质量审核评估表［EB/OL］.［2012-11-30］. https://wenku.baidu.com/view/642e00f7f705cc1754270902.html.

3.4 连锁企业商品采购数量的确定

3.4.1 连锁企业商品采购数量决策的目的

一般而言，连锁企业的经营是直接购入商品，或购入商品经过流通加工，再通过销售过程获取利润。其中，如何获取恰当的商品数量，是连锁企业采购数量决策的重点所在。因此，为维持正常销售活动，在某一特定的时期内，应决定购入商品的数量。采购数量决策应该达到以下目的：

（1）预计商品需要的时间与数量，防止供应中断，保证供给，避免顾客流失。

（2）避免过多的库存，积压资金，同时也要避免占用过多的库存空间。

（3）配合连锁企业销售计划与资金调度。

（4）采购部门应事先准备，选择有利时机购入。

3.4.2 连锁企业商品采购方法

采购数量只表示某一商品在某一时期应订购的总量，至于某一商品在某一时期应如何订购，下面做进一步说明。

1.定期订购法

对于价格低廉、销售比重较低的商品，可以选择每季、每月或每周订购一次，这称为定期订购法。这种方法在使用上必须对商品未来的需求数量做出正确的估计，避免存货过多，造成积压。对于连锁企业来说，将采购商品按照周转速度和利润高低划分为 A、B、C 3 类，对于 A 类商品，即周转快、利润高的商品，建议采用定期订购法。由于其周转快，采购的商品不会造成过多的积压。

定期订购法中订购量的确定方法如下：

订购量=最高库存量−现有库存量−订货未到量+顾客延迟购买量

2.定量订购法

进口的商品以及少数价值很高的国内采购商品，比较适合采用定量订购法。对于 C 类商品，即周转慢、利润低的商品，建议采用定量订购法。定量订购法是指当商品存量下降到预定的最低存量（订购点）时，按规定数量（一般以经济订购批量 EOQ 为标准）进行订购补充的一种方法。订购点（R）由下式确定：

$$R = LT \times D \div 365$$

其中 D 代表每年的需求量，LT 代表提前期。

3.4.3 连锁企业商品采购数量的计算

采购量的大小会影响到企业的销售和库存，关系到企业的销售成本和经营效益。如果采购商品过多，会造成过高的存货储备成本与资金积压；如果采购的商品过少，则会增加采购次数，从而提高采购成本，或者不能满足顾客需求，使商品脱销，失去销售的有利时机。决定最适当的采购数量有以下方法：

1.经济订购批量法（economic ordering quantity，EOQ）

经济订购批量法的计算公式是：

$$EOQ = \sqrt{\frac{2 \times 每次订购费用 \times 年需求量}{单位物料成本 \times 储存成本}}$$

例如，某公司年商品需求为110单位，每次订购费用为45元，每月每单位的储存成本为15%，商品的单位成本为10元。由于储存成本按月计算，故每月平均需求量为9个单位（110÷12），因此：

$$EOQ=\sqrt{\frac{2\times9\times45}{10\times15\%}}=23.24$$

采用经济订购批量法订购的计划，见表3-5。

表3-5　　　　　　　　　　　某公司各月净需求与计划订购表（一）

月	1	2	3	4	5	6	7	8	9	10	11	12	合计
净需求		10	10		14		7	12	30	7	15	5	110
计划订购		23			23			23	23		23		115

2.固定数量法（fixed ordering quantity，FOQ）

（1）每次发出的数量都相同。

（2）订购数量的决定凭过去的经验和直觉。

（3）也可能考虑某些产能的限制、模具的寿命限制、包装或运输方面的限制、储存空间的限制等。

（4）此法不考虑订购成本和储存成本这两项因素。

采用固定数量法订购的计划，见表3-6。

表3-6　　　　　　　　　　　某公司各月净需求与计划订购表（二）

月	1	2	3	4	5	6	7	8	9	10	11	12	合计
净需求		10	10		14		7	12	30	7	15	5	110
计划订购		40					40		40				120

3.批对批法（lot for lot，LFL）

（1）发出的订购数量与每一期净需求的数量相同。

（2）每一期均不留库存。

（3）如果订购成本不高，此法最实用。

采用批对批法订购的计划，见表3-7。

表3-7　　　　　　　　　　　某公司各月净需求与计划订购表（三）

月	1	2	3	4	5	6	7	8	9	10	11	12	合计
净需求		10	10		14		7	12	30	7	15	5	110
计划订购		10	10		14		7	12	30	7	15	5	110

4.固定期间法（fixed period requirement，FPR）

（1）每次订单涵盖的期间固定（如每一周期的第一个月下订单），但订购数量则变动。

（2）基于订购成本较高的原因。

（3）期间长短的选择是凭过去的经验和主观判断。

（4）采用此法每期会有些剩余存货。

采用固定期间法订购的计划，见表3-8。

表3-8　　　　　　　　　某公司各月净需求与计划订购表（四）

月份	1	2	3	4	5	6	7	8	9	10	11	12	合计
净需求		10	10		14		7	12	30	7	15	5	110
计划订购	25				30				60				115

案例精析

零售药店商品组合策略

零售药店的商品组合是指构成零售药店所有商品的品项组合。合理的商品组合设计从目标顾客出发，以目标顾客的需求和消费习惯为基础，以追求持续增长的市场份额和营业利润为目标，并最终从事实上确认和吸引目标顾客。

一、零售药店的商品组合设计的目标

零售药店的商品组合设计的最优目标是："顾客需要的商品药店都有，药店所有的商品都是顾客需要的。"这是个永远都不能100%实现的目标，我们以靠近这一目标的程度来衡量商品品项组合水平的高低。商圈特性对商品组合有决定性的影响。不同的商圈，顾客群有很大的差别，因此其消费的习惯和消费的商品也有差别，比如商业区药店和居民区药店的商品组合就有很大的不同，商业区药店拥有比居民区药店更多的高端商品和冲动型购买商品。即使同是居民区，高档社区和低档社区居民的购买习惯也是大相径庭的。因此在合理确定商品品项组合之前，应该对商圈有详细的了解。了解的内容应该包括：邻近的大超市、便利店，这些地方通常形成商圈内的集客点；邻近的医院、诊所，病患者会集中在附近区域；商圈人口结构，这直接确定了消费的总量和消费的结构；商圈竞争状况，知己知彼才能百战不殆，充分了解竞争对手之后，可以根据自己相对于竞争对手的优势，酌情考虑是使用一体化策略还是使用差异化策略。

二、商品品项组合设计的基本流程

商品品项组合设计的基本流程是：商品线的广度—商品线的深度—形成商品品类清单。零售药店商品线广度是指经营商品的类别数，而深度则是指每一个类别的商品品种数目。

确认商品线的广度。按照功效可以将目前零售药店经营的商品分为处方药、非处方药、中药材、保健品、个人护理品、家庭健康用品、生活便利品、季节促销品8大类，其中再细分为感冒用药等74个中类。确定商品的广度就是要确认所要经营的商品大类和中类。取舍的原则是根据商圈的特点，以年轻人为主要顾客的社区，药店可以考虑不经营中药饮片；而以老年人为主要顾客的社区则可以考虑不经营个人护理品、时尚化妆品等。

完成广度设计以后，就要根据商圈特点对每一个类别进行深度设计，深度设计最终体现零售药店与商圈需求的吻合度及相对于竞争对手的竞争优势。对于任何一个类别，首先入选的商品是这个类别的核心商品。核心商品是指在本地区较有名气、顾客相当认同、必不可少的商品，通常组织专家确认本地区零售药店各个商品类别的核心商品，形成核心商品数据库，如感冒类的泰诺、新康泰克等知名商品。如果商圈对本类别的商品需求不是特别明显，通常我们只需要确认核心商品进入商品组合设计清单即可。而对于需求明显的类别，比如老年社区对循环系统类别和滋补养生类别商品的需求明显较其他社区大，我们通常增加该类别品种数量，增加深度。

深度设计还需要考虑零售药店自身的竞争策略。当药店自身是市场上的领先者时，可以采取一体化策略，即尽可能经营竞争对手经营的所有品种；而当药店是市场追随者的时候，则需要设计大量与竞争对手有差异的商品品种进入商品经营清单，从而体现药店的经营特色。深度设计是整个商品品项组合设计最繁杂和最具有挑战性的工作，在完成深度设计以后，就要提交一份完整的零售药店商品品类清单。

三、对商品组合设计进行检核和调整

商品组合设计完成后，并不是一劳永逸地结束工作了，更重要的是要在营业过程中对商品组合设计进行检核和调整。商品组合设计是基于商圈分析所做出的一种假设性组合设计，这种设计是否与商圈的需求真正吻合需要时间和实践来检验。作为零售药店的管理人员，必须制定不断优化商品组合设计的制度，以真正实现商品组合设计的目标："100%地吻合顾客需要，良好的价格形象和合理的利润水平。"通常的方法包括：

（1）记录每一次顾客对商品不全的抱怨。

（2）建立价格抱怨制度和访价制度。

（3）建立每月毛利分析制度。

（4）持续3次顾客指名同一商品，则经理应将新商品信息反馈给采购。

（5）建立新商品引进制度和旧商品淘汰制度，3个月不动销的商品予以淘汰，每淘汰一个旧商品，引进一个新商品。

这样经过反复地记录新商品—淘汰旧商品—引进新商品的动态循环过程，不断优化商品组合。而这种动态的优化过程正是商品组合策略的精髓。

精析：

商品组合设计的步骤具体分为以下3步：首先要设定商品组合设计的目标，并以靠近这一目标的程度来衡量商品品项组合水平的高低。其次，进行商品品项组合设计，基本流程是：商品线的广度—商品线的深度—形成商品品类清单。商品线广度是指经营商品的类别数，确认所要经营的商品大类和中类。完成广度设计以后，要根据商圈特点对每一个类别进行深度设计。深度是指每一个类别的商品品种数目。在完成深度设计以后，提交一份完整的零售药店商品品类清单。最后，对商品组合设计进行检核和调整。商品组合设计是基于商圈分析所做出的一种假设性组合设计，这种设计是否与商圈的需求真正吻合需要时间和实践来检验。作为零售药店的管理人员必须制定不断优化商品组合设计的制度，以真正实现商品组合设计的目标。

资料来源 作者根据相关资料整理.

职场指南

全国注册采购师职业资格认证

全国注册采购师职业资格认证是中国物流与采购联合会按照国际惯例，依据《注册采购师职业资质国家标准》，针对国内采购与供应链管理人员在全国统一展开的一项职业资质水平与能力的鉴定。

该认证直接与国际接轨，借鉴和参照"ITC采购与供应链管理国际资格认证"体系，并采用其模块化学习系统。ITC（international trade center）是联合国贸发组织（UNCTAD）和世界贸易组织（WTO）共同设立的执行机构，其主要职能之一是推动全球贸易发展。"ITC采购与供应链管理国际资格认证"是其在全球开展的人力资源开发和培训援助项目之一。目前，认证已在全球数十个国家推广，受到普遍认可和推崇，其模块化培训教材被公认为最实用、体系最完整的认证教材。

全国注册采购师职业资格认证具有国际化、权威性、专业性、实用性、统一性等特点，在业界尤其是政府采购、制造加工、流通贸易等领域受到了普遍重视和认可。

本章小结

1.在连锁企业的实际运作中，关键是要进行商品采购品类的决策。采购品类一般是在过去采购实绩和销售实绩的基础上，根据市场预测得出的消费需求及其变化趋势的有关资料，结合连锁企业商品采购范围、商品经营政策进行综合分析后确定的。

2.连锁企业新品采购决策是商品采购中的难点，缺乏数据，分析难度大，企业要想增强商品对顾客的吸引力，形成经营特色，那么在选择商品品项时就要考虑商品定位因素、商品本身因素和商品采购条件。

3.现代的商品定价法与传统的商品定价法有很大的不同，传统的价格是固定不变的，而现代商品价格的概念内涵要丰富得多，除了有不变的基准价格外，往往还有一块是会变动的，而变动部分是因折扣、补助、运费等的不同而构成的。

4.能否有效控制采购商品质量，将直接影响连锁企业的经营成本和商业信誉，从而影响到连锁企业的盈利能力和持续经营能力，是连锁企业经营成败的关键因素之一。

5.采购商品质量管理的内容包括采购技术规格、采购需求规格和采购标准化。采购质量管理的方法有调查表法、分类法和因果分析法。

6.供应商的质量保证活动是连锁企业采购质量管理保证体系的重点，也是开展全面质量管理的一个重要组成部分。供应商的质量保证活动主要包括3个方面的内容：一是基于预防的质量管理方法；二是对供应商进行定期验证、检查和评估；三是实施供应商质量保证。

7.连锁企业采购数量的确定方法有经济订购批量法、固定数量法、批对批法和固定期间法。对于连锁企业来说，要严格控制商品的采购数量，达到采购数量决策的目的。

主要概念

采购决策　品类决策　单品品项　价格决策　采购质量内涵　质量保证体系　因果分析法　数量决策

基础训练

一、选择题

1.连锁企业长期经营，在消费者中取得良好信誉的商品一般是（　　）。

A.名牌商品　　　　　　B.诱饵商品　　　　C.正常商品

2.商店选择经营的商品种类多，但在每一种类中经营的商品品种少的策略属于（　　）。

A.广而深的品种组合　　　　　　　　B.广而浅的品种组合

C.窄而深的品种组合

3.供应商对实行买断商品、不再退货的商场给予的价格优惠属于（　　　）。

A.数量折扣 B.季节折扣

C.不退货折扣 D.现金折扣

4.可以整理和分析影响采购质量各因素之间关系的采购质量管理方法为（　　　）。

A.分类法 B.因果分析图法 C.调查表法

二、判断题

1.居民的购买力越强，对商品的需求量就越大，对商品种类的要求和质量要求也越高。
（　　　）

2.款到发货所给予的价格优惠属于延期付款折扣。 （　　　）

3.全部商品目录是连锁企业制定的经常必备的最低限度商品品种目录。 （　　　）

4.在收入水平不变的情况下，人口的增长会增加总体购买力，增加对商品的需求量。
（　　　）

5.市场细分化就是把消费市场按各种分类标准进行细分，以确定连锁企业的目标市场。
（　　　）

三、简答题

1.供应商的质量保证活动主要包括哪些内容？

2.连锁企业的商品经营政策有哪些？

3.新引进的单品决策考虑的因素有哪些？

实践训练

一

【实训项目】

连锁企业商品采购品类决策

【实训情境设计】

小王是一个刚毕业的大学生，想在某个商圈开设一家商铺自主创业，可以是服装店、便利店、食品店或其他，请根据商圈范围、目标顾客群、竞争者情况、经营特色、经营政策等为小王确定商品的采购品类。

【实训任务】

1.确定商铺的经营业态、经营特色。

2.根据商圈特点，选定目标顾客群。

3.了解竞争对手的情况，确定自己的经营战略。

4.配合经营政策，确定商品的采购目录。

【实训提示】

★指导老师可以组织学生到市场上做调查，了解相关商铺的商品品类。

★在实训过程中，指导老师可以根据实际条件，选定商铺地址，确定经营范畴。

【实训效果评价表】

连锁企业商品采购品类决策评分表

考评人			被考评小组	
小组成员				
考评内容		连锁企业商品采购品类决策		
考评标准	考评点		分值（分）	评分（分）
	商品采购目录的合理性		20	
	经营业态和采购目录的一致性		15	
	目标顾客群与采购目录的一致性		20	
	经营政策和采购目录的统一性		15	
	经营战略的创新性		10	
	实训文本制作的完整性		10	
	实训参与度		10	
合计			100	

注：评分满分为100分，60~70分为及格，71~80分为中等，81~90分为良好，91分以上为优秀。

二

【实训项目】

连锁超市商品质量管理调查

【实训情境设计】

选择当地一家知名连锁超市，了解该连锁超市商品采购的质量决策。

【实训任务】

1. 了解该连锁超市商品采购质量管理的内容。

2. 了解该连锁超市商品采购质量的保证措施有哪些。

3. 调查结束后，将该连锁超市的质量管理内容整理成一份完整的报告，进行交流总结。

【实训提示】

★指导老师应讲解清楚调查的要求，协助学生分组并选出组长。

★指派各个小组到相应的连锁超市，分头调查。

★在调查连锁超市商品质量管理之前，组长及成员要做好准备工作，如收集资料，具体问题的罗列等。

【实训效果评价表】

连锁超市商品质量管理调查评分表

考评人		被考评小组	
小组成员			
考评内容	连锁超市商品质量管理调查		
	考评点	分值（分）	评分（分）
考评标准	质量管理调查准备工作的充分性	20	
	质量管理内容的全面性	20	
	质量保证措施的逻辑性	20	
	报告制作的完整性	30	
	实训参与度	10	
合计		100	

注：评分满分为100分，60~70分为及格，71~80分为中等，81~90分为良好，91分以上为优秀。

第4章　连锁企业商品采购谈判与合同管理

学习目标

通过本章的学习，要求学生对连锁企业商品采购谈判有全面认识，能准确描述采购谈判的影响因素、技巧及应用，掌握商品采购合同的签订、履行、跟踪及管理的基本知识。

【引例】　　　　　　　　　　采购经理的精彩谈判

2016年11月11日上午9：30，H连锁超市采购经理李大军发了一份传真，这是给S公司的销售经理王小杰的，传真内容大致是对S公司A系列洗发水12元的报价感到意外，只能接受9.96元的采购单价，并表示如果接受此报价就约王小杰12日上午10点到H连锁超市签署合作协议。此外，李大军还打电话给王小杰，表示同等产品SC公司报价9.8元。王小杰与总经理沟通此事，总经理交代，明天必须签下这笔单子，这对公司很重要。

李大军与王小杰打完电话后，又分别给S公司的两个死对头L公司和SC公司的销售经理周五明、郑中斌打了电话：约请周五明12日9：30过来叙叙旧，顺便把L公司独有的要求客户填写的销售经理评议表给他；约请一直想和H连锁超市合作的SC公司郑中斌12日10：30带5套新产品样品过来。

11月12日上午9：40，王小杰提前20分钟来到H连锁超市1号洽谈室，却发现李大军正和L公司的周五明在3号洽谈室言谈甚欢。他发现李大军和周五明好像在就几张纸热烈地谈论什么。这是H连锁超市最大的合作伙伴，自己的公司在H连锁超市的地位一直超越不了L公司。最后，李大军在纸上签字，还把周五明高兴地一直送到电梯口。

10：05，李大军来到1号洽谈室，然后让前台又给王小杰加满了水。王小杰想打听李大军和周五明签的是不是明年合作的合同。李大军答非所问。王小杰把新的报价表递给了李大军。李大军看到报价表上10.7元的报价时，心里很开心，这个报价接近了公司要求的10.5元的报价。但李大军未露声色，说把成本分解表给他看看。李大军看了王小杰带来的成本分解表，直言S公司的生产线已使得原材料成本至少下降了20%，但这分解表上的原材料价格和去年的一样。S公司的采购成本确实下降了22%，没想到李大军也知道了。

王小杰与李大军商议多少价格，李大军语气坚定地说9块9毛6是最高价，如果给这个价可以答应明年销量增长15%，且若A系列产品定不下来，即将新开发B系列的产品也别谈了。

10：30，SC公司的郑中斌带着5套新产品样品准时出现在前台。王小杰透过洽谈室的玻璃，看到李大军在3号洽谈室饶有兴趣地看着郑中斌的样品。两人也是言谈甚欢。王小杰还看到，那些样品好像就是自己A系列的竞争产品。王小杰拿起电话，给总经理打了过去。看到王小杰挂了电话，李大军才让郑中斌稍等，过来1号洽谈室。李大军明确表示9.96元单价不可更改，原有政策基础上增加5万元促销费用，这样可以确保18%增量，一旦双方签订协议，公司不会和SC公司合作。双方还有争议，李大军决定缓一下，告诉王小杰他们总监很赏识他，有空过去聊聊。

王小杰回到公司后向总经理汇报情况。半小时后，王小杰走出总经理办公室，一脸轻松，并给李大军打了个电话确认单价10.15元。但李大军依然没有答应，还是坚持9.96元单价。

11月13日上午10：30，王小杰收到一封快递，是李大军寄过来的，里面是一式两份的合同，单价一栏赫然写着9.96元，确保增量变成18.5%，并且已经签了字盖了章。王小杰硬着头皮，拿着合同审批表走进总经理办公室。总经理看了合同后，犹豫了一下，摇了摇头，最终还是在审批表上签下了自己的名字。毕竟18.5%的增量是大大超出了自己的预计，也是针对明年的第一笔大单，王小杰这小子干得还是不错的。王小杰拿着审批表走出了办公室，长长地舒了一口气，毕竟明年的业绩有保障了。

11月14日上午10：30，李大军收到一份快递，是王小杰寄过来的，里面就是自己邮寄过去的合同，在乙方一栏也签了字盖了章。李大军开心地笑了一下。11：00，王小杰接到李大军的电话，夸他是最出色的销售经理，并恭喜他明年业绩再争第一！

资料来源 作者经根据网络资料整理.

对连锁企业而言，由于统一的标准化经营管理体制，所有分店经营的商品都由连锁企业总部采购部门集中采购配送，采购过程牵一发而动全身，比起其他经营方式来，具有特别重要的意义，而采购谈判也就成为整个采购过程中一个非常重要的环节。

4.1 谈判资料的搜集、整理与分析

4.1.1 谈判资料的搜集

通过搜集、整理、分析和研究与谈判有关资料信息，谈判人员就会有比较充分的心理准备，明确谈判的主客观环境，以及在谈判中可能会出现的问题。采购谈判所需搜集、获得的资料包括采购需求分析、资源市场调查、对方情报。

1.采购需求分析

采购需求分析就是要在采购谈判之前弄清楚企业需求什么、需求数量、需求价格、需求时间等，最好能够详细列出企业物料需求分析清单。

2.资源市场调查

在做出采购需求分析之后，就要对资源市场进行调查分析，获得市场上有关产品的供给、需求等信息资料，为采购谈判的下一步——决策提供依据。目标市场调查通常包括以下内容：

（1）产品供应、需求情况。企业通过对所需产品在市场上总体供求状况的调查分析，并根据不同的市场供求状况，制定不同的采购谈判方案和策略。

（2）产品竞争情况。通过产品竞争情况的调查，使谈判者能够掌握同类产品竞争者的数目、强弱等有关情况，寻找谈判对手的弱点，争取以较低的成本费用获得己方所需产品，在谈判桌上灵活掌握价格弹性。

（3）产品销售情况。调查准备采购的产品在市场上的销售情况，可以使谈判者大体掌握市场容量、销售量，有助于确定未来具体的购进数量。

（4）产品分销渠道。调查产品的分销路线，不仅可以在价格谈判上做到心中有数，而且可以针对供应商分销的弱点，要求对方在其他方面给予一定的补偿，争取谈判成功。

3.对方情报

（1）资本和信誉情况。

调查供应商资本和信誉方面的情况，包括以下两个方面：

①要调查对方是否具有签订合同的合法资格，在对对方的合法资格进行调查时，我们可以要求对方提供有关的证明文件，如法人资格等，也可以通过其他途径进行了解和验证。

②要调查对方的资本、信用和履约能力。对对方的资产、信用和履约能力进行调查，资料的来源可以是公共会计组织对该企业的年度审计报告，也可以是银行、资信征询机构出具的证明文件或其他渠道提供的资料。

（2）对方的谈判作风和特点。

谈判作风实质上是谈判者在多次谈判过程中表现出来的一贯风格。了解谈判对手的谈判作风，对预测谈判的发展趋势和对方可能采取的策略，以及制定己方的谈判策略将有很大帮助。

此外，还可以搜集供应商需要的货款支付方式、谈判最后期限等方面的相关资料。

搜集的渠道有很多，公开发行的信息也是可以利用的。这些信息源包括行业杂志、其他商业出版物、行业协会数据、政府报告、年度报告、财务评价、商业数据库、直接询问供应商以及通过互联网等。在谈判前，采购方也可通过供应商提供的报价单获得信息。

4.1.2　谈判资料的整理与分析

在通过各种渠道搜集到有关信息资料以后，还必须对它们进行整理与分析。这里主要需要做两个方面的工作：

第一，鉴别资料的真实性和可靠性。

在实际工作中，由于各种各样的原因和条件限制，在搜集到的资料中往往存在着某些资料比较片面、不完整，有的甚至是虚假的、伪造的，因而必须对这些初步搜集到的资料做进一步的整理和鉴别。

第二，鉴别资料的相关性和实用性。

在资料具备真实性和可靠性的基础上，结合谈判项目的具体内容与实际情况，分析各种因素与谈判项目的关系，并将它们与谈判的相关性、重要性和影响程度进行比较分析，并依此制定出具体的切实可行的谈判方案与对策。

4.2 商品采购谈判技巧

采购谈判是采购的重要组成部分，采购部门有必要对采购谈判的技巧进行研究和探讨，以提高议价的能力，为企业创造更多的效益。

4.2.1　采购谈判技巧的设计

采购主管的主要工作之一就是降低成本，因此必须懂得如何进行成功的谈判。成功的谈判必须有详尽的规划，它由4个部分组成：

1. 预测

良好的预测工作必须包含下列几项：

（1）对价格的变化未雨绸缪。充分准备，让你在谈判时有较佳的选择，容易采取相应对策。

（2）"四个伙伴"理论。谈判桌上有四个伙伴与你同在——过去、现在、最近、未来。当一个决策无法同时满足这四个伙伴时，必须权衡得失，使损失降至最低。

（3）尽早得到供应商协助。供应商对产品的了解通常比采购方多，可要求供应商给予技术、管理、财务等方面的协助。

（4）使用量预测。汇集过去使用量的资料，作为未来订购量的参考，如利用MRP（物资需求计划）电脑系统；同时有了过去及未来的详细采购资料，有助于谈判时得到较大的折扣。

（5）掌握特大、重大事件，如罢工、天灾、坏天气、关税变化、法令变化、运输状况恶劣等，将更准确地预测到合理的价格，从而在谈判桌上处于优势。这些重大事件除了从报纸杂志上搜集外，还可从销售人员处得知。

（6）注意价格趋势。一是比较供应商有多少产品项目价格上涨（何时、上涨幅度、通报形式）；二是把供应商的价格上涨模式与该产业的模式做比较。

2. 学习

从所得的资讯中学习谈判的问题、对象及内容是谈判成功的关键。资讯可分为容易得到（少花钱及时间）的资讯与不易得到（多花钱及时间）的资讯。

（1）容易得到的资讯。

①谈判模式及价格的历史资料。找出供应商的谈判技巧，供应商处理上次谈判的方式。

②产品与服务的历史资料。价格的上涨有时隐含于品质及服务水准的降低。工程部门及使用该产品的制造部门不难发现实情，此点可作为谈判的筹码。

③稽核效果。从会计或采购稽核可发现待加强之处，例如供应商的成本分析常发生错误。

④最高明指导原则。通过公司政策、政府法令和过去发生的先例来增强谈判力。

⑤供应商的营运状况。从其销售人员及竞争能力可了解供应商的问题与优势，知己知彼才能百战不殆。

⑥谁有权决定价格。汇集资料加以运用，因为卖方通常较容易对陌生人抬高价格。

⑦掌握关键因素。运用80/20原理，争取主要，牺牲次要。

⑧利用供应商的情报网络。可从销售人员处得到一些有关价格的资讯，如价格趋势、科技的重要发明、市场占有率、设计的改变等。

（2）不易得到的资讯。

①寻求更多的供应来源（包括海外）。即使你仍向原来的供应商采购，但更多的供应来源可增加你的议价能力。

②有用的成本、价格资料与分析。良好的成本-价格分析可以提供有效的采购信息；必要时应借助成本分析师，这是一种投资而非成本。

③供应商的采购系统。化整为零——按供应商各个部门的平常生产程序来推估。

④限制供应商谈判能力。提供给对方的资讯愈少愈好，尽量让对方发表高见，仔细聆听并从中找出对策。

⑤了解供应商的利润目标及价格底线。需耐心地通过各种渠道求得（谈判过程也是渠道之一）。

3.分析

（1）如何还价。

让专业人员从事成本分析，建议议价的底线。

（2）如何比价。

①价格分析。在成分或规格相同的情况下，比较供应商的价格或服务。

②成本分析。将总成本细分——包含人工、原料、外包、制造费用、管理费用、利润等。买卖双方估计的价差需要双方通过还价来达成协议。

③找出决定价格的主要因素。确定决定价格的因素是人工、原料还是包装等，可作为谈判的依据。

④价格上涨如何影响供应商的边际利润。供应商的成本虽然上涨，例如由于通货膨胀，但其价格通常不只反映在成本的增加上。

⑤实际与合理的价格是多少。

⑥对付价格上涨的对策。最重要的是掌握正确的方法和时机，最好有专家协助。

4.谈判

（1）涨价时让销售人员书面提出。

通常书面通知涨价比电话容易，而面对面通常是难以启齿的，耐心地等待销售人员提出涨价后的妥协。

（2）双重退避。

当销售人员报价时，采购方应表示惊讶得难以接受，以便让对方明白他们无法接受高报价的立场。

（3）不要马上谈到正题。

这样供应商会承受一股无形压力而变得焦虑，这样对你的谈判较有利。

（4）声东击西。

先要求对方给一些不是你真正想要的好处，然后再拿这些交换你真正想要的。

（5）不要轻易给供应商很大的好处。

当你想提供时，最好预留余地以供讨价还价，同时要求对方有所回报。

4.2.2　采购优劣势分析

连锁企业采购人员必须评估本企业与供应商的谈判力量，究竟各自有哪些优势和劣势，这样才能舍己之短，并发挥所长。

1.连锁企业优势

连锁企业可能具备下列优势：

（1）连锁企业采购数量占供应商产能的比率较大。

（2）供应商产能的成长超过连锁企业需求的成长。

（3）供应商产能利用率偏低。

（4）供应商之间竞争激烈，而连锁企业并无指定的供应来源。

（5）连锁企业最终产品的获利率高。

（6）连锁企业物料成本占产品售价的比率低。

（7）连锁企业断料停工损失成本小。

（8）连锁企业自制能力高，而且自制成本低。

（9）连锁企业采用新来源的成本低。

（10）连锁企业购运时间充足，而供应商急于争取订单。

2.供应商优势

供应商可能具备下列优势：

（1）连锁企业采购数量占供应商产能的比率较小。

（2）连锁企业需求的成长超过供应商产能的成长。

（3）供应商产能利用率较高。

（4）连锁企业之间竞争激烈，而连锁企业又无指定的供应来源。

（5）连锁企业最终产品的获利率低。

（6）连锁企业物料成本占产品售价的比率高。

（7）连锁企业断料停工损失成本大。

（8）连锁企业自制能力低，而且自制成本高。

（9）连锁企业采用新来源的成本高。

（10）连锁企业购运时间不充足，而供应商又不急于争取订单。

观察采购力量与供应力量的对抗情况，自然可以找出机会或弱点，据此能够制定对付供应商的策略，这种策略将成为采购人员完成采购工作的行动方针。

4.2.3　采购谈判的基本技巧与应用

在采购谈判中，采购人员应当根据不同的谈判内容、谈判目标和谈判对手等具体情况，运用不同的谈判技巧和战术，以推进谈判的进程，使之取得圆满的结果。

在实践中，有以下一些常用的采购谈判技巧：

1.适时反击

反击能否成功，就要看提出反击的时间是否掌握得准确。反击只有在对方以"恐怖战术"来要挟你时方能使用，所以它也可以说是一种以退为进的防卫战。反击正是所谓的借力使力，就是利用对方的力量，再加上自己的力量，发挥"相乘效果"，一举获得成功。还要注意的是，使用反击法时，如果对方不认为你是个"言行一致"的人，那效果就要大打折扣了。

2.攻击要塞

虽然谈判对手不止一人，但实际上握有最后决定权的，不过是其中一人而已。在此，我们姑且称此人为"对方首脑"，称其余的谈判副将们为"对方组员"。"对方首脑"是我们在谈判中需要特别留意的人物，但也不可因此而忽略了"对方组员"的存在。

当你无法说服"对方首脑"时，就要另辟蹊径，把攻击的矛头指向"对方组员"。这正如古时候的攻城略地一般，只要先拿下城外的要塞，就可以长驱直入了。

3."白脸"和"黑脸"

要使用"白脸"和"黑脸"的战术，就需要有两名谈判者，两名谈判者不可以一同出席第一回合的谈判。两人一块儿出席的话，若其中一人留给对方不良印象，则必然会影响其对另一人的印象，这对第二回合的谈判来说，是十分不利的。

第一位出现的谈判者唱的就是"黑脸"，他的责任主要是激起对方产生"这个人不好惹""碰到这种谈判对手真是倒了八辈子霉"的反应；而第二位谈判者唱的是"白脸"，也就是扮演"和平天使"的角色，使对方产生"总算松了一口气"的感觉。就这样，二者交替出现，轮番上阵，直到谈判达到目的为止。"白脸"与"黑脸"战术的功效是源自第一位谈判者与第二位谈判者的"共同作业"上。第二位谈判者就是要利用对方对第一位谈判者所产生的不良印象，继续其"承前启后"的工作。第一位谈判的"表演"若未成功，第二位谈判者自然也就没戏可唱了。

4."转折"为先

"不过……"，这个"不过"，是经常被使用的一种说话技巧，它具有诱导对方回答问题的作用。在日常用语中，与"不过"同义的，还有"但是""然而""虽然如此"等，以这些转折词作为提出疑问时的"前导"，会使对方较容易作答，而且又不致引起其反感。

5.文件战术

在谈判时若使用"文件战术"，那么你所携带的各种文件资料，一定要与谈判本身有关。如果你带了大批与谈判无关的资料前去谈判，想"混"的话，一旦被发现，失去谈判信用，便将再难挽回，也无法弥补了。

参加任何谈判，都要留意自己所使用的战术或技巧是否适用谈判的内容，这是非常重要的。所使用的战术或技巧要是不够高明、不适合于谈判内容，都将使谈判难以顺利地展开。"文件战术"的效果，多半用在谈判一开始，也就是双方隔着谈判桌坐下来时。

在对方的阵营中谈判时，除了必要的以及在谈判中将使用到的文件资料外，最好什么都不要携带。这么做，除了乐得轻松以及不让对方起疑外，对信用的提升也有无形的帮助，而信用正是谈判成功的关键所在。

6.期限效果

从统计数字来看，谈判人员可以发现，有很多谈判，尤其较复杂的谈判，都是在谈判期限即将截止前才达成协议的。不过，未设定期限的谈判也为数不少。

谈判若设有期限，那么除非期限已到，不然的话，谈判者是不会感觉到什么压力存在的。所谓不见棺材不掉泪就是这个道理。你的谈判对手或许会在有意无意中透露一个"截止谈判"的期限，譬如"我必须在一个小时内赶到机场"。在这种情况下，你只需慢慢地等，等到那"最后一刻"的到来便可。当距离飞机起飞或开会的时间愈来愈近，对方的紧张不安想必也愈来愈严重，甚至巴不得双方就在一秒钟内达成协议。此时此刻，你就可以慢条斯理地提出种种要求了。

在谈判时，不论提出"截止期限"要求的是哪一方，期限一旦确定，就不可轻易更改。所以，无论如何，你都必须倾注全力，在期限内完成所有准备工作，以免受到期限的压力。如果对方提出了不合理的期限，只要你抗议，期限即可获得延长。

7.调整议题

有时候，谈判双方或单方会急于获得某种程度的协议。譬如，你想买进对方所持有的某种颇具影响力的资产，那么为了使"换挡"的技术在谈判中发挥效果，最重要的就是不让对方察觉到你的意图。你可以顾左右而言他，可以装作漠不关心的样子，也可以声东击西。总之，如果被对方察觉到你"购买欲极强"的意图，他必然会想尽办法来对付你，使你难遂所愿。

在重要的谈判中，当你想改变话题时，应事先向对方说明为什么改变话题，以取得其谅解，进而使对方毫无异议地接受你的提议。

8.打破僵局

谈判的内容通常牵连甚广，不只是单纯的一项或两项。在有些大型的谈判中，最高纪录的议题多达七十项。当谈判内容包含多项主题时，可能会出现某些项目已谈出结果，某些项目却始终无法达成协议的情况。这时候，你可以这么"鼓励"对方："看，许多问题都已解决，现在就剩这些了。如果不一并解决的话，不就太可惜了吗？"这就是一种用来打开谈判僵局的说法，它看起来虽很平常，实际上却能发挥莫大的效用，所以值得作为谈判的利器，广泛地使用。

牵涉多项讨论议题的谈判，更要特别留意议题的重要性及优先顺序。

9.声东击西

这一策略在于把对方的注意力集中在其不是很感兴趣的问题上，使对方增加满足感。其具体的运用方法是，如果谈判人员认为对方最注重的是价格，而己方关心的是交货时间，那么我们进攻的方向，可以是付款条件问题。这样就可以把对方从两个主要议题上引开。这种策略如果能够运用得熟练，对方是很难反攻的。它可以成为影响谈判的积极因素，而又不必负担任何风险。

10.金蝉脱壳

当谈判人员发觉他正被迫做出远非他能接受的让步时，他会声明没有被授予达成此协议的权力。这通常是谈判人员抵抗到最后时刻而亮出的一张"王牌"。在这时，双方都很清楚，这是为了不使谈判破裂。然而，如果用直截了当的方式使用"职权有限"这个策略还是有危险性的，因为为使谈判得以顺利进行，就要求双方共同以适当的速度朝着预期的方向努力，共同做出让步。

11.欲擒故纵

在一个由两人组成的谈判小组中，其中一个成员在谈判的开始阶段起主导作用，另一个人在结尾阶段扮演主角。这样做的好处在于，洽谈开始时，小组某一成员（硬派）先保持沉默，然后寻找解决问题的办法，建议做出让步。当然这需要在不损害第一个主导人员"面子"的原则下。这样做的不利之处在于使谈判工作更加复杂化，因为按上述做法行事，两个谈判人员需要密切配合，这是很费力的事情。

这个策略是很难对付的。相应的反措施是：首先，另一方应该放慢让步速度，不要很快就在持强硬态度的人面前让步。但是，当持温和态度的人上场演主角时，若要使对方做出过分的让步是很困难的。

12.缓兵之计

谈判进行了一段时间以后，可以休息5至10分钟。在休息期间，让双方走出会谈大厅，回顾一下谈判的进展情况，重新考虑自己，或者让头脑清醒一下再进入洽谈，这些都是有必要的。

一般情况下，休息的建议是会得到双方积极响应的。休息不仅有利于己方，对双方共同合作也十分有益。休息是有积极意义的。它使双方有机会重新计划甚至提出新的构想和方案，可以使双方在新的气氛下再聚一堂，使精力和注意力再度集中起来。有人担心休息会有消极作用，担心会破坏刚才良好有效的谈判气氛，或者会给对方改变方针的机会。实际上，这种担心是多余的。

13.草船借箭

采取"假定……将会"的策略，目的是使谈判的形式不拘泥于固定的模式。比如，在谈判中，不断地提出如下问题："如果我再增加一倍的订货，价格会便宜一点吗？""如果我们自己检验产品质量，你们在技术上会有什么新的要求吗？"

在试探和提议阶段，这种发问的方法不失为一种积极的方式，将有助于双方为了共同的利益而选择最佳的成交途径。因此，"假定……将会"这个策略，用在谈判开始时的一般性探底，较为有效。

14.赤子之心

我们讲的"赤子之心"是指向对方透露90%的情况。

有些人认为，在谈判过程中，毫无保留无异于"自杀"。事实却不是如此，有的谈判人员的性格特别直爽和坦率。他们不但有与对方达成协议的能力，还能够不断地为对方提供信息，提出建设性意见。这种性格非常好，能使对方与我方积极配合。因此，如果能够把"赤子之心"和达成协议的其他技巧联系起来使用，并使其发挥作用，这对双方都是有利的。

15.走为上策

当谈判小组长认为，双方需要在某种新环境中非正式地见面，以建立一种信任和坦率的谈判气氛时，就可以采用这种策略。这种策略对于双方重新建立一种合作精神是十分有帮助的，如果有足够时间、机会和新的建议，就能使大家意见统一。这个策略的价值在于：避开正式的谈判场所，把谈判转到轻松的环境中。当然，如果把全部谈判都搬到俱乐部等来进行，也是不合宜的。但只要小心谨慎，这不失为一个有效的策略。

4.3 商品采购合同管理

4.3.1 采购合同的签订

采购方和供应方的当事人在平等自愿的基础上，就合同的主要条款经过协商取得一致意见，最终建立起商品采购合同关系的法律行为，即为采购合同的签订。在实际签订过程中，合同双方当事人必须针对合同的主要内容反复磋商，直至取得一致意见，合同才告成立。

1.采购合同签订前的准备工作

合同依法签订后，双方必须严格执行。为了避免和减少采购合同执行过程中的纠纷，采购人员在签订采购合同前，必须审查卖方当事人的合同资格、资信及履约能力，按《中华人民共和国合同法》的要求，逐条订立采购合同的各项必备条款。

（1）审查卖方当事人的合同资格。

所谓合同资格，是指订立合同的当事人及其经办人必须具有法定的订立合同的权利。审查卖方当事人合同资格的目的在于确定对方是否具有合法签约的能力，具体内容一般包括：

①法人资格审查。

认真审查卖方当事人是否属于经国家规定的审批程序成立的法人组织。判断一个组织是否具有法人资格，主要看其是否持有工商行政管理局颁发的营业执照。经工商部门登记的国有企业、集体企业、私营企业、各种经济联合体，以及实行独立核算的国家机关、事业单位和社会团体等，都可以具有法人资格，成为合法的签约对象。

在审查卖方法人资格时应注意，没有取得法人资格的社会组织、已被取消法人资格的企业或组织均无权签订采购合同。要特别警惕一些根本没有依法办理工商登记手续或未经批准的所谓的"公司"，它们或私刻公章冒充法人，或假借他人名义订立合同，旨在骗取买方的货款或定金。同时，要注意识别那些没有设备、技术、资金和组织机构的"四无"企业，它们往往在申请营业执照时弄虚作假，以假验资、假机构骗取营业执照，虽签订供货合同并收取货款或定金，但根本不具备供货能力。

②法人能力审查。

审查卖方的经营活动是否超出营业执照批准的范围。超出范围以外的合同属无效合同。

法人能力审查还包括对签约的具体经办人的审查。采购合同必须由法人的法定代表人或法定代表人授权证明的承办人签订。法人的法定代表人就是法人的主要负责人，如厂长、经理等，他们代表法人签订合同。法人代表也可授权业务人员，如推销员、采购员作为承办人，以法人的名义订立采购合同。承办人必须有正式授权证明书方可对外签订采购合同。法人的法定代表人在签订采购合同时，应出示身份证明、营业执照或其副本；法定代表人委托的经办人在签订采购合同时，应出示本人的身份证明、法定代表人的委托书、营业执照或其副本。

（2）审查卖方当事人的资信和履约能力。

资信即资金和信用。审查卖方当事人的资信情况，了解当事人对采购合同的履行能力，对于在采购合同中确定权利义务条款具有非常重要的作用。

①资信审查。

具有固定的生产经营场所、生产设备和与生产经营规模相适应的资金，特别是拥有一定比例的自有资金，是一个法人对外签订采购合同起码的物质基础。准备签订采购合同时，以及采购人员向卖方当事人提供自己的资信情况说明时，都要认真审查卖方的资信情况，从而建立起相互依赖的关系。

②履约能力审查。

履约能力是指当事人除资信以外的技术和生产能力、原材料与能源供应、工艺流程、加工能力、产品质量等方面的综合情况。总之，就是要了解对方有没有履行采购合同所必需的人力、物力、财力和信誉保证。如果经审查发现卖方资金短缺、技术落后、加工能力不足，无履约供货能力，或信誉不佳等，都不能与其签订采购合同。只有在对卖方的履约能力充分了解的基础上签订采购合同，才能有可靠的供货保障。

审查的方法有：通过卖方的开户银行，了解其债权、债务和资金情况；通过卖方的主管部门，了解其生产经营情况、资产情况、技术装备情况、产品质量情况；通过卖方的其他用户，可以直接了解其产品质量、供货、维修情况；通过卖方所在地的工商行政管理部门，了解其是否具有法人资格和注册资本，以及其经营范围、核算形式；通过有关的消费者协会和法院、仲裁机构，了解卖方的产品是否经常遭到消费者投诉，是否曾经牵涉诉讼。

对于大批量的性能复杂、质量要求高的产品或巨额的机器设备采购，在上述审查的基础上，还可以由采购人员、技术人员、财务人员组成考察小组，到卖方的经营加工场所实地考察，以确定卖方的资信和履约能力。采购人员在日常工作中，应当注意搜集有关企业的履约情况和有关商情，作为以后签订合同的参考依据。

案例 4-1

零售商与供应商纠纷焦点之一

近年来，零售商与供应商之间的关系已经逐渐成为当前最为重要的商业关系之一，零售商与供应商关系日趋紧张、矛盾频频出现。如甲、乙于某年1月1日订立采购合同，约定甲方采购乙方设备1台，价格为10万元，交货日期4月1日。2月份，甲方要求乙方先行开具发票，乙方开具且甲方抵扣，3月，乙方公司情况发生变动，不能按期提供机器，在此种情况下，乙方依据增值税专用发票起诉要求甲方支付设备款显然不能被法院支持。而在零售商和供应商的诉讼中，这种情况一般不会存在，零售商掌握渠道优势和市场优势地位，和绝大部分供应商合作中具有较强话语权，供应商的开票流程一般为送货完毕后根据零售商的开票指令（包括金额和其他要求，有的通过零售商的网络对账平台完成指令）开具并提交。如果不是根据零售商的指令，零售商的财务不会收取该发票也不会进行抵扣，后期的付款和交易也不会顺利进行，零售商付款的前提是供应商开具正确发票并提供。总而言之，没有零售商的指令和对账，供应商无法开票，即使自行开具，一般也送不进零售商的财务系统。

资料来源　胡良. 解读零售商与供应商纠纷案件的四大焦点 [EB/OL]. [2016-03-14]. http://www.cqlsw.net/business/theory/2016031418875.html. 节选.

2. 采购合同订立的原则

《中华人民共和国合同法》规定，采购合同的订立应遵循以下原则：

（1）平等互利、协商一致原则。

合同当事人的法律地位平等，一方不得将自己的意志强加给另一方。当事人签订合同时必须协商一致。当事人依法享有自愿订立合同的权利，任何单位和个人不得非法干预。

（2）公平原则。

当事人应当遵循公平原则确定各方的权利和义务。

（3）诚实信用原则。

当事人行使权利、履行义务应当遵循诚实信用原则，其核心是要求当事人在签订合同时做到不欺诈、不规避法律，恪守信用，尊重商品交易道德和习惯。

（4）遵守法律与行政法规、尊重社会公德原则。

当事人订立、履行合同，应当遵守法律、行政法规，尊重社会公德，不得扰乱社会经济秩序，损害社会公共利益。

3. 采购合同的签订程序

签订采购合同是当事人双方的法律行为。合同的成立必须由当事人相互做出意思表示并达成协议。实践中，普遍运用的采购合同签订程序都经过要约和承诺两个阶段。

（1）要约阶段。

要约阶段是指订立合同的当事人一方向另一方发出的缔结合同的提议和要求。发出该提议和要求的一方为要约人，另一方为受约人或相对人。要约的对象一般有3种：指定的对象；选定的对象；任意的对象。要约应具有以下特征：

第一，要约必须是向特定人发出的。

要约的作用是换得相对人的承诺，然后与之订立合同，所以要约是一种相对人的行为。依照《中华人民共和国合同法》规定，订立合同的要约须向特定人明确提出。

第二，要约需是特定人的行为。

根据《中华人民共和国合同法》的规定，提出订立合同建议的，须是客观上已确定的法人或其他经济组织、个体工商户、农村承包经营户。上述特定人一般都由订立后的合同表示出来，如物流采购合同，提出要约的特定人即是合同中标的一方的当事人。

第三，要约必须含有可以订立合同的主要条款。

要约中必须含有标的的名称、规格、数量、价格等，这些内容需具体、明确和真实，若内容不具体、明确和真实，相对人就难以表示肯定或否定，合同也就不能成立。

第四，要求受约人做出答复的期限。

要约的方式分口头方式与书面方式。一项要约有法律约束力且会产生法律后果。要约有效期间内，要约人不得随意撤销或变更要约。如要撤销或变更要约，其通知（新要约）应在受约人做出承诺之前送达。受约人在接到要约后即有做出承诺的权利，但一般情况下并不负有答复的义务，超过要约期限不予答复只是丧失承诺的资格，并不负什么责任。要约在出现下列情况时终止：要约人不再受约束；要约被有效地撤回；要约超过有效期限；其他情况，如要约人丧失民事行为能力、要约人死亡或法人解散等。

（2）承诺阶段。

承诺是指受约人向要约人做出的对要约完全无异议接受的意思表示。做出这种意思表示的人称为承诺人。要约人的要约一经受约人即承诺人承诺，合同即告成立。承诺应具有以下特征：

第一，承诺必须是就要约做出的同意的答复。

从合同制度的传统原则来看，承诺是无条件、无任何异议地接受要约，这样才能构成有效的承诺，从而与要约人构成合同关系。如果受约人表示愿意与要约人订立合同，只是在承诺中对要约的某些非要害条款做了增加、删改，即并非实质性改变要约，仍应视为承诺；如果受约人对要约做了扩张、限制或者根本性改变，则不是承诺，应视为拒绝原要约而提出新要约。

第二，承诺须是受约人向要约人做出的答复。

如前所述，在采购合同中受约人须是特定人，因此非受约人做出的或受约人向非要约人做出的意思表示都不是承诺。

第三，承诺必须在要约的有效期限内做出。

如前所述，要约对于要约人是有约束力的，但这种约束力并不是毫无限制的。通常把对要约人有约束力的期限，称为要约的有效期。因此，受约人只有在要约的有效期限内做出同意要约的意思表示，才是承诺。一般情况下，没有规定期限的要约，属于对话要约，受约人须立即承诺；属于非对话要约的，受约人应在一般认为应做出答复的期限内承诺。承诺一经成立就发生法律效力，即要约人接到有效的承诺合同即成立。

承诺和要约一样，也是一种法律行为。承诺人必须立即承担自己承诺的合同义务。因此，承诺人在进行承诺时，必须严肃认真，在对要约的内容进行充分的了解、考虑之后，再向要约人做出承诺。

在法律上承诺是允许撤回的。但是，承诺的撤回必须在要约人收到承诺之前撤回。撤回的通知必须在承诺到达之前送达，最晚应与承诺同时到达。如果承诺人撤回承诺的通知迟于承诺到达，则通知无效，承诺仍发生效力。

签订合同的谈判过程其实质就是当事人双方进行要约和承诺的过程。在实践中，往往不可能经过一次协商就达成协议，可能要经过反复协商，如要约—新要约—再新要约—承诺。

@ **课堂讨论 4-1**

资料一　某连锁经营公司（以下简称 A 公司）在甲县订购的乙商品没能及时到达，不能向客户交货，情急之下，立即向丙县供应商发出电报，要求其发来 100 件乙商品，价钱按过去购买该供应商的同类产品的价格计算。丙县供应商收到电报后，立即回电说：按 A 公司的意见办理，立即发货，货到 A 公司后请将货款汇到丙县供应商账户。丙县供应商发货后，甲县的乙商品随即运到了 A 公司。两地的乙商品均运到 A 公司后，A 公司无力承受，便去电丙县供应商请求退货。丙县供应商不允，A 公司便以双方没有签订书面合同为由拒收。双方成诉，诉至法院。法院判决 A 公司败诉。

问题：A 公司为什么败诉？双方到底有没有合同？

资料二　某超市向某地果农购买一批水果。该超市在信函中除提出了购果数量、价格、交货期和交货地点外，还提出了采用铁路运输方式、质量保证条件。某果农接到信函后，回函同意该公司条件，但就铁路运输方式提出新的建议，因车厢不好联系，果农采用汽车运输方式，如果出现质量问题，损失由果农承担。超市接到回函后没有表示反对。不久，果农按期将货物运到交货地点。此时水果价格下跌，超市反悔，想将价格压到最低，便提出果农在回函中改变了要约中规定的运输方式，故该承诺不具有法律效力，双方买卖合同没有成立。果农立即向法院提出起诉，法院要求某超市将水果先收下，然后再进行审理。超市收水果时，水果质量无损。后法院经过审理，判决超市按原合同支付货款。

问题：超市对果农的承诺是否生效？为什么？

4. 合同的草签与正式签订

合同主要条款协商确定后，当事人双方可以先草签合同。待其他次要条款约定后，再正式签订合同。

签订合同时应当确认对方当事人是否有权签订合同。法定代表人应是法人组织的最高领导，其有权以法人的名义对外签订采购合同而不需要特别的授权委托，但法定代表人在签订合同时也必须具备合法的手续，即法定代表人的身份证明。合法代理人也可签订采购合同，但代理人必须持有法定代表人的授权委托书，方能以法人的名义签订合同。代理人签订采购合同必须在授权范围内进行，如超出代理权签订合同，被代理人（委托人）不承担由此产生的权利与义务关系。授权委托书必须包括：代理人姓名、年龄、单位、职务、委托代理事项、代理权限，有效期限，委托者的名称、营业执照号码、开户银行、账号、委托日期，最后是委托者及其法定代表人的签章。

5.合同的公证与签证

（1）合同的公证。

为了确保合同的真实性与合法性，采购合同一般应予以公证。所谓合同的公证，是指国家公证机关（公证处），代表国家行使公证职能，根据当事人的申请和法律的规定，依照法律程序，证明采购合同真实性和合法性的活动。

（2）合同的签证。

合同的签证是指合同监督管理机关根据双方当事人的申请，依法证明合同的真实性和合法性的一项制度。除法律法规特别规定外，采购合同的签证一般采取自愿原则。

通过合同签证，可以及时发现和纠正在合同订立过程中出现的不合理、不合法现象，提请当事人对合同中缺少的必备条款予以补充，对显示不公平的内容予以修改，对利用合同进行违法活动的予以制止和制裁，对约定义务超过承担能力的予以消减，从而减少和避免不必要的纠纷，为合同的履行奠定基础。合同的签证一般由合同签订地或履行地的工商行政管理机构办理。

4.3.2 采购合同的履行

采购合同的履行是指合同依法成立生效后，当事人双方按照合同规定的各项条款完成各自承担的义务和实现各自享受的权利，使当事人双方订立合同的目的得以实现的行为。合同履行是合同法律效力的重要体现，是实现合同目的的重要手段。当事人应当按照合同约定全面履行自己的义务。

1.采购合同的履行原则

（1）实际履行原则。

实际履行是指当事人应当按照合同的标的履行合同义务，即合同的标的是什么，当事人就应当履行什么，不能任意用其他标的代替。这是因为采购合同的标的都是一些用于特定条件下的指定物，离开了实际履行，允许当事人任意提供其他标的（如支付违约金或其他物品）来代替合同约定的标的，当事人的另一方就可能蒙受巨大的直接与间接损失。

（2）适当履行原则。

适当履行原则要求当事人在履行合同时，要履行合同的各种要素，即除按合同的标的外，还应按照合同标的的数量和质量、履行期限、履行地点、履行方式等履行合同，因此可以说，适当履行原则是实际履行原则的补充和扩张。实际履行原则是判断当事人是否履行合同的标准；而适当履行原则是判断当事人的履行是否正确的标准。

为了使合同的履行实现上述两项原则，在签订合同时必须对合同要素做具体规定，以使义务人按规定履行，权利人按规定验收，这对于保证合同的正确履行是十分重要的。

2.采购合同履行

在买方与供应商完成采购业务谈判，签订采购合同并正式生效后，就进入采购合同的履行阶段，这一阶段主要包括交付商品、质量监控和付款三个环节。

（1）交付商品。

合同当事人应按合同规定的商品数量和计量方法、商品的质量等条款履行。需方不得少要或不要商品，否则以中途退货论处。供方不能按原定数量交货，应负相应违约责任。凡是原装、原封、原标记完好无异常状况的，如果包装内商品数量发生问题，由供方或分装者负责。供方发货和实际验收的商品数量有差额的，差额不应超过有关规定或合同约定的减增量。

需方在接到供方的送货后，在验收中如果发现没有合同规定的技术资料，在期限内有权拒绝付款，将商品妥为保管并立即向供方索要资料，供方逾期不能补交的以逾期交货处理。商品外观、品种、型号、规格、花色等不符合合同规定的，如由供方送货或代运，需方应在到货后的10日内提出书面异议；如由需方自提货物，则应在提货时或合同规定的期限内提出异议。商品质量不符合合同规定的，需方应在规定期限内进行检验或试验并提出书面异议。当事人双方对商品质量的检验或试验发生争议的，应按《中华人民共和国标准化管理条例》规定交由质量监督检验机构执行仲裁检验。

商品的交接往往涉及运输部门。供需双方应依有关规定与运输部门办理交接手续，明确供方、需方和运输方三方的责任。

凭封印交接的商品。若由供方装货、到站运输方卸货的商品封印完整，但商品发生丢失、短少、损坏、变质、被污染，除能证明为运输方责任外由供方负责；封印脱落，商品发生丢失、短少、损坏、变质、被污染，除能证明为供方责任外由运输方负责。运输方装货、需方卸货的商品，需方应与到站运输方会同拆封。如商品发生问题，除非证明为供方或需方责任，否则由运输方负责。

由供方组织装货，运输方按现状交接的商品，若商品发生各种问题，运输方接收前由供方负责，接收后由运输方负责；到站后需方接收前发生的问题由运输方负责，接收后由需方负责，交接时无法从外部发现的商品瑕疵除能证明责任者外由供方负责。在交接商品时，无论商品责任在谁，均应持认真的态度，不得放任损失扩大。对保管、看护的费用，责任方应予承担。

供方提前交货的，需方可拒提或者代管，代管费用由供方支付，而货款的结算仍按合同规定时间进行。

（2）质量监控。

质量监控既是采购部门的一项日常工作，也是保证采购合同顺利履行的重要手段。质量监控的核心是连锁企业根据采购合同的主要条款，制定一系列易于操作的量化标准，保证合同的正常履行，维护连锁企业的正当权益。质量监控的主要量化标准有商品质量与数量、配送能力、缺货率、退货服务、售后服务等。

（3）付款。

按合同规定及时进行货款结算，货款结算方式有现金结算和非现金结算。结算方式一旦选定，中途不得变更。如果需方变更开户银行、账户名称、账号，应于合同规定的交货期限前30天通知供方。如因需方过错影响结算，需方应负逾期付款责任；如因供方过错影响结算，责任由其自负。需方拒付货款应依《中国人民银行结算办法》的拒付规定办理。需方无理拒付，按逾期付款处理。需方对拒付货物，必须负责接收、妥善保管，不准动用。

虽然在程序和职能上支付货款是由连锁企业财务部门按采购合同实施的，但在采购合同的实际履行中，订货、配送、门店销售过程都存在一些不确定因素，实际订货数量、订货时间、商品价格会随之发生变化。所以财务部门支付货款的时间、金额应根据采购合同实际履行情况做必要调整，调整的依据是采购部门提供的实际送货时间、送货数量与结算金额。实践中可通过计算不同商品贡献率来确定不同商品的付款周期。

货款支付要遵循准时、准额原则。既要避免由于工作疏忽或人情关系提前、超额付款，影响连锁企业的流动资金使用，也要避免以大压小，延期、欠额付款，影响连锁企业同供应商的合作伙伴关系。

最后，需要指出的是连锁企业商品采购管理的关键是在集中采购制度下，做好采购系统的优化和采购系统的控制。

@ 课堂讨论 4-2

2016年6月14日，赵某因急需饲料找到经销商李某，双方商定，赵某以每袋23元的价格购买李某饲料1 000袋，共计人民币23 000元。赵某当即付款10 000元。由于该饲料刚从外地调来尚未入库，双方在场院点过数目后，言明第二天上午10时前提货并付清余款。因当晚突然下起大雨，致使饲料全部被淋湿。赵某遂要求李某更换饲料或退回10 000元货款，遭李某拒绝。

问题：该案例中饲料毁损的风险应该由谁承担？

资料来源 佚名. 买卖合同案例精选 [EB/OL]. [2017-01-14]. https://max.book118.com/html/2017/0114/83691122.shtm. 节选.

3. 采购合同履行中的担保

采购合同的担保是指合同当事人根据法律的规定或合同的约定，为确保债务履行和债权实现而采取的法律保障措施。

《中华人民共和国担保法》（以下简称《担保法》）中第二条规定："在借贷、买卖、货物运输、加工承揽等经济活动中，债权人需要以担保方式保障其债权实现的，可以依照本法规定设定担保。本法规定的担保方式为保证、抵押、质押、留置和定金。"

（1）保证担保。

保证是指保证人和债权人约定，当债务人不履行债务时，保证人按照约定履行债务或者承担责任的行为。保证担保只能由合同以外的第三人作为保证人，同一债务有两个以上保证人的，保证人应当按照保证合同约定的保证份额承担保证责任。保证人没有约定保证份额的为共同保证人，应承担连带责任，债权人可以要求任何一个保证人承担全部保证责任。

按照国际惯例，国际采购合同一般双方都要求提供保证担保或其他担保，从大量采购活动的实践看，这种担保形式对合同的履行是有必要的。

（2）抵押担保。

抵押是指债务人或者第三人不转移对作为抵押物的特定财产的占有，而将该财产作为债权的担保，债务人不履行债务时，债权人有权依照法律规定对该财产折价处理或者拍卖、变卖该财产，优先受偿所得价款。

对债权人来说，抵押是一种比较可靠的物权担保方式，而且免除了保管抵押物之累。由于抵押兼顾了效益和安全，因此有人称抵押为"担保之王"。

（3）质押担保。

质押是指债务人或第三人将其动产或特定的权利凭证（如汇票、支票、本票、债券、存款单、仓储单、提货单、股票、有限责任公司的股份及知识产权中的财产权等）移交债权人占有，作为债权的担保，债务人不履行债务时，债权人有权依照法律规定对该动产或权利凭证进行折价处理或拍卖、变卖、转让，优先受偿所得价款。

质押担保在采购合同的担保机制中也是一种可操作的形式。它为担保活动提供了灵活多样的形式。只是与抵押担保相比，它使债权人为保存质押物增加了一定的工作量。

（4）留置担保。

留置是指债权人按照合同约定占有债务人的动产，债务人不按照合同约定的期限履行债务的，债权人有权按照法律规定留置该财产，对该财产折价处理或者拍卖、变卖该财产，优先受偿所得价款。

留置担保一般发生在当事人依照合同规定，保管对方的财物或接受来料加工，而对方不按期或如数给付保管费或加工费时，当事人有权留置对方财物。

（5）定金担保。

定金是指当事人一方为了证明合同的订立和保证合同的履行，而在合同履行前支付给对方一定数额的货币。定金作为合同债权的一种担保方式，是一种违约定金，具有制裁性。《担保法》规定，给付定金的一方不履行约定债务的，无权要求返还定金；收受定金的一方不履行约定债务的，应当双倍返还定金，此规定称为"定金罚则"。而在债务人履行债务后，应当抵作价款或者收回。

定金担保这一形式，对于防止合同当事人悔约，保证和维护采购合同关系起到较大的作用，因此在采购活动中使用较广泛。

案例4-2

三江公司的定金

三江公司和四方公司签订标的额为100万元的合同，合同中约定："三江公司在合同签订的同时，应向四方公司支付定金30万元。"合同签订后三江公司即向四方公司支付了定金30万元，可是四方公司却没有依约向三江公司供货。

问题：三江公司已经支付的30万元定金应当如何处理？

分析：《担保法》第九十一条规定，定金不得超过主合同标的额的20%；第八十九条规定，给付定金的一方不履行约定的债务的，无权要求返还定金，收受定金的一方不履行约定的债务的，应当双倍返还定金。对于超过20%的部分，可以作为预付款，可以要求返还，但不具备定金的性质。

4.3.3 采购合同的跟踪

合同跟踪是采购人员的重要职责。合同跟踪的目的有3个：促进合同正常执行、满足企业的物料需求、保持合理的库存水平。在实际订单操作过程中，合同、需求、库存3者之间会产生矛盾，突出表现为：各种原因使合同难以执行、需求不能满足导致缺货、库存难以控制等。恰当地处理合同、需求、库存之间的关系是衡量采购人员能力的关键指标。

1.合同跟踪过程

（1）合同执行前跟踪。

对一个订单合同，供应商是否接受、是否及时签订等都是采购人员要及时了解的情况。在采购时，同一物品有几家供应商可供选择是十分正常的情况，独家供应的情况是很个别的。虽然每个供应商都有分配比例，但是在具体操作时依然可能会遇到供应商因为各种原因拒绝订单的情况。由于时间的变化，供应商可能提出改变认证合同条款，包括价格、质量、货期等，作为采购人员应该充分与供应商进行沟通，确认可选择的供应商。如果供应商按时签订订单合同，则说明供应商的选择正确；如果供应商确实难以接受订单，千万不可勉强，可以选择其他供应商。与供应商正式签订的合同要及时存档，为以后查阅做好准备。

（2）合同执行过程跟踪。

与供应商签订的合同具有法律效力，采购人员应该全力跟踪，合同确实需要变更时要征得供应商的同意，不可擅自更改。合同执行过程跟踪要把握以下事项：

第一，严密跟踪。

严密跟踪供应商准备商品的详细过程，保证采购正常进行。如果发现问题要及时反馈，需要中途变更的要立即解决，不应在这方面耽误时间。

第二，紧密响应经营需求形式。

如果因经营需求紧急，要求本批商品立即到货，采购人员应该马上与供应商进行协调，必要时还应帮助供应商解决疑难问题，保证需求商品的准时供应。有时市场需求出现滞销，企业经过研究决定延缓或取消本次订单的商品供应，采购人员也应该立即与供应商进行沟通，确认可以承受的延缓时间，或者终止本次采购操作，同时应该给供应商相应的赔款。

第三，慎重处理库存控制。

库存水平在某种程度上体现企业管理人员的水平。既不能让超市缺货，又要保持最低的库存水平，这确实是一个非常具有挑战性的问题。采购人员表现如何，从这一问题就可以看出高低。当然，库存问题还与采购环境的柔性有关，也与计划人员有关。

第四，控制好商品验收环节。

商品到达订单规定的交货地点。对于国内供应商一般是指到达企业的商品库房，对于境外供应商一般是指到达企业的国际物流中转中心。境外交货的情况下，供应商在交货之前会将到货情况表单传真给采购人员，采购操作者必须按照原先所下的订单对到货的物品、批量、单价及总金额等进行确认，并录入归档，办理付款手续。在这方面的常识是：境外商品的付款条件可能是预付款或即期付款，一般不采用延期付款。由于与供应商采用一手交钱、一手交货的方式，因此要求采购人员必须在交货前把付款手续办妥。

（3）合同执行后跟踪。

在按照合同规定的支付条款对供应商进行付款后，需要进行合同跟踪。订单执行完毕的条件之一是供应商收到本次订单的货款，如果供应商未收到货款，采购人员有责任督促财务人员按照流程规定加快操作，否则会影响企业的信誉。

另一方面，商品在运输或者检验的过程中，可能会出现一些问题，偶发性的小问题可由采购人员或者现场检验人员与供应商进行联系解决。

2.补充说明

在合同跟踪过程中，要注意供应商的货物质量、货期等的变化情况。需要对认证合同条款进行修改的，要及时提醒认证办理人员，以利于订单操作。

注意把合同、各类经验数据的分类保存工作做好。有条件的，可以采用计算机软件管理系统进行管理，将合同进展情况录入计算机，借助计算机自动跟踪合同。

供应商的历史表现数据对订单下达以及合同跟踪具有重要的参考价值，因此应当注意利用好供应商的历史数据来决定对其实施哪种办法。采购时，掌握供应商数据的多少，是衡量采购人员水平的一个重要指标。

4.3.4　采购合同的变更、终止和解除

1.合同的变更

合同的变更即合同依法成立后，在尚未履行或者尚未完全履行之前，当事人通过协商对合同内容所做的修改或补充。

合同的变更可由合同双方的任一方提出。在商品采购中，一般合同的变更更多地由采购方提出。如果变更使供应方履行合同义务的费用或时间发生变化，合同价款与交货时间应公平调整，同时相应修改合同。供应方进行调整的要求，必须在收到采购方变更指令后30天内提出。

2.合同的终止

合同终止通常是指在采购过程中采购方发现供应方存在欺骗、贿赂、提供假证明等行为时，为了保护采购方的利益，在完成调查或法律审查之前根据充分的证据而实行的一种紧急措施。对合同的终止应根据有关法律和合同条款规定实施。

合同终止应采取明示的方式，给合同另一方解释说明和辩护的机会。终止合同决定做出后应立刻用信函方式通知另一方，并告之终止的原因以及终止合同会产生的后果等有关事项。

由于终止合同是一种紧急措施，故其实施有一定期限，即终止期。在终止期内有关方面须尽快完成调查，否则终止将被取消。当存在可实行终止合同的情况下，采购方并不一定要求对合同实行终止，也可以根据供应方行为或失职的严重程度采取补救措施。

合同的终止，一般在各国采购法中予以明确规定，同时在合同或标书中，尤其是在一定金额的采购活动中，应加入有关终止的条款。

3.合同的解除

合同的解除是因当事人不履行合同所规定的义务而引起的。合同解除一般有3种情况：

（1）因违约行为解除合同。

例如，供应方不按照合同规定履行义务，所交货物不符合规格，不能按合同规定日期交货至指定地点等。采购方在做出解除合同的决定前，应尽可能根据合同的具体规定给供应方一个补救的机会，如通过罚款、赔偿相关损失、修补等措施，争取继续执行合同。

（2）因采购方的原因解除合同。

在这种情况下，供应方可以要求采购方赔偿其损失。

（3）双方同意解除合同。

由于各种特殊或紧急情况，在合同履行中可能会有一方要求解除合同。出现这种情况时，最好的办法是采购方和供应方共同协商，在有关合同解除条件上达成一致。

[案例精析]

受乐天事件影响 永辉快刀斩掉韩企采购业务

2017年3月初永辉发公告称，公司原拟与韩国CJ集团各投资1亿元在北京设立两家合资公司（即CJ1及CJ2），现因CJ2涉及外资限制类业务，永辉将独立出资1亿元在北京设立CJ2，CJ1设立方式、持股比例及业务范围保持不变。

CJ集团是韩国最大的生活文化企业，业务涵盖食品、餐饮服务、生物科技、娱乐、流通等多个领域，目前在中国拥有19家工厂，1.4万名员工。CJ集团核心业务主要集中在食品和餐饮服务、生物科技、娱乐传媒、新流通四大领域。

而此次与永辉合作的签约方是CJ集团旗下负责产品全球采购、食品流通子公司CJ FRESHWAY。它为韩国最大食品流通企业，在中央厨房业务营业额达140亿元，年直采量可达31亿元，生鲜采购网络覆盖全球50多个国家，包括2.4万种产品。

据了解，按照签约合同，永辉和CJ FRESHWAY双方成立两家合资公司——上海希杰富乐味永辉贸易有限公司（CJ1）和北京彩食鲜食材流通有限公司（CJ2），注册资本均为1亿元。永辉在CJ1及CJ2中分别持股30%及70%。这也意味着CJ1和CJ2均为中韩合资企业，其中CJ1为CJ FRESHWAY控股，CJ2为永辉控股。

CJ1主营业务为海外供应商商品采购，CJ2则以中央厨房、食品加工和处理为主，主要为星级酒店、连锁餐厅、企事业单位食堂、连锁超市、便利店及电商提供食材半成品。

永辉和CJ集团的合作可以追溯到两年前。2015年11月，永辉就与CJ集团签约成立两家合资公司，分别针对海外供应商商品采购及中央厨房、食品加工和处理。

按照合作规划，新的合资公司（CJ2）将在第一阶段向永辉提供2.8亿元的采购量，采购产品包括牛肉、水产品、进口水果等，初期进入上海永辉绿标超市，以后逐步扩大至永辉全国门店。CJ FRESHWAY未来的目标是向永辉提供46%的采购量，采购总额为3.5亿元。通过与永辉的合作，CJ FRESHWAY希望把韩国在食材流通及安全把关的经验带到中国，在国内开辟一条从源头采购、品质把关到食材处理、包装的一条龙供应链。

而受韩国"乐天事件"影响，本来通过设立合资公司（CJ2）已成为永辉生鲜采购供应链合作伙伴的CJ FRESHWAY，现被永辉终止了合作。按照合作规划，CJ2向永辉提供3.5亿元采购金额的计划或将泡汤。

事实上，近期，与韩国企业及韩国市场"划清"关系的中国企业不止永辉一家。受韩国"乐天事件"影响，很多在华企业也纷纷澄清自己与韩国撇清关系。

精析：乐天集团是韩国五大集团之一，世界500强跨国企业。据韩联社2017年2月27日报道，韩国国防部27日表示，乐天集团当天召开董事会会议，决定把星州高尔夫球场地皮转让给国防部用于部署萨德反导系统。一旦双方正式签约，会很快开始设计和施工，在5~7个月内即可完成萨德部署。

中国外交部发言人表示美韩推进在韩国部署萨德反导系统，严重破坏地区战略平衡，严重损害包括中国在内的本地区有关国家战略安全利益，不利于维护朝鲜半岛和平与稳定。遗憾的是，韩方罔顾中方利益关切，执意配合美方加紧推进有关部署进程，韩国与中国重要的贸易伙伴之间一度友好愉快的关系已经恶化。中国连日反制行动持续，民间反韩情绪高涨，内地多家企业则与韩划清界限，以免遭池鱼之殃。

资料来源　佚名.受乐天事件影响　永辉快刀斩掉韩企采购业务 ［EB/OL］.［2017-03-17］. http：//www.chinawuliu.com.cn/zixun/201703/17/319854.shtml.

职场指南

谈判人员的能力要求：

1.具有平和的心态、沉稳的心理素质及大方的言谈举止。

2.有较好的执行能力，工作认真、细心、负责。

3.熟悉采购业务流程，有较好的市场判断和把握能力。

4.具有良好的语言表达能力，能利用谈判技巧进行议价。

5.具有良好的自控与应变能力。

6.具有良好的观察与思考能力、敏捷的洞察力。

本章小结

本章介绍了采购谈判的技巧设计和采购优劣势分析，并根据采购实际，着重分析了采购谈判中议价的技巧及应用。分析了采购合同的内容，阐明了商品采购合同的签订、履行和跟踪等合同管理的基本知识，采购合同的管理方法，如何合理依法进行采购合同管理。

主要概念

采购谈判　采购合同　合同资格　合同跟踪

基础训练

一、选择题

1.采购谈判技巧的设计包括（　　）。

A.预测　　　　　　B.学习　　　　　　C.分析　　　　　　D.谈判

2.采购方先提出一个低于己方实际要求的谈判起点，以让利来吸引对方，试图首先击败参与竞争的同类对手，然后再与被引诱上钩的卖方进行真正的谈判，迫使其让步的策略是（　　）。

A."低开"策略　　　B."高开"策略　　C.影子报价　　　　D.临界价格策略

3.在价格谈判中，巧妙地暗示对方存在的危机，可以迫使对方降价的技巧是（　　）。

A.过关斩将　　　　B.压迫降价　　　　C.敲山震虎　　　　D.欲擒故纵

二、简答题

1.简要说明议价的技巧。

2.采购谈判有哪些主要内容？

3.供应商预约的方法有哪些？

4.如何分析采购谈判双方的优劣势？

5.结合生活实际，谈谈怎样将采购谈判技巧应用于实际。

三、案例分析

麦当劳的采购谈判

麦当劳作为全球的快餐巨头之一，在全世界拥有三万多家餐厅，需要大量的食品和复杂的供应链条，却能在各个环节保证食品的安全、质量与卫生。这里面到底拥有什么样的秘诀呢？麦当劳在选择供应商方面有一整套严格可行的标准，这个标准是全球统一的，麦当劳的供应商必须是行业专家，即在其精通的领域，无论是产品质量控制还是经营管理都必须是行业的佼佼者。

麦当劳要与上海怡斯宝特面包生产公司建立长期合作关系，于是派一名高级食品监管人员带队与其谈判。该食品监管人员为了不负使命，做了充分的准备工作。他查找了大量有关该公司生产面包的资料，花了很大的精力对国内市场上面包公司的行情及上海这家公司的历史和现状、经营情况等了解得一清二楚。掌握了足够的资料后，该监管人员开始了与怡斯宝特面包生产公司的谈判。

谈判开始，该公司一开口就对第一年的合作订金要价100万元，且不予松口。但麦当劳不同意，坚持出价90万元。到了这种僵局，怡斯宝特面包生产公司表示价格已经到了他们的极限，如果麦当劳坚持压价，该公司将不愿继续谈下去了，把合同往麦当劳谈判人员面前一扔，说："我们已经做了这么大的让步，贵公司仍不能合作，看来你们对这笔交易没有诚意，这笔生意就算了，期待下次能合作。"该食品监管人员对此并未有急切挽留的表现，闻言轻轻一笑，把手一伸，做了一个优雅的请的动作。怡斯宝特面包生产公司谈判方果真走了。同进行谈判的麦当劳的其他人对此突发状况有些着急，甚至开始埋怨该食品监管人员不该抠得这么紧，表示公司已经准备同怡斯宝特面包生产公司签订合同，这样把对方逼走完全破坏了公司的发展计划。该食品监管人员却说："放心吧，他们会回来的，这还只是他们的谈判策略。根据前期调查同样的合同成交价格，去年他们同另外一家快餐厅建立合作首批面包定价只有85万元，即使有涨幅，也不应过高。"

果然不出所料，一个星期后怡斯宝特面包生产公司又回来继续进行谈判了。该食品监管人员向怡斯宝特面包公司点明了其与另一家快餐厅的成交价格，怡斯宝特面包生产公司又愣住了，没有想到眼前这位谈判人员如此精明，于是不敢再报虚价，只得说："现在物价上涨利害，比不了去年。"该食品监管人员说："每年物价上涨指数没有超过6%。一余年时间，你们算算，该涨多少？"怡斯宝特面包生产公司被问得哑口无言，在事实面前，不得不让步，最终以90万元达成了这笔交易。

资料来源　作者根据百度文库资料整理．

思考与讨论：

1.请分析怡斯宝特面包生产公司在采购谈判中存在哪些问题。

2.分析麦当劳取得采购谈判胜利的技巧与关键因素。

🌀实践训练

一

【实训项目】

模拟连锁企业采购谈判

【实训情境设计】

根据目前连锁企业面临供应商原材料上涨、供货成本增加、销售商品市场价格竞争加剧的环境，将全班学生分成若干组，其中1~2组代表连锁企业，其余组代表不同的供应商。以现场谈判的方式，让学生亲身体验谈判的有效技巧和取胜之道，并以逆向思维和心理学的思考方式思考问题，充分掌握成功谈判的技巧，提升谈判的能力。

【实训任务】

1.确定谈判小组的角色和授权。

2.分析多家供应商的成本构成、比价和降价潜力。

3.谈判中双方的优劣势分析。

4.确定谈判目标排序并预测对方目标。

5.谈判可能出现僵局的应对策略。

6.分析谈判结果对对方的影响。

【实训提示】

★制定连锁企业的采购单以及各家供应商的商品价格目录清单。

★分析表要明确简洁，具有实用性、科学性。

★对各谈判小组的谈判结果进行评估。

【实训效果评价表】

模拟连锁企业采购谈判评分表

考评人		被考评小组	
小组成员			
考评内容	模拟采购谈判		
考评标准	考评点	分值（分）	评分（分）
	谈判准备的全面性	20	
	谈判过程技巧的应用	30	
	谈判过程出现僵局的应对	20	
	分析表格的明确实用性	20	
	组员的参与度	10	
合计		100	

注：评分满分为100分，60~70分为及格，71~80分为中等，81~90分为良好，91分以上为优秀。

二

【实训项目】

购销合同的设计

【实训情境设计】

广州某购物广场（甲方）与深圳某玩具厂（乙方）就某次玩具购销达成以下协议：

1.甲方向乙方订购一批××牌儿童玩具2 000件，单价25元。甲方在订购时预付15 000

元定金。

2.乙方须在合同订立后的一个月之内将所有商品交付乙方。

3.甲方在收到货物后10天之内将剩余货款全部付清。

4.双方如有违约，按有关协议处理。

【实训任务】

1.确定小组的角色和授权。

2.分析原购销协议存在哪些不明确之处。

3.为此次采购设计一份新购销合同。

【实训提示】

★分析原有购销协议哪些重要条款未约定或约定不明确。

★分析表要明确简洁，具有实用性、科学性。

★设计的购销合同须合乎法律规定且较完整。

【实训效果评价表】

购销合同的设计评分表

考评人			被考评小组	
小组成员				
考评内容		购销合同的设计		
考评标准	考评点		分值（分）	评分（分）
	分析原购销协议的不完善性		20	
	购销合同设计的明确性		30	
	购销合同设计的合理性		20	
	文字表述的逻辑性		20	
	组员参与的积极性		10	
合计			100	

注：评分满分为100分，60～70分为及格，71～80分为中等，81～90分为良好，91分以上为优秀。

第5章

连锁企业供应商管理

学习目标

通过本章的学习，要求学生明确供应商调查的内容，掌握供应商开发的步骤，明确供应商选择的因素和供应商选择的步骤、方法，理解供应商关系管理的内容。

【引例】 供应商的选择、评估与淘汰

"根据我们企业的实际经验，供应商管理可分为供应商的选择、供应商的评估等7个阶段。"德尔福派克电气系统有限公司副总经理施梓炜先生，在前不久举行的一次会议上从自身企业的实际经验出发，对供应商初步评价这一块主要谈了两方面的内容——供应商的选择和供应商的评估。

一、供应商的选择

供应商的选择主要是指对现有的供应商和准备发展的供应商进行粗略的选择，把显然不符合标准的供应商排除在外。施梓炜讲，以往企业寻找供应商经常是采购部的事，而现在对供应商的挑选则要关注以下几个事项：一是要由工艺设计部门在设计过程中提出；二是参照历史数据资料；三是对供应链各个节点之间的关系进行分析，看供应商在供应链里是否处于关键节点上；四是充分利用公共网络上的信息，寻找优秀的供应商。

通过以上几项要素，最终把供应商锁定在比较大的范围内。这里应注意的是，在供应商选择的初始阶段，就应把供应商与自己企业的产品、工艺、设计联系在一起。

供应商的选择有四个基本条件，即技术、质量、价格、交货。在技术方面主要注重开发能力和发展能力。在质量方面主要看质量控制的能力、质量体系稳定的能力。在价格方面要看核算能力，是不是只是简单的"加法"，或者说是不是只停留在比较简单的核算上；另外，就是从供应商的核算能力、稳定能力上看是否有降价的趋势。在交货方面，一个是看准时供货的能力；另一个是看出现意外情况的紧急供货能力。

另外，还要看供应商的系统，看供应商日常生产中测量与控制的能力和应急状态下的恢复能力。这里有两个考量：一是供应商各种系统的兼容性；二是系统的安全性。根据这两方面的实际状况，就可以知道供应商各种简化和优化的能力，即企业所推行的精益生产、价格控制等的准确性。

二、供应商的评估

相对于后面的供应商评定、供应商评审等阶段，这里的评估还是比较原则性的。企业首先应制定供应商评估的标准，建立一个供应商评估的体系。这个评估体系包括评估用的指标和软件，实施评估以后的资料和数据要进入评估档案。

供应商的评估分为进入评估、维持评估和淘汰评估三个阶段：

1.进入评估。这主要是根据供应商的潜在价值和风险进行分析，来确定供应商将来在供应链中所处的地位。

第一种是高风险、低潜在价值，属于风险价值类型。所谓高风险，即对制造商的要求很高，产品的价值也很高，但是其生产能力却很低。我们对其要求很高，但是其本身能力很低。这一类供应商一般不会被选择。

第二种是低风险、低潜在价值，属于交易价值类型。它的特点是交易成本很高，风险很低，但对我们的价值也很低。供需双方都认为相互之间没有什么影响。这一类供应商一般也不被选择。

第三种是低风险、高潜在价值，即价格价值类型。这一类供应商应作为选择的重点，风险不大，但对我们整个的发展比较重要。要注意的是，选择他们作为供应商一般没有什么问题，问题是在价格要求上。对这类供应商的要求是：价格上要谈判，进行竞标，与这类供应商应是长期合作关系。

第四种是高风险、高潜在价值，即伙伴价值类型。这类供应商对我们很重要，其一旦不行，对我们的风险也很大。对这类供应商的要求是：第一，我们要求其有共同开发的能力，使其与我们同步。第二，对这类供应商要保持经常的沟通，将有效成果共享，使合作相对稳定。也就是说，这类供应商要优先选择，因为对方有一定的能力，对我们有一定的价值。对这类供应商的要求并不体现在价格上，而仅仅是要求其有共同开发的能力，尤其是在单一供应商政策的条件下或全球采购要求下，与这类供应商的合作实际上是最稳定的。

2.维持评估。首先要看供应商本身体系运行的情况。第一，这个体系是不是一个动态的体系。在做此类评价时，往往会被拿到了多少认证证书所迷惑，实际上即使拿到了好几个国际标准质量体系认证证书，也并不能说明这就是一个动态运行的体系了。因为不是动态运行的话，就很难保证稳定，而这类供应商最终就会在选择时被剔除出去。第二，在运行中看供应商测量与监控是不是可信，提供的数据是不是可信。第三，这个体系在运载状态下，如果遇到意外情况，是否有预警、预报能力。也就是在发生意外之前，能否预感到。如果遇到趋势性的变化，可以及时通知下一单位采取紧急措施，不至于一旦遇到情况就全线停下来。这个报警必须有一个日常的数据分析系统，如果有趋势性的倾向，整个数据分析系统就应该报警。第四，供应商能否保持持续提高的能力。只有具有持续提高的能力，才能保持发展的速度。

其次是考察供应商的生产能力。这体现在四个方面：生产能力，即用适用的设备生产合适的产品；保证生产过程控制有效，生产过程中没有不良产品；实施精益生产；完善紧急预案，在生产过程中有处理能力。

再次是财务管理能力的考察。在这里要考察应收应付账款、专项款的应用、现金流向和银行信誉几个方面。第一个原则是你要让别人赚钱，自己的企业赚钱，供应商也赚钱，但核心是让供应商赚钱的范围控制在比较合理的范围之内。否则就形成非良性循环，最终的结果是大家一起牺牲质量。

最后是合作绩效评估，即维持评估的最后阶段。它要求在准时、安全交货的情况下，在一定的利润空间下，根据供应商的生产量，看有没有合理降价的趋势。此外，还要看现场故障服务能力、新技术新方法应用能力和与产品没有任何关系的友情支援能力。这里强调一点，就是把预报性维护改为预测性维护，其区别在于预报性维护不管你有没有出现缺陷的可能，都要进行预防，进行维护；预测性维护则是该维护的时候进行维护，不该维护的时候就不进行维护，提高了维护的整体水平。

3. 淘汰评估。这可以从两个方面体现出来：

一是通过绩效评估，供应商的潜在价值丧失，表现在产品品质连续下降、交货脱期、数量不准、价格上涨、服务拖沓、反应迟钝、应急无能。

二是通过潜力评估，主要表现为产品发展停滞，技术装备落后，体系失控、失效，过程监测失准。

施梓炜肯定地说，这样的供应商将面临淘汰。

资料来源　佚名. 四种类型供应商——评估与淘汰〔EB/OL〕.〔2015-05-18〕. http：//www.cwgw. com/index/iframe.php？docid=11377&class=%B2%C6%BB%E1%B9%A4%D7%F7.

5.1 供应商管理概述

5.1.1 供应商管理的定义、意义、目标及战略

1. 供应商管理的定义

连锁企业要维持正常经营，就必须有一批可靠的供应商为连锁企业提供各种各样的物资供应，因此供应商对连锁企业的物资供应起着非常重要的作用。采购管理的一个重要工作，就是要搞好供应商管理。

所谓供应商管理，就是对供应商的调查、选择、开发、控制和使用等综合性的管理工作的总称。其中，调查是基础，选择、开发、控制是手段，使用是目的。供应商管理的目的，就是要建立起一支稳定可靠的供应商队伍，为连锁企业经营提供可靠的物资供应。

2. 进行供应商管理的意义

供应商是一种客观存在，而且自然地成为连锁企业外部环境的组成部分，其必然间接或直接地对连锁企业造成影响。因为任何供应商，不论是已经与连锁企业有直接关系，还是没有直接关系，其都是资源市场的组成部分。资源市场中物资的供应总量、供应价格、竞争态势、技术水平等，都是由资源市场的所有成员共同形成的。而连锁企业的采购，只能从这个资源市场中获取物资。所以采购物资的质量水平、价格水平等都必然受到资源市场成员的共同影响。

供应商的一个特点，就是其都是与购买者独立的利益主体，而且是以追求利益最大化为目的的利益主体。按传统的观念，供应商与购买者是利益互相冲突的矛盾对立体，供应商希望从购买者手中多得一点，而购买者希望向供应商少付一点，为此常常斤斤计较，甚至供应商在商品的质量、数量上做文章，以次充优、降低质量标准、减少数量，甚至制造假冒伪劣产品坑害购买者。购买者为了防止伪劣质次产品入库，需要花费很多人力物力，加强商品检验，大大增加了商品采购的成本。因此供应商和购买者之间，既互相依赖又互相对立，彼此相处总是一种提心吊胆、精密设防的紧张关系。这种紧张关系对双方都不利。对购买者来说，物资供应没有可靠的保证、产品质量没有保障、采购成本太高，这些都直接影响连锁企业效益。

相反，如果找到了一个好的供应商，其产品质量好、价格低，而且服务态度好，保证供应、按时交货，我们采购时就可以非常放心，不但物资供应稳定可靠、质优价廉，准时

供货，而且双方关系融洽、互相支持、共同协调，对我们的采购管理、连锁企业的经营效益都会有很多好处。

为了创造出这样一种供应商关系局面，我们要克服传统的供应商关系观念，注重供应商的管理工作，通过多方面持续努力，去了解、选择、开发供应商，合理使用和控制供应商，建立起一支可靠的供应商队伍，为连锁企业提供稳定可靠的物资供应。搞好供应商管理是我们搞好采购管理所必须做的基础工作。只有建立起一支好的供应商队伍，我们的各项采购工作才能比较顺利地进行。

3.供应商管理的目标及战略

（1）供应商管理的具体目标

获得符合连锁企业质量和数量要求的商品或服务。

以最低的成本获得商品或服务。

确保供应商提供最优的服务并及时送货。

发展和维持良好的供应商关系。

开发潜在的供应商。

（2）供应商管理的战略

设计一种能最大限度地降低风险的合理的供应结构。

采用一种能使采购总成本最小的采购方法。

与供应商建立一种能促使供应商不断降低价格、提高质量的长期合作关系。

5.1.2　供应商管理的内容

供应商管理应当包含以下几项基本内容：

1.供应商调查

供应商调查的目的就是要了解连锁企业有哪些潜在供应商，各个供应商的基本情况如何，为了解资源市场以及选择连锁企业的正式供应商做准备。

2.资源市场调查

资源市场调查的目的就是在供应商调查的基础上，进一步了解掌握整个资源市场的基本性质：是买方市场还是卖方市场；是竞争市场还是垄断市场；是成长的市场还是没落的市场；资源生产能力、技术水平、管理水平以及价格水平等，为制定采购决策和选择供应商做准备。

3.供应商开发

在供应商调查和资源市场调查的基础上，还可能发现比较好的供应商，但是不一定能马上得到一个完全合乎要求的供应商，还需要在现有的基础上进一步加以开发，才能得到基本合乎连锁企业需要的供应商。将一个现有的供应商转化为一个基本符合连锁企业需要的供应商的过程，是一个开发的过程。

4.供应商选择

在调查开发的基础上，对已有的供应商和潜在的供应商进行分析，包括供应商的一些基本信息，如供应商的信誉度、供货能力和管理水平等，选择合适的供应商。

5.供应商量化考评

供应商量化考评是一项很重要的工作，其分布在各个阶段，在供应商的选择过程中需要考评，在供应商的使用过程中也需要考评，不过每个阶段的考评内容和形式并不完全相同。这里所说的量化考评是针对与企业签订正式合同、登记在册的各类供应商的量化考评。

6.供应商关系管理

企业为了与供应商建立更紧密的关系和取得更好的合作效果，应注意改善与供应商的关系，主要包括供应商准入制度、供应商使用制度、供应商会见制度，以及供应商的激励、控制与监管。

5.2 供应商调查

供应商管理的首要工作就是要了解供应商、了解资源市场。要了解供应商的情况，就要进行供应商调查。

供应商调查在不同的阶段有不同的要求。供应商调查可以分成三种：第一种是初步供应商调查；第二种是资源市场调查；第三种是深入供应商调查。

5.2.1 初步供应商调查

所谓初步供应商调查，是对供应商的基本情况的调查，主要是了解供应商的名称、地址、生产能力，能提供什么产品，能提供多少，价格如何，质量如何，市场份额有多大，运输进货条件如何等。

1.初步供应商调查的目的

初步供应商调查是为了了解供应商的一般情况，其目的有二：一是为选择最佳供应商做准备；二是为了解掌握整个资源市场的情况，因为对许多供应商基本情况进行汇总得到的就是整个资源市场的基本情况。

2.初步供应商调查的特点

初步供应商调查的特点：一是调查内容浅，主要了解一些简单的、基本的情况；二是调查面广，最好能够对资源市场中所有供应商都有所调查、了解，从而掌握资源市场的基本状况。

3.初步供应商调查的方法

初步供应商调查的方法一般可以采用访问调查法，通过访问有关人员获得信息。例如，可以访问供应商单位市场部的有关人员、有关用户、有关市场主管，或者其他的知情人士。可通过访问建立供应商登记卡片（见表5-1）。

表5-1也可以做成调查表，由供应商填写。

供应商登记卡片是采购管理的基础工作。在采购工作中，可以利用供应商登记卡片来选择供应商。当然，供应商登记卡片也要根据情况的变化，经常进行修改和更新。

在实行了计算机信息管理的连锁企业里，供应商管理应当纳入计算机管理之中，把供应商登记卡片的内容输入到计算机中去，利用数据库进行操作、维护和利用。计算机管理有很多优点，它不但可以很方便地存储、增添、修改、查询和删除数据，而且可以很方便地统计、汇总和分析，可以实现不同子系统之间的数据共享，还有处理速度快、计算量大、储存量大、数据传递快等优点。

在初步供应商调查的基础上，利用供应商初步调查的资料进行供应商分析，其主要目的是比较各个供应商的优势和劣势，选择适合连锁企业的供应商。

表 5-1   供应商登记卡片

公司全称：		法人代表：
经济性质：	成立时间：	总经理：
技术负责人：	职称职务：	
营业执照号：		注册资金（万元）：
详细地址：		
联系人：	联系电话：	传真：
公司网址：	电子邮件：	
公司简介：		
产品情况（包括产品名、规格、质量、价格、市场份额等）：		
资质和认证：		
运输方式：		
过去3年的主要经营业绩：		

4.供应商分析的主要内容

（1）产品的品种、规格和质量水平是否符合连锁企业需要。产品的品种、规格和质量水平都适合连锁企业，才可能成为连锁企业的供应商，才有必要进行下面的分析。

（2）连锁企业的实力、规模如何，产品的生产能力如何，技术水平如何，管理水平如何，连锁企业的信用度如何。

连锁企业的信用度是指连锁企业对客户、银行等的诚信程度，表现为供应商对自己的承诺和义务认真履行的程度，特别在产品质量保证、按时交货、往来账目处理等方面能够以诚相待，一丝不苟地履行自己的责任和义务。

对信用度的调查，在初步调查阶段，可以采用访问方法，得出一个大概的、定性的结论；在详细调查阶段，可以通过大量的业务往来，来统计分析供应商的信用度，这样可以得到定量的结果。

（3）产品是竞争性产品还是垄断性产品？如果是竞争性产品，则供应商的竞争态势如何？产品的销售情况如何？市场份额如何？产品的价格水平是否合适？

（4）供应商相对于本企业的地理交通情况如何？进行运输方式分析、运输时间分析、运输费用分析，看运输成本是否合适。

在进行以上分析的基础上，选定供应商。

5.2.2 资源市场调查

1.资源市场调查的内容

初步供应商调查是资源市场调查的内容之一，但资源市场调查不只是供应商调查，还包括以下一些基本内容：

（1）资源市场的规模、容量、性质。例如，资源市场究竟有多大范围？有多少资源量？有多少需求量？

（2）资源市场的环境如何。例如，市场的管理制度、法制建设、规范化程度、经济环境、政治环境等外部条件如何？市场的发展前景如何？

（3）资源市场中各个供应商的情况如何，也就是我们前面进行的初步供应商调查所得到的情况如何。把众多供应商的调查资料进行分析，就可以得出资源市场的基本情况，例如资源市场的生产能力、技术水平、管理水平、可供资源量、质量水平、价格水平、需求状况以及竞争性质等。

资源市场的调查目的就是要进行资源市场分析。资源市场分析对于连锁企业制定采购策略以及产品策略、生产策略等都有很重要的指导意义。

2.资源市场分析的内容

（1）确定资源市场是紧缺型市场还是富余型市场；是垄断型市场还是竞争型市场。对于垄断型市场，应当采用垄断型采购策略；对于竞争型市场，应当采用竞争型采购策略，例如采用投标招标制、一商多角制等。

（2）确定资源市场是成长型市场还是没落型市场。如果是没落型市场，要趁早准备替换产品，不要等到产品被淘汰了再去开发新产品。

（3）确定资源市场总体水平，并根据整个市场的水平来选择合适的供应商。通常要选择在资源市场中处于先进水平的供应商，选择产品质量优而价格低的供应商。

5.2.3　深入供应商调查

深入供应商调查是指经过初步调查后，对准备发展为自己的供应商进行的更加深入仔细的考察活动。这种考察深入到供应商的生产线、各个生产工艺、质量检验环节甚至管理部门，对现有的设备工艺、生产技术、管理技术等进行考察，看看其能不能满足本企业经营条件、质量保证体系和管理规范要求。有的甚至要根据所采购产品的生产要求，进行资源重组，并进行样品试制，试制成功以后，才算考察合格。只有通过这样深入的供应商调查，才能找到可靠的供应商，建立起比较稳定的物资采购供需关系。

进行深入的供应商调查，需要花费较多的时间和精力，调查成本高，并不适合所有的供应商。它只是在以下情况下才需要：

1.准备发展成紧密关系的供应商

与供应商建立并维持一种超级合作关系，将会给连锁企业带来巨大的利益，这是传统上较为松散的"客户-供应商"关系所无法比拟的。通过与少数几家关键的供应商建立良好的关系，并悉心加以维持，从而极大地缩减了成本，并扩大了市场占有率。如果要选择紧密关系的供应商，就必须进行深入的供应商调查。

2.寻找关键商品的供应商

如果所采购的商品是连锁企业的关键商品，特别是那些质量要求高、周转快、利润率高的，它们是连锁企业利润的重要组成部分。因此在选择这些商品的供应商时，就需要特别小心，要进行反复、认真的深入考察、审核，证明确实能够达到要求时，才确定其为供应商。

除以上两种情况以外，对于一般关系的供应商，或者非关键商品的供应商，可以不进行深入调查，只进行简单的初步调查就可以了。

@相关链接5-1

供应商调查评估表

	评估项目	判定标准	评估结果
一般情况	1.是否有独立的品质部门？（请提供品质架构图）	□有　□否	
	2.公司是否有完整的组织架构图？（提供架构图）	□有　□否	
	3.作业人员上岗前是否有经过专业培训？（提供培训记录）	□有　□否	
	4.是否有专业的展厅？	□有　□否	
设计控制	5.是否有与产品关联的设计输入文件及存档记录？（提供资料）	□有　□否	
	6.是否拥有一定资格的人员并为其配备充分的资源？	□有　□否	
	7.所有设计能及时地满足顾客的要求吗？	□有　□否	
	8.是否有效控制外来文件？（提供证明）	□有　□否	
	9.所有使用的文件及记录是最新的版本吗？（提供证明）	□有　□否	
	10.各部门是否保存了工程更改在生产中实施日期的记录？（提供证明）	□有　□否	
	11.有设计记录并包括设计失效时必要的纠正和预防措施吗？（提供证明）	□有　□否	
进料及采购	12.是否所有进料都进行IQC来料检验？（提供来料检验记录）	□有　□否	
	13.是否有进料的检查程序文件？（提供程序文件）	□有　□否	
	14.产品的原材料是否有供应商提供的规格及相关证书？（提供证明）	□有　□否	
	15.进料是否有清楚的标识，防止与不良品混淆？（提供证明）	□有　□否	
	16.是否定期评审和考核供应商？（提供评审和考核记录）	□有　□否	
制程控制	17.是否每个制程及成品都有作业方法及检查项目的SOP作业指导文件？	□有　□否	
	18.在每一个检查点是否有显示相关的要求或检验标准文件？	□有　□否	
	19.制程中的检查/测试项目是否足够并有保持清楚的记录？	□有　□否	
	20.生产大货之前是否进行相应的首件确认？（提供首件确认单）	□有　□否	
	21.是否具备有效的程序处理不良品并与良品隔离开来？	□有　□否	
	22.在生产时发现不良品时，是否有明确的标识与记录？	□有　□否	
	23.是否按质量计划和形成文件的程序进行最终检验和试验？	□有　□否	
	24.处理、储存及包装是否足够保持产品的质量？	□有　□否	
生产和设备	25.是否生产过相关的产品？	□有　□否	
	26.是否有足够的人力和设备投入生产？	□有　□否	
	27.是否按订单进行生产计划？	□有　□否	
	28.生产设备是否有定期保养？（提供保养记录）	□有　□否	
	29.是否有保存检验、测量和试验设备的校准记录？	□有　□否	
	30.在制程控制中，所使用的仪器是否有定期校正？	□有　□否	
不良品控制	31.当发现不良品的时候，是否制订计划进行纠正？	□有　□否	
	32.有关质量问题，管理层是否有被知会？	□有　□否	
	33.当有怀疑的不良品已被运送，是否及时通知客户或召回？	□有　□否	
	34.没有通过某种检验或试验的产品，是否执行不合格品控制程序？	□有　□否	
	35.如果不良品需要重做或挑选，是否依据正常的检查批核程序？	□有　□否	
	36.当处理不良品及实行纠正及预防措施时，是否有相应文件记述此程序，以防止同类事件再发生？	□有　□否	
	37.是否对从顾客工厂、工程部门及代理商退回的产品进行分析并保存了分析记录？必要时是否可提供此记录？	□有　□否	
服务	38.当顾客要求时，是否建立了可追溯性体系并进行记录？	□有　□否	
	39.当产品丢失、损坏或不适用时，是否记录并报告给顾客？	□有　□否	
	40.是否明确标明所属顾客设备，以明确其所有权？	□有　□否	
	41.是否能保证发运材料都按顾客的要求并做标识？	□有　□否	
	42.送货安排是否符合客户计划？	□有　□否	
	43.合同要求时，在商定期内质量记录是否可提供给顾客评价时查阅？	□有　□否	
	44.对于公司的投诉，是否能迅速处理和回复？	□有　□否	
持续改善	45.是否对制程的能力进行评估及检讨？	□有　□否	
	46.是否有潜力提升生产能力指标？	□有　□否	
	47.是否用制程流程图来显示重要而关键的部分？	□有　□否	
	48.所有从事对质量有影响的工作人员是否都经过培训？	□有　□否	
	49.是否适当地保存了培训记录并定期评估了培训的有效性？	□有　□否	
	50.是否有改善的年度目标？	□有　□否	
（以上项目"□有"的给2分，"□否"的给0分，相加得总分）		总分	

资料来源　作者根据相关资料整理所得.

5.3 供应商开发

5.3.1 供应商开发概述

供应商管理的一个重要任务就是要开发供应商。所谓供应商开发，就是要从无到有地寻找新的供应商，建立起适合连锁企业需要的供应商队伍。

一批适合连锁企业需要的供应商是连锁企业的宝贵资源。供应商适时适量地为连锁企业提供物资供应，保证连锁企业销售和流通的顺利进行，是连锁企业最大的需要。供应商就相当于连锁企业的后勤队伍，供应商开发和管理实际上就是连锁企业后勤队伍的建设。

供应商开发是一项很重要的工作，同时也是一个庞大复杂的系统工程，需要精心策划、认真组织。

5.3.2 开发供应商的步骤

价格谈好以后的试运作供应商，将与连锁企业建立起一种紧密关系来参与试运作，连锁企业要积极参与辅导、合作。连锁企业应根据自身生产的需要，并考虑供应商的要求，来共同设计规范相互之间的作业协调关系，制定作业手册和规章制度。为适应连锁企业的需要，开发一个供应商，大体上要经过以下的几个步骤：

1. 产品 ABC 分类

首先将连锁企业采购的商品分类，确定关键的、重要的商品及其资源市场。将连锁企业采购的商品按采购金额比重分成 A、B、C3 类，找出关键商品、重点商品，进行重点管理。根据采购商品重要程度决定供应商关系的紧密程度。对于关键商品、重点商品，要建立起比较紧密的供应商关系；对于非重点商品，可以建立起一般供应商关系，甚至不必建立起固定的供应商关系。

2. 供应商调查

根据上述分类，搜集生产或销售各类商品的厂家，每类商品在 5～10 家，填写在供应商调查表上。也可以把供应商调查表用传真或其他方式交给供应商，由其填写后反馈回来。

3. 资源市场调查

要走访供应商、客户、政府主管部门或经济统计部门，了解资源市场的基本情况，包括供应量、需求量、可供能力、政策、管理规章制度、发展趋势等。

4. 分析评估

（1）成立供应商评估小组，由副总经理任组长，由采购、质量管理、技术等部门的经理、主管、工程师组成评估小组。

（2）供应商分析。把反馈回来的供应商调查表进行整理核实，如实填写供应商登记卡。然后由评估小组进行资料分析、比较和综合评估，按商品采购金额的大小，供应商规模、生产能力等基本指标进行分类，对每个关键商品、重点物资初步确定 1～3 家供应商，准备进行深入调查。

（3）资源市场分析。在供应商分析的基础上，结合资源市场调查的有关资料，分析资源市场的基本情况，包括资源能力情况、供需平衡情况、竞争情况、管理水平、规范化程度、发展趋势等；并根据资源市场的性质，确定相应的采购策略、产品策略和供应商关系策略。例如，对于垄断型市场，采用合作和据理谈判策略；对于竞争型市场，采用招标竞争策略等。

5.深入调查供应商

对初步调查分析合格、被选定的1~3家供应商，要采取深入调查。深入调查分3个阶段：

（1）第一阶段，送样检查。通知供应商生产一批样品，随机抽样检查。检查合格进入第二阶段。检查不合格，允许再改进生产一批送检，抽检合格也可以进入第二阶段。抽检不合格，供应商落选，到此结束。

（2）第二阶段，考察生产工艺、质量保障体系和管理体系等条件是否合格。在合格者中选供应商，第二阶段到此结束。不合格者进入第三阶段。

（3）第三阶段，生产条件改进考察。愿意改进并在限期内达到了改进效果者中选，不愿意改进或愿意改进但在限期内没有达到改进效果者落选。深入调查阶段结束。

6.价格谈判

对送样或小批量合格的产品，要评定品质等级，并进行比价或议价，确定一个最优的性价比。

进行价格谈判的指导思想，就是要合理，要"双赢"，自己不要吃亏，也不要让供应商很吃亏，要考虑长远合作。大家都不吃亏，才能得到共同发展，才会有共同的长远合作和长远利益。

价格谈判成功以后，就可以签订试运作协议，进入物资采购供应试运作阶段，基本上以一种供需合作关系运行起来。试运作阶段根据情况，可以是3个月至1年不等。

7.供应商辅导

在保障等方面，进行辅导和协助。

8.追踪考核

在试运作阶段，要对供应商的商品供应业务进行追踪考核。这种考核主要从以下几个方面进行：

（1）检查商品质量是否合格。可以采用全检或随机抽检的方式，得出质量合格率。质量合格率用质量合格的次数占总检查次数的比率来表述。

（2）交货是否准时。检查供应商交货是否准时，用误时的交货次数占总交货次数的比率来表述。

（3）交货数量是否满足，用物资供应满足程度或缺货程度来表述。

（4）信用度的考核，主要考察在试运作期间，供应商是否认真履行自己承诺的义务，是否对合作事业高度认真负责，在往来账目中，是否不欠账、不拖账。

信用度可以用失信次数与总次数的比率来表述。失信可以包含多种含义，例如没有履行事先的承诺等。

9.供应商选择

以上指标每个月考核一次，一个季度或半年综合考核一次。各个指标加权评分，按评分等级分成优秀、良好、一般、较差几个等级。优秀的供应商如果通过了试运作，在考核期结束后，可以与连锁企业签订正式的供需关系合同，成为正式的供应商，从此建立起一个比较稳定的供需关系。其他的则不能通过试运作，应在考核结束后，终止供需关系。

10.供应商使用

供应商选定之后，应当终止试运作，签订正式的供需关系合同，开始正常的商品供应业务，建立起比较稳定的商品供需关系。在业务运作的开始阶段，要加强指导与配合，对供应商的操作提出明确的要求，有些大的工作原则、守则、规章制度、作业要求等应当以书面条文的形式规定，有些甚至可以写到合作协议中去。最初还要加强评估与考核，不断改进工作和配合关系，直到比较成熟为止。在配合关系成熟以后，还要不定期地检查和协商，以保持业务运行的健康、有序。

11.供应商激励和控制

在供应商的整个管理过程中，要加强激励和控制，既要充分鼓励供应商积极主动地搞好商品供应业务工作，又要采用各种措施，如签订合同、技术措施等约束、防范供应商的不正当行为，减少连锁企业损失，保证连锁企业利益。

按开发供应商的步骤编制一份时间进度表，不仅可使开发供应商的具体工作明确化，而且也可尽量减少时间被拖延的可能性。表5-2是一份"供应商开发进度表"样本。

表5-2   **供应商开发进度表**

项目负责人：   日期：

序号	开发步骤	进度日期										
		WK 1	WK 2	WK 3	WK 4	WK 5	WK 6	WK 7	WK 8	WK 9	WK 10	WK 11
1	产品ABC分类	→										
2	供应商调查		→									
3	资源市场调查			→								
4	分析评估				→							
5	深入调查供应商					→						
6	价格谈判						→					
7	供应商辅导							→				
8	追踪考核								→			
9	供应商选择									→		
10	供应商使用										→	
11	供应商激励和控制											→

5.3.3 供应商信息的来源

要开发供应商，首先必须扩大供应商来源。换句话说，供应商愈多，选择供应商的机会就愈多。现将寻求供应商的主要信息来源列示如下：

（1）国内外采购指南。

（2）国内外产品发布会。

（3）国内外新闻传播媒体（报刊、广播电台、电视、网络等）。

（4）国内外产品展销会。

（5）政府组织的各类商品订货会。

（6）国内外行业协会会员名录、产业公报。

（7）国内外企业协会。

（8）国内外各种厂商联谊会或同业工会。

（9）国内外政府相关统计调查报告或刊物，如工厂统计资料、产业或相关研究报告。

（10）其他各类厂商名录出版物。

（11）整体性的媒体招商广告。如利用电视、报纸做全国性或区域性的招商广告，在预定时间举办说明会，介绍公司状况，先吸引供应商接触，再慢慢选择，这也是一种供应商信息来源。

（12）同行试调。采购人员可通过对同行业（竞争对手）的供应商情况调查，发现优良商品供应商的信息。有下列方式可以得到此商品的供应商信息：

①包装上的制造商电话，或通过进口代理公司的电话联系。

②如果没有电话，利用包装上制造商或进口代理公司的名称，向 114 查询其电话号码。

（13）厂商介绍。通过向同行厂商询问，可以得到一些相关信息。

（14）供应商自行找上门。等待相关供应商的业务人员自行找上门。

5.4 供应商选择

5.4.1 供应商选择的一般步骤

供应商选择是一项复杂的、涉及面较广的工作，应按一定的程序进行，其步骤如图 5-1 所示。

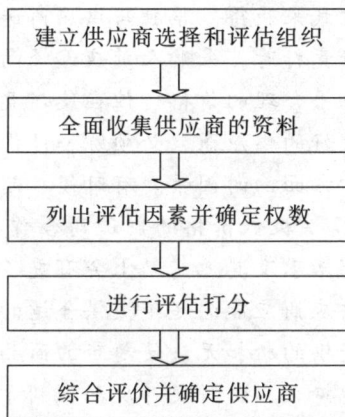

图 5-1　供应商选择的步骤

1.建立供应商选择和评估组织

供应商选择涉及技术、财务、运输、仓储、生产和计划等方面，所以选择供应商的决策，除采购部门之外，还应加入上述部门共同组成评估组织，以全面准确地评价供应商。

2.全面收集供应商的资料

连锁企业对供应商资料的收集，不仅包括已有的供应商资料，还应从各种展销会、媒体、政府有关统计调查报告、网络、招标等渠道收集新的供应商资料，以便从较大范围内确定合适的供应商。

3.列出评估因素并确定权数

列出供应商的质量、价格、服务、交货期等各种评估因素，根据不同产品的特征及要求赋予各因素不同的权数。例如采购家电产品或技术附加值高的产品，供应商提供的产品售后服务的权数就应高一些。

4.进行评估打分

根据所收集的实地调查资料和实地考察情况，逐项评估供应商的履行能力，并在供应商的评估表上进行分项评估打分。

5.综合评价并确定供应商

通过加权计算，得出供应商的综合评分，并选择得分最高的供应商作为本企业的合作伙伴。

@ **相关链接 5-2**

超市如何选择供应商

供应商良莠不齐，如果想有效地完成采购工作，寻求合格的供应商是超市采购的首要任务。最适合的供应商应具备许多条件，但能提供品质合格并且数量充足的商品、准时交货、价格合理、服务完善，应该是超市共同的要求。

适合的供应商是那些能与超市达成合理的交易条件的厂商。合理的交易条件包括以下几方面：

（1）低廉的供应价格。供应商低廉的供应价格是相对于市场价格而言的。如果没有相同商品的市价可查，应参考类似商品的市价。同时，低廉的价格还可通过单独与供应商进行采购或由数家供应商竞标的方式来获得。单独与供应商进行采购时，采购人员最好先分析成本或价格；数家供应商进行竞标时，采购人员应选择两三家标价较低的供应商，再分别与他们进行采购谈判，得到公平合理的价格。但在使用竞标方式时，采购人员切勿认为能提供最低价格的供应商即为最好的供应商，必须综合评价一个供应商的送货能力、售后服务、促销支持、其他赞助等方方面面的因素。有时候，超市会放弃与提供极低价格的大批发商合作，而选择与不愿意提供极低价格的制造商合作，这是因为该制造商在产品质量、货源保证、售后服务、促销活动及其他赞助上会有更多的营销费用支持。

（2）合适的折扣。理想的供应商应能向超市提供合适的折扣，因为超市的许多商品都必须进行打折促销。若供应商提供的折扣无法使超市的商品售价吸引消费者，就算超市向供应商订货，这一关系也不可能持久，这种交易反而不利于超市的价格形象，故最好不要选择这样的供应商。

（3）较长的付款期限。付款期限是供应商用来商谈采购价格的重要砝码。在国内，一般供应商的付款期限（账期）是30～90天，视不同的商品周转率和商品的市场占有率而定。对于超市而言，一般的食品干货类商品账期在货到45天以上，百货类商品的账期在货到60天以上。而且由于超市实行按月统一付款，供应商实际收到货款的时间要比合同平均延长15天。超市应尽量选择最有利的付款天数（账期），对习惯外销或市场占有率大的供应商，一般要求的付款期限都比较短，有的甚至要求现金或预付款，如果商品好卖、知名度高，超市也可以将其选为供应商。

在正常情况下，超市的付款是在交易完成后，按买卖双方约定的付款天数，由银行直接划款至供应商的账户，这是超市的一大优势。目前有一些国内的零售商在付款时，总是推三拖四，找一大堆借口，延迟付款，造成供应商财务困难。

对于新进的供应商来说，其必须详细了解超市"供应商手册"有关付款部分的内容。在以往的经验中，由于超市采用国际上先进的商业运作模式，与国内传统的商业模式有很大区别，一些供应商对此有些陌生，另外超市开业初期，许多流程尚未顺通，导致向供应商付款不及时，影响超市与供应商之间的配合与合作。

（4）准确的交货期。超市电脑计算订单数量的公式中，交货期是个重要的参数。采购人员应要求供应商以较短的时间交货，这样就能够降低存货的投入。但是不切实际地缩短交货期，将会降低供应商商品的质量，同时也会增加供应商的成本，反而会最终影响超市的价格优势及服务水平。故采购人员应随时了解供应商的生产情况，以确定合理及可行的交货期。一般而言，本地供应商的交货期为2至3天，外地供应商的交货期为7至10天。

（5）强大的促销支持。超市快讯是超市营销最重要的武器，但超市快讯的成功与否，主要依靠采购人员选择的商品是否正确，供应商是否支持，以及售价是否能吸引顾客。通常超市快讯所选择的品项都是一些价格相对较低的商品，它们都是得到供应商强力促销支持的、畅销的、高周转的、大品牌的日用消费品。在采购中，采购人员应向供应商强调其提供促销支持的必要性，因为超市每个门店的每期超市快讯发行数量都很多，甚至直接邮寄到目标顾客群中，影响力极大，对提高供应商商品的品牌知名度及市场占有率有很大帮助。对于一些担心超市快讯价格会扰乱其市场价格的供应商，超市采购人员则应强调超市实行会员制，会员顾客与非会员顾客享受不同的待遇，一般采取"非会员顾客不得购买"或"会员价与非会员价"的方法，甚至可采取"每卡限购""印花限购"等方法或措施加以控制，故不会对其价格体系造成很大的影响。

资料来源 佚名.超市到底该如何选择供应商呢？[EB/OL].[2015-06-15]. http://www.360doc.com/content/15/0615/13/20625606_478256092.shtml.

5.4.2 供应商选择一般考虑的因素
连锁企业在供应商选择中应制定相应的标准作为衡量尺度，一般来说，一个称职的供应商需要达到以下基本要求：

1.信誉度较高
这主要表现为供应商在社会上具有一定的知名度和影响力，经营稳定、财务状况良好，重合同守信用、合同履行率高，具有较强的合作意向等。

2.供货能力强
这主要表现为供应商的规模大、经营历史长、经验丰富、设备设施完好、具有可靠的货源，并对市场变化具有较强的快速反应能力等。

3.价格合适
这主要表现为在保证质量的前提下，供应商所提供的商品价格较低，物有所值，能为连锁企业降低成本、提高利润提供较大的空间。

4.技术水平高
这主要表现为供应商的生产经营技术先进，设计能力和开发能力较强，设备和生产工艺先进，商品的技术含量高，达到或超过规定的相关标准等。

5.管理水平高
这主要表现为供应商的领导班子强劲有力，负责人魄力大、能力强、管理水平高；供应商具有高水平的生产经营管理系统和质量管理保障体系；供应商已形成严肃认真、一丝不苟的工作作风等。

6.服务水平高

这主要表现为供应商应具有较强的服务意识。服务的规章制度较完善，具有相应的服务机构和服务设施，对客户高度负责，主动热情地提供各项服务等。表5-3为供应商选择考核表。

表5-3　　　　　　　　　　　　　　　　　**供应商选择考核表**

供应商名称：				联系人：	
地址及邮编：				电话：	
项目	权数	考核内容及方法		得分	考核人
品质	40	由品管部依商品验收的批次合格率评分，每个月进行一次 计算：商品批次合格率=（检验合格批数÷总交验批数）×100% 评分：得分=40×商品批次合格率			
交货日期	25	由采购部依订单规定的交货日期进行评分，方式如下： 如期交货得分25分 延迟1～2日，每批次扣2分 延迟3～4日，每批次扣5分 延迟5～6日，每批次扣10分 延迟7日以上不得分 本项得分以0分为最低分			
价格	15	采购部对供应商价格水平评分方式如下： 价格公平合理，报价迅速得分15分 价格尚属公平，报价缓慢得分12分 价格稍微偏高，报价迅速得分8分 价格稍微偏高，报价缓慢得分4分 价格不合理或报价十分低效得分0分			
服务	8	抱怨处理评分	由品管部对供应商的抱怨处理予以评分： 诚意改善得分8分 尚能诚意改善得分5分 改善诚意不足得分2分 置之不理得分0分		
	7	退货交换行动评分	由采购部对不良退货交换行动评分： 按期更换得分7分 偶尔拖延得分5分 经常拖延得分2分 置之不理得分0分		
其他	5	由采购部汇总资材、生管、财务或其他部门对供应商的评价、抱怨，予以评分			

备注：供应商评价等级划分如下：

平均得分90.1～100分者为A等。A等供应商为优秀供应商，予以付款、订单、检验之优惠奖励。

平均得分80.1～90分者为B等。B等供应商为良好供应商，由采购部提请供应商改善不足。

平均得分70.1～80分者为C等。C等供应商为合格供应商，由品管、采购等部门予以必要辅导。

平均得分60～70分者为D等。D等供应商为辅导供应商，由品管、采购等部门予以辅导，3个月内未能达到C等以上者，予以淘汰。

平均得分60分以下者为E等。E等供应商为不合格供应，予以淘汰。被淘汰供应商如欲再向本公司供货，需再经过供应商调查评估。

沃尔玛采购对供应商的要求

在全球采购中，全球采购网络不仅要服务好国外的买家，还要在供应商的选择和建立伙伴关系上投入。沃尔玛全球副总裁兼全球采购办公室总裁崔仁辅介绍说："不管是哪个国家的厂商，我们挑选供应商的标准都是一样的。第一个标准是物美价廉，产品价格要有竞争力，质量要好，要能够准时交货。第二个标准是供应商要遵纪守法。沃尔玛非常重视社会责任，所以我们希望供应商能够像我们一样守法，我们要确定他们按照法律的要求向工人提供加班费、福利等应有的保障。还有一点就是供应商要达到一定规模。我们有一个原则，就是我们的采购不要超过任何一个供应商 50% 的生意。虽然从同一个供应商采购的量越大，关于价格的谈判能力就越强，但是供应商对采购商过分信赖也不完全是好事。如果供应商能够持续管理和经营，那还可以，但如果供应商在管理和经营上出现波动，那就不仅仅是采购商货源短缺的问题了。一旦采购商终止向该供应商采购，该供应商就会面临倒闭的危险，由此也会产生较大的社会问题。这是我们不愿意看到的。"

资料来源　作者根据相关资料整理所得.

5.4.3　供应商选择的方法和原则

1. 选择供应商的方法

（1）判断选择法。判断选择法是指根据连锁企业征询和调查所得的资料并结合分析判断，对供应商进行评价的一种方法。这种方法主要是以倾听和采纳有经验的采购人员的意见，或者直接由采购人员凭经验评估打分为依据来选择供应商。这种方法比较直观，简单易行，但主观性较强，选择结果的科学性不高，常用于非主要供应商的选择。

（2）招标选择法。当连锁企业商品采购数量大、供应商竞争激烈时，可采用招标的方式来选择合适的供应商。其主要做法是先由连锁企业提出招标条件，各供应商进行竞标，然后由连锁企业分析研究，选择出综合条件最好的供应商并签订采购协议。招标选择的主要工作：一是要准备一份合适的招标书；二是有合适的评标小组和评标规则；三是要组织好整个招标、投标活动。招标选择法能使连锁企业在较大范围内获得既满足条件又便宜适用的商品，但此法的运作时间较长，不适用对时间要求较紧的商品采购，主要用于常规商品供应商的选择。

（3）协商选择法。协商选择法是指连锁企业先通过调查研究从众多供应商中选择出供应条件较为优秀的若干供应商，然后分别与他们进行协商，以确定合适的供应商的方法。与招标选择法相比，协商选择法由于供需双方能够充分协商，在商品的质量、交货时间和售后服务上更有保证，但可能会造成连锁企业的供货渠道和进货价格不够合理。这种方法主要在采购时间紧迫、投标单位少、竞争不激烈、商品规格和技术复杂的情况下采用。

（4）考核选择法。所谓考核选择法，是指在对供应商充分调查了解的基础上，进行认真考核、分析比较，从而选择合适的供应商的方法。考核选择供应商是一个较长时间的深入细致的工作，与其他选择法相比，考核选择法更实际、更全面、更严格。同时这个工作需要采购管理部门牵头负责、其他部门的人员共同协调才能完成。

2.供应商选择的原则

供应商选择的总原则是全面、具体、客观，即建立和使用一个全面的供应商综合评价指标体系，对供应商做出全面、具体、客观的评价。综合考虑供应商业绩、设备管理、人力资源开发、质量控制、成本控制、技术开发、用户满意度、交货协议等可能影响供应链合作关系的方面，供应商选择的具体原则有：

系统全面性原则：全面系统评价体系的建立和使用。

简明科学性原则：供应商评价、选择步骤、选择过程透明化、制度化与科学化。

稳定可比性原则：评价体系应该稳定运作，标准统一，减少主观因素。

灵活可操作性原则：不同行业、企业、产品需求，不同环境下的供应商评价应是不一样的，保持一定的灵活操作性。

门当户对原则：供应商的规模和层次与采购商相当。

半数比例原则：购买数量不超过供应商产能的50%，反对全额供货的供应商。

供应源数量控制原则：同类商品供应商数量为2～3家，有主次供应商之分。

供应链战略原则：与重要供应商发展供应链战略合作关系。

学习更新原则：评价的指标、标杆对比的对象以及评价的工具与技术都需要不断更新。

5.4.4　供应商选择过程中常见的问题与对策

供应商选择过程中常见的问题与对策，见表5-4。

表5-4　　　　供应商选择过程中常见的问题与对策

问题	对策
1.缺乏有系统、有计划的制度	宜先建立一套开发供应商的标准作业办法、流程及计划
2.选择供应商时间过长	落实开发供应商的时限和家数
3.缺乏有组织性的开发供应商	宜设立负责人和组织，并由主办部门召集相关方共同协办与参与
4.缺乏客观的开发供应标准	指定主办部门并制定供应商的评选标准
5.缺乏开发供应商的正确观念	宜规划教育训练，进行全员共识建设
6.开发供应商的人员专业性不足	加强专业的仿真技能训练
7.供应商的情报不足	建立供应商情报收集及管理系统，并定期检查及更新
8.采购人员不会自动开发供应商，只求工作轻松抱着"多做多错，少做少错，不做不错"的心态	灌输"多做不错，不做大错"的观念，并设定开发供应商的目标
9.对不合适的产品，觉得不适用，却没有勇气说"不"，不好意思否决	建立公开、公平、公正的原则和奖惩办法

5.5 供应商考核

5.5.1 供应商考核概述

1.供应商考核的目的、对象

连锁企业对供应商考核的目的是为了引导供应商积极参与本企业的商品采购活动，完善本企业采购制度，提高供应商的竞争意识和竞争能力，规范竞争行为，提高采购质量，降低采购风险，强化售后服务，使供应商的活动符合国家方针政策和有关法律法规的规定，更好地为本企业的经营管理服务，最终建立和谐的供应链合作伙伴关系。

考核的对象是与该连锁企业签订正式合同、登记在册的各类供应商。

2.供应商考核的原则

连锁企业对供应商考核应遵循以下三条基本原则。

（1）整体性原则。连锁企业对供应商考核的主要内容是供货过程和成果，涉及方针政策、市场竞争、交通运输和连锁企业发展等多方面的因素，是一个复杂的系统活动。因此，进行供应商考核既要分析合作成果，又要分析合作过程，既要看到内部的关系，又要看到外部环境的变化，要在充分掌握信息资料的基础上，遵循整体性的原则来进行全面系统的分析。

（2）科学性原则。供应商考核必须采用科学的方法和手段，要按照"内容全面、突出重点、客观公正、操作简便、适应性强"的基本思路来合理设置考核指标体系，做到定量分析和定性分析相结合、静态分析和动态分析相结合，科学、全面、准确地考核供应商。

（3）真实性原则。供应商考核应树立实事求是、一切从实际出发的理念。评价所需的资料必须准确可靠，能如实反映供应商的实际，否则供应商考核就会在错误的前提和依据下开展，从而导致错误的考核结论。真实性有两方面的要求：一方面是质的要求，即考核资料和考核结论要能真实地反映被考核供应商的客观实际；另一方面是量的要求，即所提供的各种数据资料数量要合理，反映考核结果的数据资料的准确度要高，误差要小。这样才能得出客观准确的考核结论。

5.5.2 供应商考核的步骤

供应商考核是一项复杂的工作，必须明确标准，并按照一定的考核规则有计划、有组织、有步骤地进行，这样才能保证考核工作顺利进行，并取得正确的结论。为了正确地评价供应商，连锁企业在供应商考核中应按以下基本步骤进行：

1.确定考核机构

由于供应商考核工作涉及面广、工作量大、要求高，因此在考核过程中，为了得出较正确的考核结果，往往需要确定考核机构。在连锁企业中，此类机构一般是由采购、质检、配送和财务等部门所组成的。这些部门掌握着供应商的情况，由他们实施考核能较客观地评价供应商。

2.制订考核方案

考核方案是由考核机构根据供应商考核的目的和要求所制定的工作安排，其主要内容包括考核对象、考核目的、考核依据、考核负责人、考核工作人员、考核工作时间安排、考核指标体系、拟用的考核方法、考核标准、考核基础资料及其他有关工作要求等。

3. 准备考核资料

拥有必要的考核基础资料和数据是开展供应商考核的基本前提。因此，要根据考核方案的要求和评价计分的需要，做好基础资料和数据的收集工作，并认真进行核实、整理，发现问题及时核对和纠正，以保证基础资料和数据的真实性、准确性与全面性。

4. 进行评价计分

评价计分是根据供应商考核指标体系的内容和要求，先计算出相关指标数据，然后在供应商考核表中逐项填写，并统计出总分，为形成考核结论做好准备。这是供应商考核的关键步骤，涉及的内容多，计算复杂。为了缩短评价时间，形成准确的评价结果，连锁企业可用专门的计算机软件进行操作。

5. 形成考核结论

这是指将评价计分结果与同类供应商的平均水平（或先进水平）进行对比分析，以确定该供应商的绩效水平。为了更正确地评价供应商，连锁企业还需结合供应商的领导班子状况、经营战略、配合度和服务水平等定性指标进行深入分析，以形成综合考核结论。

6. 传递考核信息

供应商考核的最终目的是为了提高供应商经营业绩、完善供应商管理机制。因此，供应商的考核信息一要传递给连锁企业的管理层，为完善连锁企业的供应商管理机制提供依据；二要及时反馈给被评价的供应商，为促进其改善经营管理，提升服务水平做出努力。

7. 做好考核总结

考核结论确认后，考核机构应及时进行工作总结，将考核目的、考核标准、考核指标体系、考核过程、认定结果、考核工作中遇到的问题及意见建议等形成书面总结材料，并建立考核工作档案，为今后的供应商考核工作打好基础。

5.5.3　供应商考核的指标体系

由于供应商考核的内容广泛，但每一个单项指标都只能反映其商品供应状况的一个侧面，难以全面、完整、综合地反映商品供应的全部工作，因此必须建立一套相互联系、相互制约和相互补充的考核指标体系来从各方面反映供应商的工作绩效。连锁企业供应商考核指标体系主要由以下指标构成：

（1）商品质量。商品质量直接关系到连锁企业的信用和效益，把好质量关是供应商管理的关键，也是供应商考核最重要的因素。评价供应商商品质量的指标较多，连锁企业常用质量合格率和退货率进行考核。

质量合格率是指供应商所提供的商品中合格的商品数量占全部商品数量的百分比，公式为：

$$质量合格率 = \frac{合格商品数量}{所供商品总量} \times 100\%$$

供应商的商品质量也可用退货率来评价。退货率是某供应商的退货量占所提供商品总量的百分比。退货率越高，表明该供应商所提供的商品质量越差，公式为：

$$退货率 = \frac{退货量}{所供商品总量} \times 100\%$$

（2）交货期。这也是一个很重要的考核指标。考察交货期主要是考察供应商的准时交货率。准时交货率可以用准时交货的次数与总交货次数之比来表示，该指标越高越好，公式为：

$$准时交货率=\frac{准时交货次数}{总交货次数}\times100\%$$

（3）交货量。交货量主要是考虑供应商能否按合同规定的数量按时交货，它可以用按时交货量率来评价。按时交货量率是指在规定的交货期内的完成交货量与期内应完成交货量的比率，公式为：

$$按时交货量率=\frac{期内完成交货量}{期内应完成交货量}\times100\%$$

如果每期的按时交货率不同，则可用平均按时交货量率来评价，公式为：

$$平均按时交货量率=\frac{\sum 按时交货量率}{期数}\times100\%$$

（4）工作质量。工作质量主要是考评供应商在供货过程中差错的大小，常用交货差错率和交货破损率两个指标来衡量，公式分别为：

$$交货差错率=\frac{期内交货差错量}{期内交货总量}\times100\%$$

$$交货破损率=\frac{期内交货破损量}{期内交货总量}\times100\%$$

（5）价格。价格是考核供应商的重要指标之一。考核供应商的价格水平可用其供货价格与市场上同档产品的平均价格和最低价格进行比较，常用市场平均价格比率和市场最低价格比率两个指标来衡量，公式分别为：

$$市场平均价格比率=\frac{供货商的供货价格-市场平均价}{市场平均价}\times100\%$$

$$市场最低价格比率=\frac{供货商的供货价格-市场最低价}{市场最低价}\times100\%$$

（6）进货费用水平。进货费用水平越低，利润空间越大。连锁企业要想获取较高的利润，就必须降低进货费用水平，而进货费用水平很大程度上取决于供应商，所以连锁企业常用进货费用节约率进行衡量，公式为：

$$进货费用节约率=\frac{本期进货费用-上期进货费用}{上期进货费用}\times100\%$$

（7）信用度。信用度考核供应商履行自己的承诺，以诚待人，不故意拖账、欠账的程度，公式为：

$$信用度\frac{期内失信次数}{期内交往总次数}\times100\%$$

（8）配合度。该指标是定性指标，主要考核供应商的协调合作精神。在考核中主要依靠人们的主观评分来考核。应找到与供应商相处较多的有关人员，让他们根据相关体验为供应商评分。可能会有上报或投诉的情况，可把这些情况也作为评分的主要依据。

@ **相关链接5-4**

沃尔玛对供应商的绩效考核

沃尔玛所处的行业特点决定了其对供应商的绩效考核是关键。零售商效益提升的最大问题是零售资源的抢夺问题，即谁能以最快的速度、最低廉的成本，将优秀的产品送达顾客。所以，零售商对供应商的管理能力成为其下一步发展的核心竞争力。沃尔玛对供应商的绩效管理体系是一个完整的体系：

1.设计对供应商的考核指标，主要有如下几个指标：

第一个指标——陈列单位销售，也就是说每一直线陈列数，销售一天的钱数。这需要非常精细的测量：每一米的货架，一天的销售量是多少，能够给零售商带来的毛利是多少，一年的销售总额能够有多少等。

第二个指标——资金回报比率，也就是零售商把某个地方给供应商来做陈列，它的资金回报比率是多少。这个指标的权重最大。

第三个指标——营业外收入。

第四个指标——财务收益。因账期天数（零售商和供应商之间结算的天数）和库存天数有差异，而在银行中产生的利息称为财务收益。

对于零售商来说，关键看其在整个商品周期中的快速周转能力。商品周转得越快，供应商的账期越短。对于供应商来说，只要账期天数大于等于库存天数，对于他们的采购考核就合格了。

沃尔玛利用其强大的渠道力量和客户信息强迫供应商与其一样努力地降低价格，减少库存。沃尔玛要求所有的供应商都能通过网络实时了解自己产品的销售情况，以便及时安排生产计划，帮助其降低库存水平。沃尔玛通过各种方式向供应商传递自己的需求信息。同时，让供应商通过网络实时地了解沃尔玛销售产品的成本构成，从而探求如何在生产中降低成本。

第五个指标——促销支持频率。一般来说，每个超市每个月都会有至少两次的海报活动。其中供应商愿意支持促销单品的个数是促销支持频率所要考核的内容。

第六个指标——促销力度。在零售商进行促销活动时，供应商愿意就产品价格进行多大幅度的下调。

第七个指标——产品的质量投诉。这是对供应商产品质量的考核。

沃尔玛的基本理念是"总成本最低"，即产品的销售成本和退货成本的总和最低。如果产品质量不能让客户满意而导致退货，也会加大企业的成本。

所以，在与供应商的合同中，沃尔玛有权随时对供应商的产品进行质量检验，同时也可以在未经供应商同意的情况下，通过第三方对产品质量进行抽查。这就迫使供应商必须达到一定的产品质量标准。

第八个指标——送货的少缺次数。对于零售商来说，资源就是竞争的砝码，特别是对畅销产品来说，缺货是关键问题。因此，一家供应商缺货次数的多寡对于零售商选择长期合作伙伴也是一个不可或缺的评价指标。

第九个指标——退货期限。很多时候，供应商很愿意给零售商送货，但退货就不大会重视了。沃尔玛会开出退货通知单，希望供应商能够在14天内给予积极配合，于退货期限内完成退货。供应商的配合情况也是一个新的考核指标。

另外，沃尔玛还制定了《供应商守则》，对合格供应商资格进行界定。只要在工厂发现雇用童工、使用强制劳动力、体罚殴打员工等6大问题的任何一个，该工厂的供应商资格就会被一票否决。哪怕是某些企业宣称的暑期工、临时工，只要年龄未满16周岁，同样免不了"出局"的命运。

2.汇总分数，对供应商进行等级划分。

将这些考核标准最后汇总成为供应商的分数。事实上零售商对于供应商的管理并不是一刀切的，根据不同的分数，也会将供应商划分为不同的等级。比如，考核分数在81分以上的，可以划分为A类供应商，表示其业绩优秀；得分在61~80分之间的，可以划分为B类供应商，表示其业绩合格；得分在51~60分之间的，可以划分为C类供应商，表示其业绩还需要改进；得分在50分以下的，就要归为D类供应商了，表示其业绩基本不合格。

3.根据考核结果，对供应商进行绩效管理。

不能仅停留在考核本身，根据考核的分数，划分完等级之后，沃尔玛还对不同等级的供应商进行绩效管理。对于A类供应商，也就是所谓的优秀供应商，沃尔玛提供一系列优惠的政策，以此激励更多的供应商更加努力，争取得到这些优惠。比如：优先考虑优秀供应商产品摆放的位置；对优秀供应商产品放置通道的费用进行减免；适当开放数据，增加订单数量；收、退、换货优先考虑。对于B类供应商，也就是所谓的合格供应商，按照原先的正常程序进行。对于C类供应商，通道费用可能是加收的，订单也可能比较少，位置也不会特别好，但是为了提高其业绩，沃尔玛会为其组织专门的培训。D类供应商就有被替代的危险，很有可能被淘汰。

资料来源　作者根据相关资料整理所得.

5.6 供应商关系管理

5.6.1 供应商准入制度

供应商准入制度是供应商管理的基础，做好准入工作，可大大提升供应商管理工作的效率。建立供应商准入制度，获取供应商的初步信息，建立并健全供应商的资料库，对于提高采购效率、降低采购成本、避免采购过程中的重复工作有着重要作用，同时有利于客观、系统、科学地评价供应商，保证采购商品的质量，提高供应商的准入门槛，将达不到要求的供应商排除，从而达到优化供应链的作用。

供应商准入制度是指允许供应商的商品进入连锁企业的管理制度，即供应商的商品进入连锁企业之前，对供应商的主体资格和商品质量进行检查登记、建立购销账目、准入查验登记等。也就是说，将以往的事后追究责任挽回损失的弥补行为，转变为在商品进入连锁企业之前，就主动对供应商商品质量进行检查和把关，以及政府部门的监督。

一般来说，连锁企业具有庞大的生产经营体系，需要采购大量商品物资，是众多供应商理想的销售渠道，竞争相当激烈。但连锁企业受经营规模和品种等的限制，必须对希望进入连锁体系的众多供应商进行选择。连锁企业设立供应商准入制度，就是为了淘汰和筛选不合格的供应商，节约洽谈时间。供应商准入制度一般由连锁企业采购部起草、采购委员会审核、总经理签发后实施。

供应商准入制度的核心是对供应商资格的要求，包括供应商的经营资格、经营范围、资金实力、技术条件、资信状况和经营能力等。这些条件是供应商供货能力的基础，也是将来履行供货合同的前提保证。这些基本的背景资料由供应商提供，并可通过银行、咨询公司等中介机构予以核实。

当供应商资格达到基本要求后，采购人员应将本企业供货要点向供应商提出，初步询问供应商是否能够接受。若对方能够接受，方可准入，并且将这些要点作为双方进一步谈判的基础。这些要点主要包括商品的质量和包装要求、商品的送货要求、配货和退货要求、商品的付款要求等。

供应商准入制度主要包括对供应商资格的准入要求和对供应商商品的准入要求两方面内容。

@ 相关链接 5-5

某公司供应商准入条件

一、供应商准入应符合以下基本条件：

1.资质符合要求。具有法人资格和独立承担民事责任的能力。

2.遵守国家法律法规，在以往与公司各单位业务往来中没有违规违约记录。

3.遵守与集团及公司业务往来中的廉政承诺。

4.具有满足履行合同要求的生产经营场所、设施、设备以及资质、质量认证管理体系。

5.财务核算规范，具有良好的资金实力和财务状况。

6.特殊行业和特种设备具有相关部门核发的资格证书。

7.内部供应商必须是集团认定的企业，其企业名称及准入产品以集团正式公布的目录为准。

二、供应商准入必要条件

（一）战略供应商准入必要条件：

1.符合《集团战略采购及战略供应商管理办法（暂行）》规定的条件。

2.主要产品必须在集团和公司战略采购物资目录范围内。

3.与集团或公司签订有战略合作协议。

（二）重点供应商准入必要条件：

1.以常用设备类、材料类、安全设备类生产型企业为主；重点进口设备与材料的国内总代理商或唯一经销商可经审批程序列为重点供应商。

2.在同行业中具有一定的规模，并且具有规范完善的产品质量控制体系和售后服务体系。

3.具有二年及以上业务合作史，并且在业务过程中没有发生过安全质量事故，供货及时、服务良好。

（三）一般供应商准入必要条件：

1.具备准入供应商的基本条件；

2.具有一年及以上业务合作经历，产品质量、交货、服务能够满足安全生产要求。

（四）临时供应商不纳入供应商信息库管理，根据实际需要选用推荐。

资料来源　作者根据相关资料整理所得.

5.6.2　供应商使用制度

供应商经过考核成为连锁企业的正式供应商后，就要开始进入日常的物资供应运作程序。

供应商使用的第一个工作，就是要与供应商签订一份正式合同。这份合同既是宣告双方合作关系的开始，也是一份双方承担责任与义务的责任状，还是将来双方合作关系的规范书。所以双方应当认真把这份合同的条款协商好，然后签字盖章。合同生效后，它就成为直接约束双方的法律性文件，双方都必须遵守。

在供应商使用的初期，连锁企业的采购部门应当和供应商协调，建立起供应商运作机制，在业务衔接、作业规范等方面建立起一个合作框架。在这个框架的基础上，各自按时、按质、按量完成应当承担的工作。而在日后供应商使用的整个期间，供应商当然会尽职尽责，完成连锁企业规定的物资供应工作。连锁企业的采购管理部门应当按合同的规定，严格考核、检查供应商执行合同、完成物资供应任务的情况，既充分使用、发挥供应商的积极性，又进行科学的激励和控制，保证供应商的物资供应工作顺利健康进行。

连锁企业在供应商使用管理上，应当摒弃"唯我"主义，建立"共赢"思想。供应商也是一个企业，也要生存与发展，因此也要适当盈利。连锁企业不能只顾自己降低成本、获取利润，而把供应商"耗"得太惨。因为害惨了供应商，会导致连锁企业自身物资供应的困难，不符合连锁企业长远的利益。因此合作宗旨应当尽量使双方都能获得好处，共存共荣。应从这个宗旨出发，处理合作期间的各项事务，建立起一种相互信任、相互支持、友好合作的关系，并把这个宗旨、这种思想落实到供应商使用、激励和控制的各个环节中。

5.6.3　供应商会见制度

在供应商获得准入后，为了规范采购和提高谈判效率，连锁企业应在同供应商接洽时建立严格的供应商会见制度，主要包括三方面的内容：

1.确定接待时间

为了保证采购人员有足够的时间去进行市场调查并制订采购计划，而不是将绝大多数时间、精力花在接待供应商上，连锁企业应确定供应商接待日，每周一天至两天，最好定在采购委员会召开每周例会的前一天，以便新商品审核工作能及时进行，尽快给供应商一个是否进一步洽谈的回复。

2.落实接待地点

为了规范采购人员和供应商的行为，接待地点一般定在连锁企业采购部供应商接待室，不要在供应商提供的会议室，更不要在供应商的招待宴席上或娱乐场所中洽谈业务，以保证供应商管理的公正性。

3.规范洽谈内容

连锁企业一是要按商品品别设置专职洽谈人员，负责接洽相关类别供应商；二是洽谈内容要紧紧围绕采购计划、促销计划和供应商文件进行，不能随意超越权限增加商品谈判内容。

5.6.4　供应商的激励与控制

为了保证供应商使用期间日常物资供应工作的正常进行，应采取一系列的措施对供应商进行激励和控制。供应商激励和控制的目的有二：一是要努力充分发挥供应商的积极性和主动性，搞好自己所承担的物资供应工作，保证本企业的生产经营正常进行；二是要防止供应商的不轨行为，减少不确定性损失。

激励和控制往往是并存的、不可分割的，一些激励措施可能同时又是一种控制措施。因此对供应商的激励与控制应当注意以下方面的工作：

1.逐渐建立起一种稳定可靠的关系

连锁企业应当和供应商签订一个较长时间的业务合同，例如 1~3 年。时间不宜太短，太短会让供应商不完全放心，从而总是对连锁企业留一手，不可能全心全意为搞好连锁企业的物资供应工作而倾注全力。只有合同时间长，供应商才会感到放心，才会倾注全力与连锁企业合作，搞好物资供应工作。特别是当业务量大时，供应商会把连锁企业看作其自己生存和发展的依靠与希望，会激励其更加努力与连锁企业合作。连锁企业发展其也得到发展，连锁企业垮台其也跟着垮台，形成一种休戚与共的关系。但是合同时间也不能太长，这是因为：一方面，将来可能会发生变化，例如市场变化导致产量变化，甚至产品变化、组织机构变化等；另一方面，也是为了防止供应商产生一劳永逸、"铁饭碗"的思想，从而放松对业务的竞争进取精神。

为了促使供应商加强竞争进取精神，就要使供应商有危机感，所以合同时间一般一年比较合适。如果合适，第二年可以再续签；第二年不合适，则合同终止。这样签合同，就是既要让供应商感到放心，可以有一段较长时间的稳定工作，又要让供应商感到有危机感，不放松竞争进取精神，才能保住明年的工作。

2.有意识地引入竞争机制

有意识地在供应商之间引入竞争机制，促使供应商在产品质量、服务质量和价格水平方面不断优化。例如，几个供应量比较大的品种，每个品种可以实行 AB 角制或 ABC 角制。所谓 AB 角制，就是一个品种设两个供应商：一个是 A 角，作为主供应商，承担 50%~80% 的供应量；另一个是 B 角，作为副供应商，承担 20%~50% 的供应量。在运作过程中，对供应商的运作过程进行结构评分，一个季度或半年评比一次，如果主供应商的月平均分数比副供应商的月平均分数低 10% 以上，就可以把主供应商降级为副供应商，同时把副供应商升级为主供应商。但变换的时间间隔不要太短，最少一个季度以上，太短不利于稳定，应给偶然失误的供应商一个纠正错误的机会。ABC 角制实行 3 个角色的制度，原理与 AB 角制一样，同样也是一种激励和控制的方式。

3.与供应商建立相互信任的关系

疑人不用，用人不疑。当供应商经过考核转为正式供应商后，一个重要的措施就是应当将验货收货逐渐转为免检收货。免检是对供应商的最高荣誉，也可以显示出连锁企业对供应商的高度信任。免检当然不是不负责任地随意给出，而是稳妥地进行。既要积极地推进免检考核的进程，又要确保产品质量。一般免检考核要经历 3 个月左右的时间。免检考核时，起初总是要进行严格的全检或抽检。如果全检或抽检的结果不合格品率很低，则可以降低抽检的频次，直到不合格品率几乎降到零。这个时候，要组织供应商有关方面的人员，稳定生产工艺和管理条件，保持住零不合格品率。如果真能保持住零不合格品率一段时间，就可以实行免检了。

当然，免检也不是绝对的，还要不时地随机抽检一下，以防供应商的质量下滑，影响连锁企业的产品质量。抽检的结果如果满意，则继续免检。一旦发现问题，就要增加抽检频次，进一步加大抽检的强度，甚至取消免检。通过这种方式，也可以激励和控制供应商。

此外，建立信任关系，还包括很多方面。例如不定期地开一些企业领导的碰头会，交换意见、研究问题、协调工作，甚至开展一些互助合作。特别对涉及企业之间的一些共同业务、利益等问题，一定要开诚布公，把问题谈透、谈清楚。要搞好这些方面的工作，需要树立起一个指导思想，就是"双赢"，一定要尽可能让供应商有利可图。不要只顾自己，不顾供应商的利益。只有这样，双方才能真正建立起比较可靠的信任关系。这种关系实际上就是一种供应链关系。

4.建立相应的监督控制措施

在建立起信任关系的基础上，还要建立比较得力的、相应的监督控制措施。特别是在供应商出现了一些问题或者一些可能发生问题的苗头之后，一定要建立起相应的监督控制措施。根据情况的不同，可以分别采用以下措施：

首先，对一些非常重要的供应商，或是当问题比较严重时，可以向供应商单位派常驻代表。常驻代表的作用就是沟通信息、技术指导、监督检查等。常驻代表应当深入到生产线的各个工序、各个管理环节，帮助发现问题，提出改进措施，确实保证把有关问题彻底解决。对于那些不太重要的供应商，或者问题不那么严重的单位，则视情况定期或不定期到工厂进行监督检查；或者设监督点对关键工序或特殊工序进行监督检查；或者要求供应商自己报告生产情况、提供程序管制上的检验记录；或者让大家进行分析评议等办法进行监督控制。

其次，加强成品检验和进货检验，做好检验记录，退还不合格品，甚至要求赔款或罚款，督促供应商改进。

最后，组织连锁企业技术人员对供应商进行辅导，提出产品技术规范要求，使其提高产品质量水平或服务水平。

5.6.5 供应商监管

供应商的绩效在很大程度上影响着连锁企业的运作效率，并不是所有供应商的绩效都令人满意，也不是所有供应商都十分合作。作为供应商的直接监管部门——采购部，应根据供应商的不同表现对他们施以不同程度的监管，有时需软硬兼施。

根据供应商的不同表现可采取下列方法去监控供应商：

（1）安排合适的品管或工程技术人员常驻供应商工厂，以监控供应商的生产与检验，并在一定程度上作为连锁企业的代表及时处理部分业务及品质事务。

（2）对供应商的关键工序进行重点关注，要求供应商提供重点工序的工艺参数或关键工序的检验记录。

（3）采购人员或其他相关人员定期或不定期到供应商工厂进行监督检查。

（4）要求供应商对原材料、设备、重点生产工艺、生产场所等有可能影响产品的外观、尺寸、性能等方面，在变更前须征得连锁企业相关人士的许可。

（5）与客户相关人员一起对供应商进行审核与检查。

（6）由连锁企业资深品管或工程技术人员对供应商相关人员进行辅导，以提高供应商的生产水平及品质管理能力。

有些诚信不佳的供应商的工作人员在合作过程中会以种种借口或手段欺骗采购人员，采购人员要根据所掌握的信息对这种情况做出分析判断，一旦识破其借口或欺骗手段，除了予以严厉警告外，还要找其主管或企业负责人进行沟通以防止类似情况重演。

如果供应商的高层管理者在合作过程中对多次发生的品质、交货问题不以为然或对连锁企业的合理要求置之不理时，应引起高度重视，采购人员除了报告采购部负责人或连锁企业高层管理者外，还要对这种供应商施以"制裁"措施，并要及时采取补救措施，如及时开发新供应商等，否则有断货的危险，主要方法有以下几种：

减少订单量或暂停采购。

根据签订的采购合同或品质合同进行罚款。

暂时停止支付供应商的货款。

用法律手段对供应商施压或挽回损失等。

[案例精析]

从3个案例看如何建立适宜的供应商管理战略

电子制造商在采购过程和管理供应商上面临着越来越多的新挑战。产品生命周期变得越来越短，供应环境剧烈变化，制造商必须具备情报管理和风险管理能力。同时全球化市场拓展进程也在不断深化，跨地域的采购变得越来越普遍，制造商必须突破文化差异和语言障碍，在全球范围内更加积极地开发与管理合适的供应商。

对于电子制造商来说，和不同规模、不同行业领域以及不同供应市场的供应商打交道并不是一件轻松的事。当然，供应商管理也并不是一个新的话题。多年来，业内一直围绕这个问题展开讨论，不断涌现出各种各样的理论方法和工具。下面我们对以下3家电子公司所遇到的具体问题进行分析，帮助大家因地制宜地制定供应商管理策略，提升管理供应商的水平。

案例一：某电子公司的采购经理刚刚获悉，在提供给客户的设计方案中用到的一款IC器件在3个月前供应商就已经停产了。但制造部门已经利用该器件的库存进行了生产，并开始陆续交货。客户现在有新的订单进来，采购部门却无法获得之前所采用的IC器件，而这一器件的库存也已全部用完。现在需要采用新的器件重新设计方案，然后给客户确认，这一过程至少需要一个多月的时间，可是新订单却要求下周就交货。

这是典型的情报管理与风险管理失效的例证。该制造商与供应商的关系只停留在一般的交易买卖阶段，与供应商之间还没有建立基本的沟通机制与信息反馈机制，使其未能在第一时间获取供应市场变化的关键信息，造成了公司的重大损失。

电子行业快速变化的商业环境对采购情报管理和风险管理提出了更高的要求。一些大型公司已开始设置采购情报管理的职位，专门从事供应市场环境调查和行业情报收集，包括供求关系、原材料行情、价格信息、货源信息，为采购决策和执行团队提供最新的商业信息，以便他们能对市场环境的变化快速做出反应并正确决策。

案例二：某大型电子企业集团制订了年度供应商实地考察计划，要求每季度对所有的共100家供应商进行实地考察，这意味着每年度采购部门要拜访400次供应商。采购人员花费了大量时间，感觉力不从心。

这家公司建立供应商实地考察计划的初衷很好，但缺乏策略的应用。如果他们能应用分类管理策略对供应商进行ABC分类管理（如图5-2所示），采购部门就可以针对供应商的类别制订供应商考察计划（见表5-5），这样可以做到有的放矢，区别对待。而采购部门考察供应商的工作量也大为减少，由每年400次减少到200多次。

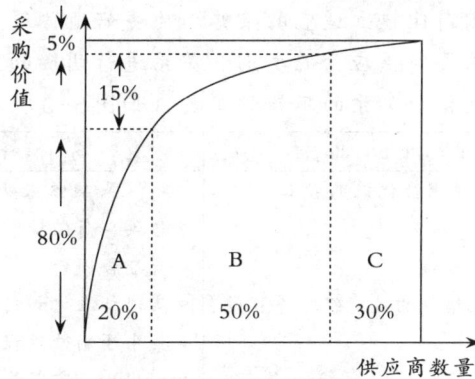

图5-2 供应商类别ABC分析

表5-5 供应商考察计划

供应商类别	供应商数量	考察频率	每年考察工作量
A	20家	每季度	80次
B	50家	每半年	100次
C	30家	每年	30次
总计	100家		210次

案例三：某家电子企业开始拓展全球市场，全球的采购比重逐年增加，因此成立了集中采购组织。但是，该公司管理层很快发现集中采购组织和分散在各地区工厂的分散采购常常存在责任不清的问题。而且，在过去3年的供应商合格清单中，供应商数量每年都在不断增加。

供应商数量不断增加意味着该公司的采购系统没有建立起供应商的优胜劣汰机制，对供应商群体存在很大的依赖性。电子制造商需要建立科学的供应商绩效评估管理体系，以提升供应商的竞争优势。供应商数量逐年增加，势必造成采购谈判筹码的减弱和供应商管理成本的增加，而且，如果要与供应商建立更加紧密的伙伴关系，制造商就必须对供应基础进行不断更新和优化。

美国供应管理协会（ISM）对全球跨国公司采购部门的调研结果显示，在降低采购成本的举措中，采购经理普遍认为降低供应商数量是所有举措中贡献最大的。企业全球化竞争战略需要全球化的采购策略。但是，全球化采购策略使供应商的管理变得更加复杂，特别是全球采购组织与各分部采购对于供应商管理的职责分配，这涉及物料的分散和集中管理策略。

最佳的做法是，电子制造商首先建立起AVL（许可供应商）数据库，然后将各分部的采购需求上报到集中采购组织。接下来是对所有的需求进行衡量，评估是否应该实现标准化，将普通物料的需求汇集到集中采购组织，以便实现批量采购折扣，特殊的采购需求则分配到各个分部，以便获得快速反馈。

此外，还需要制定采购协议和供应商关系策略。普通材料的采购需求由集中采购组织负责选择供应商，并谈判签订总量购买合同；特殊材料的采购则由各工厂的采购团队自己负责，选择合适的供应商并谈判签订协议。电子制造商应根据供应商的业务状况和环境变化及时更新 AVL 数据库。

　　依据物料种类与供需对比建立适宜的策略。为更好地体现采购的价值，提升供应商的关系价值，电子制造商需要对供应商的类别和关系进行明确的定义并依此执行。采购策略管理矩阵是一个帮助定义供应关系的不错的工具（如图5-3所示）。

用量很大的标准化产品	高科技含量的高价值产品
杠杆采购——寻求最优采购成本 ● 全球寻找供应源 ● 列入第二位的资源政策 ● 安排接受过国际化培训的最有经验并且最称职的采购人员	战略采购——技术合作型 ● 与供应商保持紧密关系 ● 长期合同 ● 实现标准化和技术转让 ● 集中于制造过程和质量保证程序 ● 利用 EDI 实现最优化的信息交流
低价值的标准化产品	高技术含量的低价值产品
交易采购——保证高效 ● 通过电子系统减少采购成本 ● 准时制采购 ● 努力减少供应商数目	风险采购——保证供应 ● 预警系统的安全库存计划 ● 在供应商处寄售存货 ● 特别强调与供尖商保持良好的关系

左侧纵轴：价值（高—低）；底部横轴：采购风险（—高）

图5-3　采购策略管理矩阵

　　根据物料的价值和采购风险，我们可将采购的物料划分为4个种类：价值高、采购风险高的物料属于战略采购，策略重点在于追求技术合作；价值大、采购风险低的物料属于杠杆采购，策略重点在于寻求最优采购成本；价值高、采购风险高的物料属于风险采购，保证连续供应是策略重点；价值低、风险低的物料属于交易采购，策略重点在于保证高效。

　　利用采购策略管理矩阵工具，制造商可以制定相对应的采购和供应商管理策略，但还需要做自己与供应商的力量对比，分析供求关系。根据采购商和供应商的实力高低，我们可以将两者的关系分为4种（如图5-4所示）。

采购商采购的谈判相对供应力量（高—低）		
采购商处于优势地位 第二象限	供求双方势均力敌，相互 依存度较高 第一象限
供求双方对彼此都无足轻重， 关系极不稳定 第三象限	供应商处于优势地位 第四象限

底部横轴：供应商相对采购商的谈判力量（低—高）

图5-4　采购商与供应商力量关系对比

　　处在第一象限。供求双方势均力敌，相互依存度较高。双方关系侧重于追求合作，形成生命共同体，取得双赢。

　　处在第二象限。采购商处于优势地位，管理供应商侧重于如何利用自己的优势，选择优秀的供应商，并对其进行培育辅导，追求持续改善。

　　处在第三象限。供求双方对彼此都无足轻重，关系极不稳定。应采用灵活策略，甚至需要整合部分供应商，缩减供应商数量，实施集中采购，将其转化成为对自己有利的第二象限。

　　处在第四象限。供应商处于优势地位，采购商需要发挥其智慧，在形势不利的情况下扩大自己的筹码，处理好双方的关系。如果可能，尝试发展为形势相当的第一象限。

采用合适的供应商管理策略不仅会为企业带来成本和风险的降低，同时也会带来采购部门效率的提高。这其中的关键是要根据不同情形做好分类管理，对症下药，同时还需要做好情报和风险管理，并设定好集团采购和分散采购之间的职能。

精析：

供应商管理是企业采购管理的一个重要组成部分，调研结果显示：在降低采购成本的举措中，采购经理普遍认为降低供应商数量是所有举措中贡献最大的。因此，要合理确定供应商数量，并建立供应商的优胜劣汰机制，同时，企业要加大供应商管理举措，在供应商的调查、选择、评估和关系管理等过程中下足功夫，将供应商培养成为满足自身要求的合格供应商。

资料来源　佚名.从三个案例看如何建立适宜的供应商管理战略［EB/OL］.［2015-09-25］. http：// www.interscm.com/news/china/200806/03-969_2.html.

职场指南

完整采购师职业生涯规划6大步

采购师是一个正在兴起的热门职业。如果有志从事采购师职业，如何进行此职业的生涯规划呢？完整的采购师职业生涯规划至少应该包含6个部分：

1.自我分析

认清自己才能做出正确的选择。首先要对自己的性格、兴趣、志向、智商、特长及管理能力等做全面分析。如采购师这个职业需要有良好的表达和沟通能力，一个性格很内向、不爱抛头露面的人可能无法胜任。

2.职业分析和选择

要对采购师这一职业进行分析，对这个职业的发展前景，工作的性质、职责以及所需要的知识和技能等都必须了解。所谓知己知彼，将自己的优势与职业需要吻合起来，才能正确选择职业。

3.确定职业生涯目标

职业生涯目标的设定是职业生涯规划的核心。职业生涯目标一定是长、中、短期相结合的，是可衡量并从时间、结果等多个角度加以衡量的。比如从职位目标上，长期目标可能希望成为高级采购顾问，中期目标则是成为中层的采购管理人员，短期目标则是成为一个合格的采购师。当然也有人可以设定自己未来的人生目标是企业家，采购人员将来不一定就一直从事采购工作，或者采购人员也可能不是干采购出身的。

4.策略选择

你需要特别的策略来规划你的采购师职业生涯。策略就是方法，几种常见的策略有：一是职位轮换，采购师应该有计划地主动要求调动岗位，以学习其他领域的知识；二是认证，从事这个职业要拿到专业认证证书，如国内注册采购师的认证，由于采购未来的国际化趋势，拿一个全球通行的采购师资格如美国的CPM资格认证也有必要。

5.制订行动计划

这里所指的行动计划，是指落实目标的具体措施，主要包含工作、培训、教育、轮岗等计划。比如，为达成目标，在工作方面，你如何来提高绩效？在能力方面，你通过何种方式来增强？

6.评估反馈调整

未来的采购人员将有更大的职业敏感性，也肩负着更多的需求和责任。随着采购的地位从技巧型转向战略型，采购师的角色不断变化，采购师的职业生涯规划也需要不断反馈调整。职业生涯目标要定期修订，实施措施要根据新的趋势变更，以适应环境的改变。

本章小结

1.连锁企业供应商管理就是对供应商的调查、选择、开发、控制和使用等综合性的管理工作的总称。其中，调查是基础，选择、开发、控制是手段，使用是目的。供应商管理的目的就是要建立起一支稳定可靠的供应商队伍，为连锁企业经营提供可靠的物资供应。

2.连锁企业供应商调查在不同的阶段有不同的要求。供应商调查可以分成3种：第一种是初步供应商调查；第二种是资源市场调查；第三种是深入供应商调查。

3.供应商管理的一个重要任务就是开发供应商。所谓开发供应商，就是要从无到有地寻找新的供应商，建立起适合连锁企业需要的供应商队伍。开发供应商的步骤有产品ABC分类、供应商调查、资源市场调查、分析评估、深入调查供应商、价格谈判、供应商辅导、追踪考核、供应商选择、供应商使用、供应商激励和控制。

4.供应商选择的主要步骤有建立供应商选择和评估组织、全面收集供应商的资料、列出评估因素并确定权数、进行评估打分、综合评价并确定供应商。

5.供应商选择的方法有判断选择法、招标选择法、协商选择法和考核选择法。

6.供应商考核的步骤有确定考核机构、制订考核方案、准备考核资料、进行评价计分、形成考核结论、传递考核信息、做好考核总结。

7.供应商的关系管理包括供应商的准入制度、使用制度、会见制度、供应商激励和控制以及供应商的监管。

主要概念

供应商管理　供应商调查　供应商开发　供应商考核　AB角制　供应商激励

基础训练

一、选择题

1.下列（　　）属于考核供应商质量的指标。

A.准时交货率　　　B.失信率　　　　C.退货率　　　　D.信用度

2.开发供应商的首要工作是（　　）。

A.市场调查　　　　B.供应商使用　　C.价格谈判　　　D.产品ABC分类

3.（　　）是在对供应商充分调查了解的基础上，进行认真考核、分析比较而选择供应商的方法。

A.考核选择法　　　B.判断选择法　　C.招标选择法　　D.协商选择法

二、判断题

1.开发供应商就是要从无到有地寻找新的供应商，建立起适合连锁企业需要的供应商队伍。　　　　　　　　　　　　　　　　　　　　　　　　　　　　（　　）

2.供应商管理的目的是为了采购商品。　　　　　　　　　　　　　　　（　　）

3.连锁企业采用 AB 角制或者 ABC 角制的目的是为了制造供应商之间的竞争。

（   ）

4.在选择供应商时，对产品价值高、利润率高，是连锁企业的主营商品的供应商，进行初步供应商调查即可。（   ）

5.考核结论不需要传递给供应商。（   ）

三、简答题

1.连锁企业如何选择供应商？

2.开发供应商的步骤有哪些？

3.如何做好供应商的激励和控制工作？

实践训练

——

【实训项目】

供应商调查表的编制及应用

【实训情境设计】

选择一家连锁企业，了解该企业的实际情况，并根据该企业对供应商调查的内容，为其设计一份供应商调查表，完成后咨询该企业采购主管，让其对供应商调查表提出意见，并进行有效改进。

【实训任务】

1.了解连锁企业供应商调查的内容。

2.为该企业编制一份供应商调查表。

3.咨询该企业采购主管，让其对调查表的编制进行反馈，并进行相应改进。

【实训提示】

★在明确连锁企业供应商调查内容的基础上，编制供应商调查表。

★供应商调查表的设计要简单、明了，具有实用性、科学性。

★要求企业采购主管对供应商调查表编制情况进行打分。

【实训效果评价表】

供应商调查表的编制及应用评分表

考评人			被考评小组	
小组成员				
考评内容	供应商调查表的编制及应用			
考评标准	考评点		分值（分）	评分（分）
	调查内容的全面性		30	
	表格编制的实用性		30	
	表格编制的科学性		20	
	调查表格的创新性		10	
	组员的参与度		10	
	合计		100	

注：评分满分为100分，60～70分为及格，71～80分为中等，81～90分为良好，91分以上为优秀。

二

【实训项目】

开发供应商的步骤

【实训情境设计】

假设你是一家汽车旅游客运公司的采购员，想持续采购一些旅客在途中吃的食品，如饼干、面包或其他零食。有多家供应商能为你提供不同的食品，如超市、批发商、食品代理商、小商店等，如何开发供应商，使其既能满足采购要求，包括质量、交货期以及商品的保质期，又能使成本最低，同时满足持续的供应。

【实训任务】

1. 根据上述情境，试为该公司设计一套开发供应商的步骤。

2. 在开发供应商的过程中，应该注意的事项有哪些？

【实训提示】

★开发供应商的步骤应适合汽车旅游客运的要求。

★开发供应商的步骤要简单、明了，具有实用性、科学性。

【实训效果评价表】

开发供应商的步骤评分表

考评人		被考评小组	
小组成员			
考评内容	开发供应商的步骤		
考评标准	考评点	分值（分）	评分（分）
	开发步骤的科学性	30	
	开发步骤的实用性	30	
	开发步骤的创新性	30	
	组员的参与度	10	
	合计	100	

注：评分满分为100分，60～70分为及格，71～80分为中等，81～90分为良好，91分以上为优秀。

第6章　连锁企业商品采购绩效考核

学习目标

通过本章的学习，要求学生对连锁企业商品采购绩效考核有全面认识，能清晰说明采购回扣的成因及绩效考核指标和标准，能准确描述采购回扣的防范措施，能阐明绩效考核方式与技巧和付款业务常用控制措施。

【引例】　超市采购人员绩效考核办法

考核不但是调动员工积极性的主要手段，而且是防止业务活动中非职业行为的主要手段，在采购管理中也是如此。可以说，绩效考核办法是防止采购腐败的最有力的武器。好的绩效考核可以达到这样的效果：采购人员主观上必须为公司的利益着想，客观上必须为公司的利益服务，没有为个人谋利的空间。

如何对采购人员进行绩效考核？跨国公司有许多很成熟的经验可以借鉴，其中的精髓是量化业务目标和等级评价。每半年，跨国公司都会集中进行员工的绩效考核和职业生涯规划设计。针对采购部门的人员，就是对采购管理的业绩回顾评价和未来的目标制定。在考核中，交替运用两套指标体系，即业务指标体系和个人素质指标体系。

业务指标体系主要包括：

（1）采购成本是否降低？卖方市场的条件下是否维持了原有的成本水平？

（2）采购质量是否提高？质量事故造成的损失是否得到有效控制？

（3）供应商的服务是否增值？

（4）采购是否有效地支持了其他部门，尤其是营运部门？

（5）采购管理水平和技能是否得到提高？

当然，这些指标还可以进一步细化。如采购成本可以细分为：购买费用、运输成本、废弃成本、订货成本、期限成本、仓储成本等。把这些指标量化，并同上一个半年的相同指标进行对比所得到的综合评价，就是业务绩效。

应该说，这些指标都是硬的，很难加以伪饰，所以这种评价有时显得很"残酷"，那些只会搞人际关系而没有业绩的采购人员这时就会"原形毕露"。

在评估完成之后，将员工划分成若干个等级，或给予晋升、奖励，或维持现状，或给予警告或辞退。可以说，这半年一次的绩效考核与员工的切身利益是紧密联系在一起的。

对个人素质的评价相对就会灵活一些，因为它不仅包括现有的能力评价，还包括进步的幅度和潜力。其主要内容包括：谈判技巧、沟通技巧、合作能力、创新能力、决策能力等。这些能力评价都是与业绩的评价联系在一起的，主要是针对业绩中表现不尽如人意的方面，如何进一步在个人能力上提高。为配合这些改进，那些跨国公司为员工安排了许多内部的或外部的培训课程。

在绩效评估结束后，安排的是职业生涯规划设计。职业生涯规划设计包含下一个半年的主要业务指标和为完成这些指标需要的行动计划。这其中又有两个原则：第一是量化原则，这些业务指标能够量化的尽量予以量化，如质量事故的次数、成本量、供货量等。第二是改进原则，大多数情况下，仅仅维持现状是不行的，必须在上一次的绩效基础上，有所提高，但提高的幅度要依具体情况而定。在下一次的绩效考核中，如果不出现不可抗力，必须以职业生涯规划设计中的业务指标为基础。

国内超市也进行绩效考核，但是这些考核有些流于形式。其缺陷就是没有量化的指标和能力评价，考核时也不够严肃，同时缺乏培训安排。那些供应商为什么要给采购人员"好处费"？为什么带采购人员出入高级娱乐场所？无非是想提高价格或在质量、效率方面打折扣，如果采购人员参与这些腐败行为，也许具体情节不为人知，但必然体现在其业务绩效上，如果没有绩效考核这个"紧箍咒"，采购腐败的机会就会大得多。所以，绩效考核是减少采购腐败主观因素的法宝。

当然，绩效考核更多的作用是提高员工的工作积极性，但对于防止采购腐败仍不失为有效的措施。

资料来源　佚名. 超市采购人员绩效考核办法〔EB/OL〕.〔2017-01-01〕. http://www.xumuzx.com/News/152064.html.

6.1　采购绩效考核指标体系

采购绩效考核的关键是要制定一套客观的、能够充分展示采购人员绩效的、对考核对象有导向作用的指标体系，同时要制定相应的、合理的、适度的标准，只有这样才能真正发挥出采购绩效考核的监督、激励、惩罚作用。

1. 采购绩效考核的指标

采购人员在其工作职责上，必须做到适量、适质、适时、适价及适地，因此其绩效考核一般以"5R（数量、质量、时间、价格、效率）"为中心，并以数量化的指标作为衡量绩效的指标，具体指标如图6-1所示。

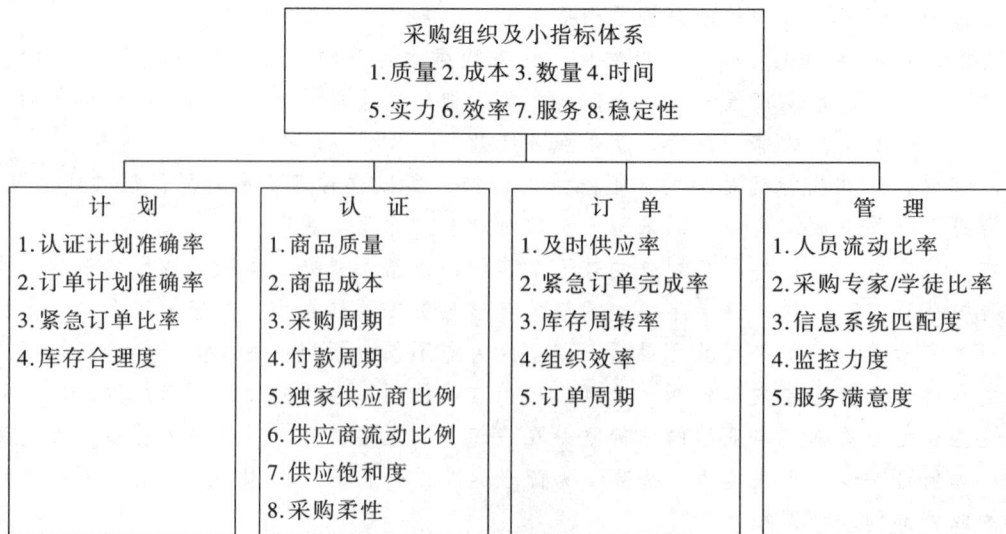

```
┌─────────────────────────────────┐
│       采购组织及小指标体系           │
│   1.质量 2.成本 3.数量 4.时间        │
│   5.实力 6.效率 7.服务 8.稳定性      │
└─────────────────────────────────┘
```

计　划	认　证	订　单	管　理
1.认证计划准确率	1.商品质量	1.及时供应率	1.人员流动比率
2.订单计划准确率	2.商品成本	2.紧急订单完成率	2.采购专家/学徒比率
3.紧急订单比率	3.采购周期	3.库存周转率	3.信息系统匹配度
4.库存合理度	4.付款周期	4.组织效率	4.监控力度
	5.独家供应商比例	5.订单周期	5.服务满意度
	6.供应商流动比例		
	7.供应饱和度		
	8.采购柔性		

图6-1　采购绩效考核指标体系

（1）数量绩效指标

当采购人员为争取数量折扣，以达到降低价格的目的时，可能导致存货过多的情况。

①储存费用指标是现有存货利息及保管费用与正常存货水准利息及保管费用之间的差额，其公式为：

储存费用指标=现有存货利息及保管费用−正常存货水准利息及保管费用

②积压商品处理损失指标是处理积压商品的收入与其取得成本之间的差额。存货积压越多，利息及保管的费用越大，积压商品处理的损失越高，显示采购人员的数量绩效越差。

（2）质量绩效指标

质量绩效指标主要是指供应商的质量水平以及供应商所提供商品的质量表现，包括供应商质量体系、质量水平等方面，可通过验收记录及销售记录来判断。

①商品质量，包括批次质量合格率、商品抽检缺陷率、商品免检率、退货率及处理时间等。

②质量体系，包括通过ISO 9000的供应商比例、商品免检的供应商比例、商品免检的价值比例、围绕本公司的商品开展专项质量改进的供应商数目及比例、参与本公司质量改进小组的供应商数量比例等。同时，采购的质量绩效可由验收记录来判断。验收记录指标是供应商交货时，为公司所接受（或拒收）的采购项目数量与检验数量的比率，其公式为：

验收记录指标=公司所接受（或拒收）的采购项目数量÷检验数量×100%

（3）时间绩效指标

时间绩效指标主要用来考核采购人员处理订单的效率，以及对供应商交货时间的控制。延迟交货，固然可能形成缺货现象，但是提早交货，也可能导致连锁企业负担不必要的存货成本或提前付款的利息费用。

①紧急采购费用指标。紧急运输方式（如空运）的费用是指因紧急情况采用紧急运输方式的费用。紧急采购费用指标用紧急运输方式的费用与正常运输方式的费用的差额进行考核，用公式表示为：

紧急采购费用指标=紧急运输方式的费用−正常运输方式的费用

②缺货损失指标。除了直接减少的营业额损失外，还有连锁企业形象受损等间接损失。

（4）价格绩效指标

价格绩效指标是连锁企业最重视及最常见的衡量标准。通过价格绩效指标可以衡量采购人员议价能力以及供需双方势力的消长情形。价格绩效指标通常包括各采购人员年采购额、年人均采购额、各供应商年采购额、供应商年均采购额、各采购商品年度采购基价及年均采购基价等指标。它们一般作为计算采购相关指标的基础，同时也是展示采购规模、了解采购人员及供应商负荷的参考数据，是进行采购过程控制的依据和出发点，常提供给连锁企业管理层作为参考。而控制指标则是展示采购改进过程及其成果的指标，如平均付款周期等。

（5）采购效率指标

质量、数量、时间及价格等绩效指标主要用于衡量采购人员的工作效果，而采购效率指标通常用来衡量采购人员的能力，例如：

①年采购金额。年采购金额是连锁企业一个年度商品的采购总金额。

②采购金额占销货收入的百分比。它是指连锁企业在一个年度里商品采购总额占年销售收入的比例，反映连锁企业采购资金的合理性。

③订购单的件数。订购单的件数是指连锁企业在一定时期内采购商品的数量，主要是按 ABC 分类法对 A 类商品的数量进行反映。

④采购人员的人数。它是指连锁企业专门从事采购业务的人数，是反映连锁企业劳动效率指标的重要因素。

⑤采购部门的费用。采购部门的费用是一定时期采购部门的经费支出，是反映采购部门的经济效益指标。

⑥供应商开发个数。供应商开发个数是指在一定期间内连锁企业采购部门开发新的合作供应商的数量，反映连锁企业采购部门的工作效率。为使供应来源充裕，对唯一来源的商品，常要求采购人员必须在期限内增加供应商数量，此绩效指标可用唯一来源的商品占所有主力商品的比率来衡量。

⑦采购计划完成率。采购计划完成率是指一定期间内连锁企业商品实际采购额与计划采购额的比率，是衡量采购人员努力工作程度的绩效指标，计算公式为：

采购计划完成率=连锁企业商品实际采购额÷计划采购额×100%

连锁企业商品实际采购额有两种计算标准：一种标准是通过采购人员签发的订购单计算；另一种标准是必须等供应商交货验收完成才能计算。不过，采购人员若为提高采购计划完成率，使议价流于形式或草率，则将得不偿失。

⑧错误采购次数。错误采购次数是指一定时期内连锁企业采购部门因工作失职等原因造成错误采购的次数，反映连锁企业采购部门工作质量的好坏。

⑨订单处理的时间。订单处理的时间是指连锁企业在处理采购订单的过程中所需的平均时间，反映连锁企业采购部门的工作效率。

2.采购绩效考核的标准

采购绩效考核要能够说明考核时段的工作是好还是坏，就需要有一定的可比参照物，即采购绩效考核标准。所以连锁企业必须考虑将何种标准设为与目前实际绩效比较的基础，才更能客观地说明考核时段工作的好坏，更好地对采购工作起到激励作用。一般常见的标准有以下几种：

（1）历史绩效

选择连锁企业历史绩效作为考核目前绩效的基础，是连锁企业十分有效的做法。但是只有在采购组织、职责或人员等均没有重大变动的情况下，才适合使用此项标准。

（2）标准绩效

如果历史绩效难以取得或采购业务等变化比较大，我们可以使用标准绩效作为衡量的基础。标准绩效的设定要遵循以下三个原则：

第一，固定标准。

标准绩效一旦建立，就不能随意变动，要有持续性和连续性。

第二，挑战标准。

挑战标准是指标准的实现具有一定的难度，采购部门工作人员必须经过努力才能完成。

第三，可实现标准。

可实现标准是指在现有的内外部环境和条件下，经过努力，确实可以达到的水平，通常依据当前的绩效加以衡量设定。

（3）行业平均绩效

如果其他同行业公司在采购组织、职责以及人员等方面与本企业相似，则可与其绩效进行比较，以辨别彼此在采购工作成就上的优劣。数据资料既可以使用个别公司的相关采购结果，也可以使用整个行业绩效的平均水平。

（4）目标绩效

标准绩效是在现状下，应该可以达成的工作绩效，而目标绩效则是在现状下，非得经过一番特别的努力才能达到的较高工作绩效。目标绩效代表连锁企业管理者对工作人员追求最佳绩效的期望值。

6.2　采购绩效考核方式

在设立采购绩效考核指标的同时，也要考虑如何实施采购绩效考核：

第一，谁来考核？哪些部门、哪些人员作为考核对象？

第二，考核的周期有多长？

第三，有哪些考核程序？

1.采购绩效考核人员的选择

考核人员的选择与考核的目标有着密切的联系，要选择最了解采购工作情况的人员、与考核目标实现最紧密的部门参与考核。

连锁企业通常可以选择以下部门和人员参与考核：

（1）采购部门主管

采购部门主管是对所管辖的采购人员实施采购绩效考核的第一人，采购部门主管最熟悉采购人员的工作任务以及工作绩效的优劣，因此由采购部门主管负责考核，可以更全面、公平、客观地评价每个采购人员的采购绩效，但也应考虑采购部门主管进行考核可能包含的一些个人情感因素，而使考核结果出现偏颇。

（2）财务部门

财务部门掌握着连锁企业经营成本的所有数据，全盘掌控资金的获得与付出，因此财务部门可以从采购成本的节约对连锁企业利润的贡献、采购成本的节约对资金周转的影响等方面来评价采购部门的工作绩效。

（3）销售部门

当采购商品的品质与数量对连锁企业的商品质量与销售影响重大时，销售主管人员应参与采购绩效的考核。

（4）供应商

供应商与采购人员工作接触最多、最频繁，通过了解供应商对连锁企业采购部门或人员的意见，可以间接知道采购工作绩效和采购人员素质。但对供应商的意见要全面分析、正确对待。

（5）外界的采购专家或管理顾问

为了让考核工作更为客观、权威，可以聘请外界的采购专家或管理顾问，对连锁企业的整个采购制度、组织结构、人员分配、流程设置、工作绩效等定期做客观的分析和评价，并提出具有可行性的建议。

2.采购绩效考核的方式

采购人员进行工作绩效考核的方式有定期和不定期两种，见表6-1。

表6-1　　　　　　　　　　　　**采购绩效的考核方式比较**

考核方式	考核内容	两种方式的比较
定期方式	一般而言，以人的表现，如工作态度、学习能力、协调精神、忠诚度等为考核内容	配合公司年度人事考核制度进行，但有时难免落入俗套，而且对采购人员的激励及工作绩效的提升，并无太大作用
不定期方式	以项目方式进行，如公司要求某项特定商品的采购成本降低10%。设定期限一到，即考核实际的成果是否高于或低于10%	对采购人员的士气有相当大的提升作用

一项采购任务完成以后，采购人员本身就要对该项采购任务的完成情况有一个总结和考核。采购考核表是针对单个采购人员业绩进行的定量描述，是对整个采购工作绩效进行考核的基础和依据。填写采购考核表一般以一票业务为单位，由采购人员自己填写，再交由部门进行审查和存档。下面提供采购考核表的一种格式以供参考，见表6-2。

表6-2　　　　　　　　　　　**采购考核表**

姓名：

表号：　　　　　　　　　　年　月　日

合同号：	采购货物名称：		规格：		实际数量：	
	其他说明：					
实际供应商：	计划供应商：					
	变更理由： 1.质量符合要求且价格低于计划供应商 2.距离近，方便运输 3.业务关系良好的老客户 4.其他原因					
实际价格：	计划价格：		差额：		市场最低价：	
质量满意度： 1.好 2.一般	有否退订： 比率： 原因：		有否补货、换货： 比率： 原因：			
进货方式： 1.火车 2.汽车 3.自提	运输天数：	比计划： 　多　天 　少　天	实际进货费用：		比计划： 　多　元 　少　元	
实际订货费用：	比计划： 　多　元 　少　元	差旅费： 通讯费： 手续费： 其他：	订货提前天数：		比计划： 　多　天 　少　天	

通过填写采购考核表，一般要达到3个目的：首先是汇报采购任务的实际完成情况，

填写一些任务执行细节及指标等；其次是要将实际完成情况与计划完成情况进行对比，看有哪些差异，并分析产生差异的原因，以资借鉴；最后是要考核实际完成的指标情况，评价任务完成的优劣程度。对于采购人员个人来讲，自我考核表就相当于工作日志，用以记录自己的工作状况，衡量工作效率。

3.采购绩效考核方法

采购绩效考核方法直接影响到考核计划的成效和考核结果的正确与否。常用的考核方法有：

（1）排序法。

在排序法中，主管按绩效表现从好到坏的顺序给员工排序，这种绩效表现既可以是整体绩效，也可以是某项特定工作的绩效。

（2）两两比较法。

两两比较法是指在某一绩效标准的基础上，把每一个员工都与其他员工相比较，来判断谁"更好"，记录每一个员工和任何其他员工比较时被认为"更好"的次数，根据次数的多少给员工排序。

（3）等级分配法。

等级分配法能够克服上述两种方法的弊病。这种方法由考核小组或主管先拟定有关的考核项目，按考核项目对员工的绩效做出粗略排序。

6.3 采购绩效的改进方法和技巧

6.3.1 采购绩效改进的切入点和改善措施

1.采购绩效改进的切入点

采购绩效的改进一般可以从3个方面入手：

第一，营造良好的组织氛围，充分挖掘潜力。

第二，以行业先进指标为参照目标，不断寻找差距，优化工作方法。

第三，对采购商品供应绩效进行测评，通过排行榜方式，奖励先进、鞭策落后。

任何采购组织，包括供应商，融洽、和谐的工作氛围都是搞好各项工作的基础。如果采购组织内部存在很大的矛盾，采购人员与供应商之间互相不信任，缺乏合作诚意，工作人员就会感觉如履薄冰，处处小心行事，本来全部精力应放在工作上，但事实上却严重分散了注意力。

采购人员要经常把自己的业绩与高水平的同行进行比较，不要对已经取得的成绩沾沾自喜，采购行业高手很多，特别是有过多年跨国采购经验的高级职员，他们的经验非常值得借鉴和学习。采购组织的管理职能部门，应定期对采购人员的业绩、供应商的业绩进行测评，并进行排名，再配以相应的奖惩制度，这样采购绩效就会不断地得到改善和提高。

2.采购绩效改善措施

（1）质量改善措施。质量的好坏多用"不合格商品数与总商品数之比"来衡量，因此可以采取的改进方法有：

第一，依据质量数值大小对供应商进行排名，从而找出最差的几个供应商，令其在规定的时间内进行改善，否则给予"降级"。

第二，对有希望的供应商，帮助其进行质量改进，派出由相关技术人员、质量管理人员、采购人员等组成的小组，现场分析研究，与其一起制订改善方案。

（2）成本降低措施。成本问题多用价格差额比率来衡量：

第一，按照比率对供应商进行排名，对最差的几个供应商的定价合理性进行分析研究，并令其限期改进。

第二，对表现较好、没有欺诈行为的供应商，通过帮助其改善包装、运输方式等途径来降低商品成本。对于有欺诈行为的供应商，要实行罚款、警告、终止供货合同等处理措施。

（3）挑选供应商的措施。这种措施多采用及时供应率来衡量供应商的好坏。及时供应率的公式如下：

$$及时供应率 = \frac{商品及时供应数}{商品需求总数} \times 100\%$$

因此，可采取的改进方法是：

第一，依据及时供应率数值大小对供应商进行排名，确定最差的几个供应商，分析原因所在，对属于供应商原因的，责令其限期改进。

第二，对于市场行情较好的商品，其稳定性要求较高，应提前一段时间向供应商做预测提醒，以便供应商安排适量的库存。

（4）增加采购柔性措施。拓展供应商，重点商品保证有3家以上供应商供应，避免独家供应商以及饱和的供应商群体。

（5）考核实力措施。根据技术水平、管理水平、指标稳定性、合作意识、沟通能力等几方面，针对具体的供应商设计"实力问卷调查表"，通过打分的方法获得供应商的实力量化数值。

（6）评价服务措施。根据商品退货配合程度、上门服务程度、管理水平、服务意识、竞争公正性表现、沟通能力等几方面，针对具体供应商设计"服务问卷调查表"，通过打分的方法获得供应商的服务指标量化数值。

（7）评定采购工作效率措施。采购工作效率的计算公式为：

$$采购工作效率 = \frac{期间采购成本总额}{期间工作总人数} \times 100\%$$

提高采购工作效率的改进方法有：

第一，调查行业平均水平和最高水平，分析研究，寻找差距。

第二，大多数采购工作效率的数值都与采购流程设置的合理性有关。流程简单实用，采购工作效率就会提高。

（8）测定采购人员流动比率。采购人员流动比率的计算公式为：

$$采购人员流动比率（R） = \frac{年流入、流出采购人数}{采购人员总数} \times 100\%$$

采购人员流动比率取值范围应在7% ~ 15%，并且总体保持平衡，与业务需求相匹配。

若R<7%，则可能因为违反"流水不腐"的自然原则，而发生严重的问题，进而影响采购质量、成本、供应及时性等。

若 R>15%，则可能导致采购技术的交替传播条件不成熟，从而导致工作人员采购操作熟练程度不够等问题。

（9）测定供应商流动比率。供应商流动比率的计算公式为：

$$供应商流动比率=\frac{年流入、流出供应商数}{供应商总数}\times100\%$$

供应商流动比率取值范围有待研究，总体上应保证采购业务的正常开展。常值<20%，理想数值为"零"。对垄断技术的供应商尽量不采用，仅非常重要时才使用独家供应商。独家供应商比率在某种程度上也反映企业产品技术的层次。新专利、新技术商品独家供应的可能性较大，大众商品通常不会产生独家供应商。

（10）确定订单周期。订单周期是采购合同中所确定的采购商品从下单到完成入库的时间差。

（11）提高库存周转率的措施。库存周转率的计算公式为：

$$库存周转率=\frac{年销售额}{年平均库存值}\times100\%$$

根据市场预测计划和采购市场的供应行情，及时调整库存水平，对热销商品要适当增加库存量，以支持市场的销售计划。掌握产品的生命周期，对需求不大的老产品，制订采购计划时要小心谨慎。

6.3.2 采购和付款业务控制

1.采购和付款业务流程

采购和付款业务流程包括为经营而获取商品所必需的决策和处理过程。这个流程一般从提出采购申请开始到企业支付货款结束，通常包括四个流程，举例如图6-2所示。

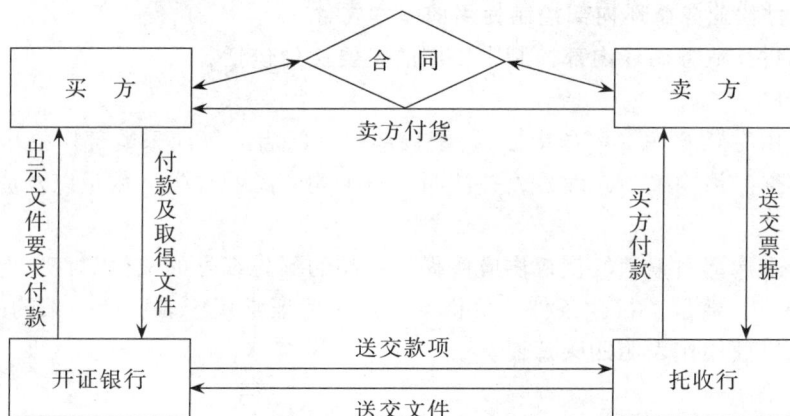

图6-2 采购和付款业务流程举例

（1）处理订单。

提出采购申请并填制请购单是本循环的起点。为了保证商品的购入符合要求，避免过量或不必要的购入，采购需要经过适当的授权批准。为了提高采购的效率，连锁企业都设有专门的采购部门。在保证多供应渠道的条件下，应该集中订货以取得数量折扣，降低进货成本。采购部门要根据批准后的请购单签发订单，订单上注明采购的数量、价格和交货时间等，并送交供应商处以表明购买意愿。

（2）验收商品。

连锁企业从供应商处收到商品是本循环中的关键点，正是在这一点上，连锁企业在其记录中确认有关应付款项。验收职能部门应检查收到的商品是否与订单上的详细项目一致。对采购数量应通过计数、称量或测量来验证，尽可能检验商品，包括检验有无装运损坏。在某种情况下，还必须通过对商品的技术分析来确定其质量是否符合规定。此外，还需检查到货的及时性和其他情况。验收完毕后，填制验收单作为验收商品的证据，其中一份送配送中心仓库，另一份送财务部门以满足付款时的资料要求。

（3）确认债务。

正确确认已验收商品的债务，要求连锁企业准确、迅速地对采购业务进行记录，初始记录对财务报表记录和实际支付有重大影响。因此应特别注意按正确的金额记录连锁企业确已发生的采购事项。有的连锁企业在商品验收后确认债务，而另一些连锁企业习惯在收到供应商发票时才记录。无论哪种情况，会计人员在收到供应商发票时，都需把发票上所列明的商品规格、价格、数量及运费等与订单、验收单等相关资料进行核对，发票经过审核入账后，这些采购业务就登记在采购日记账和应付账款明细账上。

（4）处理和记录价款的支付。

这一步骤通常用付款凭单加以控制。多数连锁企业的付款凭单在付款前，由应付账款记账员掌管，付款采用支票方式。支票的签发要有付款凭单，在发票和验收单等上加盖"款已付讫"戳记，防止这些单据被重复处理，支票要由经过适当授权的人员签字。出纳人员根据签发的支票及时登记银行存款日记账。签发后支票原件送给供应商，副本与付款凭单和其他单据一起存档。

2.采购和付款业务循环内部控制使用的基本文件

在采购和付款业务循环内部控制中使用的主要文件包括：

（1）请购单。

请购单是由存货仓库（配送中心）、销售部门（门店）等向采购部门提出商品采购申请并编制的单据。请购单预先编号，并注明所需采购商品的种类、数量以及请购人。

（2）订单。

订单是由采购部门编制的授权供应商提供商品的预先编号的文件。订单上包括供应商名称、采购项目、数量、付款条件、价格等，这一凭证常用于表明商品采购的批准手续，并将其送交供应商用作表明购买意愿。

（3）验收单。

验收单是连锁企业收到采购的商品时，应由验收部门对商品进行验收，并据此编制有关收到的商品种类、数量、供方名称、订单号以及其他有关资料的凭证。验收单需预先编号。

（4）供应商发票。

供应商发票是由供应商送来的标明采购商品的种类、数量、运费、价格、现金折扣条件以及开票日期等的凭证。它详细说明了由于某项采购业务而欠供应商的货款金额。

（5）借项通知单。

借项通知单反映由于退款和折让而减少向供应商支付金额的凭证。其格式常与供应商发票相同，用于证明应付账款借项记录。

（6）付款凭单。

付款凭单是用来建立正式记录和控制采购的凭单。它是采购日记账中记录采购的基础，也是支付货款的依据。一般来说，付款凭单正本必须随附供应商发票、验收单和订单副本。

3.采购和付款业务循环内部控制的常用控制措施

为了预防、检查、纠正采购和付款业务循环中的错误，建立、健全采购和付款业务循环内部控制，连锁企业通常采取以下控制措施：

（1）职责分工。

在采购和付款业务循环中，为保证采购确为连锁企业经营所需，并符合连锁企业利益，收到的商品完整安全，货款及时地支付给供应商，应将采购与付款业务循环的下列职责进行分工：

①提出采购申请与批准采购申请职责相互独立，以便加强对采购的控制。

②批准采购申请和具体实施采购任务的职责相互独立，以防止采购部门购入不必要或过量商品而损害连锁企业的整体利益。

③验收部门与会计部门相互独立，保证按真实收到的商品数额登记入账。

④应付账款记账员不能接触现金，以保证应付账款记录的真实性、正确性。

⑤支票的签字和应付账款的记账相互独立，以保证按所欠卖方的真实金额按时签发支票。

⑥内部检查与相关的执行和记录工作相互独立，以保证内部检查的独立性和有效性。

（2）信息传递程序控制。

建立、健全与采购和付款业务循环相关的内部控制，要求连锁企业对与此循环相关的信息传递程序实施严格有效的控制。这些控制包括以下几个方面：

第一，授权程序。

有效的内部控制要求采购和付款业务循环的各个环节要经过适当的授权批准。授权批准程序包括：连锁企业内部应当建立分级采购批准制度；只有经过授权的人员才能提出采购申请，采购申请需经独立于采购和使用部门以外的被授权人的批准，以防止采购部门购入过量或不必要的商品，或者为取得回扣等个人私利而牺牲连锁企业整体利益；签发支票要经过被授权人的签字批准，保证购货款能以真实金额向特定供应商及时支付。

第二，文件和记录的使用。

为了满足健全业务审批、财产保管以及便于记录的要求，连锁企业要合理地设计和使用各种文件和记录，具体要求包括：关键性文件，如订单、验收单、付款单、支票等，都要预先编号；对于连续编号的关键性文件要由经手人员按编号保存，并由独立人员定期检查存档文件的连续性；订单中要包括足够的空间，尽量全面详细地表明订货要求，以减少出现订货中的遗漏或供应商的误解；为了加强对连锁企业支付采购价款的控制，应设立付款凭单制，以付款凭单作为支付货款的依据；设置采购日记账，及时完整地记录所有采购业务，并定期过入总账；对每位供应商设立应付账款明细账，并与总账进行平行登记。

第三，独立检查。

除采购和付款业务循环的措施外，还应当实施一些独立检查，防止各环节发生疏忽和舞弊，同时也有利于及时消除采购和付款业务中出现连续作弊的风险。这些独立检查主要有：对供应商发票、验收单、订单和请购单进行独立的内部检查，确定实际收到的商品品种、数量、价格等符合订购要求，与供应商实际情况一致；每笔采购业务都应在收到商品或供应商发票时，及时记入采购日记账和应付账款明细账，并且定期进行核对；检查付款凭单各项目的填制是否与供应商发票一致；定期检查已编制付款凭单的各项付款业务是否及时开具了支票或以其他方式进行付款，防止延期支付；签发支票办理其他付款手续前应由负责签字的被授权人员检查所付各种凭证的一致性；定期检查采购日记账与总账、应付账款明细账与总账、银行存款日记账与总账的金额是否一致。

第四，实物控制。

采购和付款业务循环中的实物控制包括两个方面：一方面，加强对已验收入库商品的实物控制，限制非授权人员存货，防止错用和盗窃。验收部门的人员应独立于仓库保管人员，同时加强对退货的实物控制，货物的退回要有经审批的合法凭证。另一方面，限制非授权人员接近各种记录和文件，防止伪造和更改会计资料。特别应注意对支票的实物控制，应保证已签字支票由签字人本人寄送，不得让核准或处理付款的人员接触；未签发的支票应予以安全保管；作废支票应予以注销或另加控制，并且制定一个注销已签发支票单据的方法，如在供应商发票上注明已签支票号码，或盖"款已付讫"戳记，防止重复开具支票。

6.4 采购回扣的产生与杜绝措施

采购中的回扣问题一直是一种不容易杜绝的现象，令所有的企业头疼不已，却又无可奈何。回扣有两方面的定义：一是指卖方企业支付给买方企业或买方企业员工的贿赂金；二是指买方企业向卖方企业员工支付回扣，以取得卖方企业员工的欺诈性合作，从中得利，而这一切是以买方企业的损失为代价的。

1.采购回扣产生的原因

供应商支付回扣给连锁企业员工进行串通欺诈时，无非想获取两种利益：

（1）非法争取业务。

一些供应商运用回扣，先于竞争对手获得有关连锁企业计划和战略方案信息，以及连锁企业估价小组所使用的未公开的投标估价准则，偷看竞争对手的密封投标方案；向竞争对手提供误导性信息，从中破坏，使其不具备资格；笼络连锁企业有影响的要员否决其他竞争对手；使标的的设计要求只有支付了回扣的供应商才能达到，以此来达到争取业务的目的。

（2）非法提高利润率。

提高利润率也是供应商支付回扣的目的所在。供应商通过支付回扣给连锁企业的有关员工，使其同意不正当的价格变动，买通连锁企业的检验和质量控制部门，使低于标准的或不符合规格要求的商品得以使用，并设法避开连锁企业其他职能部门对质量和价格的抱怨。

2.回扣的支付方式

供应商所支付的回扣在账面上没有体现，通常是通过非法经济活动取得和支付的。

（1）非现金贿赂。

非现金贿赂可以作为供应商的一项正常开支予以掩盖。如供应商为其工作人员购买或租用汽车时，可以为那些对供应商有"帮助"的连锁企业员工赠送若干飞机票、旅行账单。其中最易掩盖贿赂的就是供应商早已提供的商品或劳务，如修建住宅、增加员工福利设施等。

（2）现金贿赂。

按照供应商的要求使用现金进行贿赂，如支付虚构的业务费，供应商在对方的支票上只注明是一笔应支付给受贿人或一家并不存在的公司或串谋者的款项，并同时将其作为销售费用、咨询费用等列支，因而可以在某种程度上掩盖这种支付行为。将未记录的收入或变现后的剩余商品、过期报废的设备等，以货币形式储存起来进行贿赂。从公司员工手里收集各种公司可以予以报销，但实际并未支出的费用发票（如私人旅行使用过的火车票、飞机票等），公司可以以抵减税收的方式获得额外收入从而抵减回扣的费用。

@ **相关链接6-1**

物美开除冻品采购经理冯露 供应商被处以10倍行贿罚金

物美集团于2017年3月14日发布公开通报称，开除冻品采购经理，并对行贿供应商处以10倍罚金。《快消品》获得的这份《物美集团开除冻品采购经理冯露的通报》显示，2017年3月11日防损部稽核调查发现，水产采购部冻品采购经理冯露在任职期间，收受多个供应商贿赂，合计几十万元。本人供认不讳。通报对此事的处理决定是，鉴于冯露能够积极配合调查，并主动将所得赃款上交公司，予以从轻处理，暂不移交司法处理，但公司保留追究其法律责任的权利。对冯露记重大违规一次，公司解除与其签订的劳动合同，并向社会公告。而对于涉案的相关行贿供应商，依据采购合同约定，按照10倍行贿额处以罚金。

其实，早在2016年，物美就对采购部门的腐败行为进行了严打。物美高层曾表示，通过法务、防损、财务、数据中心等部门可以监控到系统的运行，一旦出现问题就会查处，物美会坚持打击采购索贿贪腐行为，不管是多高级别的员工。不过从此次物美通告信息来看，零售采购部门反腐仍然是个艰巨而长期的工程。

在行业内人士看来，各大零售超市的采购部门都是供应商希望搞好关系的部门，这也往往成为腐败的最佳滋生土壤。而通过行贿方式进入超市终端的商品，从另一个角度来看，对消费者也是极大的损害。且不说商品质量是否存在问题，最起码供应商行贿的成本也是会计算到零售价格中最终由消费者来买单的。

资料来源 佚名. 物美开除冻品采购经理冯露 供应商被处以10倍行贿罚金 [EB/OL]. [2017-03-17]. http://www.sohu.com/a/129209115_170244.

3.供应商欺诈的成因和审计线索

（1）供应商欺诈的成因。

了解供应商欺诈的成因是及时识别卖方欺诈的一个重要前提。任何企业都可能发生供应商欺诈事件，有以下情形之一的连锁企业更易发生供应商欺诈事件：

①连锁企业自身存在欺诈行为或不道德行为。导致供应商欺诈发生的原因就是连锁企

业本身具有欺诈行为或不道德行为。俗语说"苍蝇不叮无缝蛋"，如果连锁企业本身容忍不道德行为的发生，员工便更易接受卖方回扣或参与其他利益争夺。

②连锁企业灵敏度低。连锁企业对供应商欺诈事件的先兆一无所知，对于这些连锁企业来说，发生欺诈的可能性更大且不易察觉。连锁企业对供应商的欺诈方式不了解或不具备相关的知识，又无明确的对供应商欺诈行为进行制约的制度，很容易成为供应商欺诈的对象。

（2）供应商欺诈的审计线索。

①连锁企业员工（尤其是采购人员）奢侈豪华的生活方式。这种生活方式往往是其受贿以及发生供应商欺诈的一个强烈信号。员工的奢侈生活方式与其收入明显不符，特别是那些有权决定供应商或对供应商有大量帮助的员工，他们的奢侈生活方式往往隐含着受贿和供应商欺诈活动。只要多加注意，就不难发觉这些异常信息。

②不正当的单一供应商渠道。如果达到一名好的供应商所具备的一切条件而被选为单一渠道的供应商，是很正常的一件事情。但是对单一渠道的供应商必须要有一定的控制制度，如安排定期的检查等，以确认货物的质量是否达到规定的要求，并在合同条款中明确指出，一旦供应商的商品供应出现了问题，如不适当的价格上涨或质量达不到要求，连锁企业应当及时采取应变措施，而不是过分依赖单一供应商。如果缺乏相应的控制制度而采用单一供应商渠道，就可能是欺诈行为发生的先兆。

③其他供应商的抱怨和申诉。对于竞争者而言，自然不愿看见其他企业以不正当的手段夺取其业务。当利益发生显著冲突时，他们会向连锁企业进行抱怨或申诉，这种抱怨或申诉可能说明有的供应商正在进行欺诈活动。如果不诚实的供应商成功地买通连锁企业的某些员工，并利用他们挤走了其他的供应商，被挤走的供应商会通过抱怨的方式提醒连锁企业有关人士，应注意到受贿行为及欺诈的发生。然而，如果被买通的员工是有决策权的经理，与其他供应商有着非常重要的业务联系，则其他供应商为了自身的利益，只能采取睁一只眼闭一只眼的态度，以免丧失他们已有的业务利益。

④利用供应商与连锁企业员工之间的亲密关系。他们有意无意地为供应商进行欺诈提供信息帮助，这种帮助并不以得到回扣或报酬为目的，而可能是出于友谊或其他原因。如员工可能对连锁企业经营者怀有宿怨，希望看到经营者上当受骗而获得心灵上的满足。有时员工为了给自己退休后留一条后路，而故意帮助供应商，希望从供应商那里获得工作的许诺等。供应商与连锁企业之间的亲密关系还包括父子或夫妻等，这些有可能会成为供应商欺诈的助力。但是从另一个角度看，对连锁企业而言，有时这也是一件好事，他们也可以利用这种关系从供应商处获取自己想要的信息。

⑤经常发生但却一直得不到解决的对供应商商品的投诉。销售人员可能对供应商提供的商品质量很不满意，财务人员可能觉得供应商价格过高，而采购部门仍然将订单交给同一供应商，如果能够排除采购人员不负责任的情况，就是供应商正在对连锁企业进行欺诈。

4.采购伦理道德法律

从事采购工作的人员，在他从事该工作的开始，就应该懂得相关的法律，明确自己的权利与义务的范围和界限。

在采购职能高度集中的连锁企业里，关于明示或实际采购权力的条文常在书面政策中很好地给出了定义，而且也被严格地遵守。在非集中化的环境中，书面政策常常不太完整或有些过时，员工和供应商在更大程度上常常要依赖上级授权。重新设计采购职能，常常会促使连锁企业重新审视和重新定义采购人员的采购权力范围，调整采购政策和作业程序。简言之，采购人员必须关心采购权力的两个方面：

（1）明确权力范围。

应该如何进行连锁企业的采购活动，能否确保只有拥有明示采购权力的人才能进行采购，从而避免或减少"后门采购"。说明哪种工作头衔拥有采购权力的最新书面政策是最好的，为其规定实际或明示权力。除了正式政策，还必须有内部沟通程序，使连锁企业的所有员工都知道并且定期地提醒他们能做什么和不能做什么。

（2）明确活动范围。

在与供应商谈判时，确定协议法律有效性的最好办法是注意采购人员可能超越其权力范围的情况。当认为可能出现问题的时候，应要求采购人员以书面形式归纳出他能做的事，并将此内容写在采购合同中。

连锁企业赋予其采购人员以权力或职权，接下来就是义务或责任，因为连锁企业信任采购人员作为其代理人代表其行动，采购人员承诺委托的责任，要完全以连锁企业的利益为行动准则，其个人的利益绝对不能影响决策，而且采购人员不仅要服务于连锁企业的财务利益，在代表连锁企业实施采购行为的时候，还必须在任何时候都在法律范围内行事并且真诚地对待第三方。无论代理关系是明示还是授权，上述义务都存在，它们是采购道德标准的核心。因为道德要求植根于代理权法，所以代理权法为一些看似道德困境的问题提供了解决方法。当可能出现利益问题的时候，即存在一种使采购人员看起来不完全独立于供应商的环境，通过向连锁企业详细说明此情况，得到连锁企业对这种安排的同意，常常可以解决此类道德问题。这些年来，连锁企业和行业协会已经尽力阐明这些要求，而且常常把法律标准合并到正式的道德政策上，产生了连锁企业的道德政策。

采购人员的多数日常活动都与合同法有关。每次采购人员和供应商之间签订的合同，都受合同法的约束。在涉及国际合同的时候，会遇到相互开展贸易的不同国家的法律。每个国家都有自己的合同法，但是为了促进业务的开展，许多国家通过合约联合在一起，制定了共同的合同原则——《联合国国际货物销售公约》，来管理国际业务。各个国家必须自愿地决定是否受其约束。因此，当我们与其他国家的企业签订合同的时候，明确适用什么法律以及法律的内容是十分重要的。

@**相关链接6-2**

采购腐败严重侵蚀家乐福利润

家乐福某些采购经理侵蚀企业利润的行径似乎已不是秘密。在众多供应商提供的证据中，单店采购黑幕可谓触目惊心，已经变成家乐福采购管理中最头疼的问题。

在零售业内有这样一句话："家乐福是最本地化的外资超市。"为了快于其竞争对手在中国完成战略布局，家乐福打破了常规集中采购的管理体制，采取了"各自分散作战"的方式，赋予门店很大的权力，使每家店面都拥有独立的采购和销售体系，物流成本非常低。

然而，这虽为家乐福赢得了发展的时间和消费者的青睐，却给采购腐败造成了可乘之机。家乐福中国人力资源总监杨孝全曾经表示，在权力下放的同时，这些持有"生杀大权"的采购中层拥有相当大的权限。

为家乐福供应日化用品已经两年的王先生坦言，业内的一个"标准"是，某些月薪3 000元的采购经理，每年在采购中收取的回扣、贿赂可能高达几十万、上百万元。他所熟悉的某些采购经理，一般做不到两年，就可以全额付款购买住房和汽车了。这些超常购买能力都是通过其他渠道来获得的。王先生透露，"吃回扣"的方式很多，每当一个新采购经理上岗，一定会有很多供应商排着队请他吃饭，夹寄、送信用卡，比较新兴的方式还有"抽奖"、答谢会、产品介绍会、演示会等。

采购岗位动荡早已成为了零售商店见怪不怪的现象，家乐福采购部门换人的频率更是高过同行。家乐福中层采购经理被调职或免职，大部分原因就是收受了某些供应商大量的"好处费"，大额采购这些供应商商品并压缩竞争对手供应商商品的采购量，被竞争对手供应商举报而引致盘底调查，最后因难以收场而东窗事发。目前，家乐福内部采购中暴露的腐败问题已经极大影响了家乐福的利润，引起了高层管理者的重视，并决定采取一定措施进行整治。

资料来源　佚名. 案例一：采购腐败严重侵蚀家乐福利润［EB/OL］.［2015-05-04］. http：//www.shangxueba.com/ask/6287991.html.

5.杜绝采购回扣现象的措施

在采购过程中，采购回扣现象一直都存在，虽然不可能完全杜绝此类现象的发生，但可以采取一定的措施减少此类现象的出现。

（1）三分一统。

"三分"是指三个分开，即市场采购权、价格控制权、商品验收权要做到三权分离，各负其责，互不越位。"一统"是指合同的签约特别是结算付款一律统一管理。商品管理人员、质量检验人员和财务人员都不能与供应商见面，实行严格的封闭式管理。财务部依据合同规定的质量标准，对照检验结果，认真核算后付款。这样就可以形成一个以财务管理为核心，最终以降低成本为内容的制约机制。

（2）三统一分。

"三统"是指所有采购商品要统一采购验收、统一审核结算、统一转账付款。"一分"则是指费用要分开控制。只有统一采购、统一管理，才能既保证需要，又避免漏洞；既保证质量，又降低价格；既维护连锁企业信誉，又不至于上当受骗。各部门要对费用的超支负责，并有权享受节约所带来的收益。这样，商品采购管理部门和销售部门自然形成了一种以减少支出为基础的相互制约的机制。

（3）三公开两必须。

"三公开"是指采购品种、数量和质量指标公开，参与供货的供应商和价格竞争程序公开，采购完成后的结果公开。"两必须"是指必须在货比三家后采购，必须按程序、按法规要求签订采购合同。

（4）五到位一到底。

"五到位"是指所采购的每一笔商品都必须有五方的签字，即只有采购人、验收人、证明人、批准人、财务审查人都在凭证上签字，才被视为手续齐全，才能报销入账。"一到底"就是负责到底，谁采购谁负责，并且要一包到底，包括价格、质量、使用效果等都要记录在案，什么时候发现问题就什么时候处罚。

（5）全过程、全方位的监督制度。

全过程监督是指采购前、采购过程中和采购完成后都要有监督。从采购计划的制订开始，到采购商品领用的结束，其中共有9个需要进行监督的环节（计划、审批、询价、招标、签合同、验收、核算、付款、领用）。虽然每一个环节都有监督，但重点在于制订计划、签订合同、质量验收和结账付款4个环节。计划监督主要是保证计划的合理性和准确性，使其按正常渠道进行；合同监督主要是保证其合法性和公平程度，保证合同的有效性；质量监督是保证验收过程不降低标准，不弄虚作假，每一个入库商品都符合买方要求；付款监督是确保资金安全，所有付款操作都按程序、按合同履行。如果我们能够把监督贯穿于采购活动的全过程，就可以建立确保采购管理规范和保护连锁企业利益的第二道防线。所谓全方位的监督，是指行政监察、财务审计、制度考核三管齐下，各方面都没有遗漏，形成严密的监督网。

案例精析

好邻居超市一采购经理吃回扣进假酒 与行贿者一同被检察院批捕

2017年3月15日，襄阳警方透露消息，被刑拘的4名好邻居超市假酒案涉案人员中，原好邻居超市采购经理刘某、供应商胡某等3人被市检察院批准逮捕。

2017年1月13日，襄阳晚报曾报道了市公安局食品药品环境犯罪侦查支队、市食药监局稽查支队突查好邻居超市多家门店，查获多瓶假酒一案。随后，警方继续追查，查获并扣押6个品种的假酒，共1 214瓶，价值9.7万余元。

调查中，好邻居超市采购经理刘某供称，他的同学胡某是某汽车公司的物料员，并不具备任何酒类商品的经营资质。胡某最初找他时，他没有答应。后来，胡某多次找他，称刚买的房子，还款压力比较大，也表示可以给他好处，他就答应了。

此后，胡某从枣阳人周某手中进了一批假酒，通过刘某供给好邻居超市。其间，刘某曾与胡某商量如何假冒他人资质，并负责打通内部关系，还提醒胡某"别说漏嘴了"。在食药监部门检查期间，刘某、胡某为蒙混过关，还特意从正规渠道进了一批真酒，欺骗执法机关。

办案民警称，作为超市采购经理的刘某原本应当对流入市场的商品严格把关，维护超市品牌形象，但刘某却在熟人关系和高额回扣的诱惑下，放任假酒进入市场，甚至为假冒产品虚构正规手续。

2017年3月初，办案民警赶赴山西吕梁，抓获了向周某提供假酒的张某。

警方提醒，超市、商场等经营场所的工作人员应当按照有关法律法规，严格履行自身职责，切莫为了蝇头小利，最终酿成大错。

精析：

采购环节上的腐败是一个世界性的问题，发达国家也存在。不仅是超市、便利店，其他行业也有这方面的问题。问题来源于两方面：一个是企业层面的，即企业所收取的各种通道费用，让腐败有机可乘；另一个层面是采购人员本身的，中国的供应商不少是私营企业，经营"灵活"，采购人员不自爱，就容易产生问题。管理企业需要激励与控制，但相对来说，控制更重要。

资料来源　佚名.好邻居超市一采购经理吃回扣进假酒　与行贿者一同被检察院批捕［EB/OL］.［2017-03-18］. http://www.sohu.com/a/129269383_119861.

职场指南

采购人员的职业素养：

1.有强烈的责任感和职业荣誉感。

2.有严格的职业道德和执业纪律。

3.懂技术、懂经济、懂法律、懂外语的复合型人才。

4.有较强的团队协作能力、执行力与战斗力。

本章小结

本章重点阐述了采购绩效考核指标、标准，考核方式与技巧，说明了回扣产生的原因和回扣资金的支付方式，着重阐述了采购伦理道德法律和杜绝采购回扣现象的措施，分析了采购和付款业务循环流程以及加强内部控制的常用措施。

主要概念

采购绩效考核　数量绩效指标　质量绩效指标　时间绩效指标　价格绩效指标　及时供应率　供应商流动比率

基础训练

一、填空题

1.采购绩效考核的标准有_____、_____、_____和_____。

2.对采购人员进行工作绩效考核的方式一般有两种：_____和_____。

3.采购回扣产生的原因主要是_____和_____。

二、简答题

1.杜绝采购回扣现象的措施有哪些？

2.采购绩效考核的指标主要有哪些？

3.简要分析绩效改进措施。

4.简述采购和付款业务循环流程和文件。

三、案例分析

采购吃回扣200余万元被抓！餐企如何对行业"潜规则"说不？

一个餐企的采购员收回扣达200余万元，而普通的一家餐厅年入50万元已经算是厉害了。采购这个岗位真的是企业越大水越深。面对采购吃回扣这个行业陋习，餐企该如何处理呢？

事件：海鲜餐企采购收回扣达200余万元

据媒体报道，广州花都区某知名海鲜连锁餐企的采购员在采购期间收取回扣，涉案金额达到了200余万元。事发后报警，经过近一年的调查取证，2017年6月20日正在广州黄沙水产市场收取回扣的涉案采购员被民警抓捕。

吃回扣拿了200余万元，这个采购员胃口可真不小，难道餐企没有防范要求吗？餐企表示他们有严格的规定不能收取回扣，但是谁知道还是防不胜防。

小的餐厅，老板或者亲属可以兼做采购，但是对于稍具规模的餐企来说，采购如何避免收取回扣这个行业"潜规则"？规范的制度和流程，还有严格的监督管理制度很重要。

支招：4个招术让采购变得干净透明

1.用标准菜谱监管采购员

用原料标准和规章制度来实现采购无回扣是效果最好的。将饭店中每一款菜都制定出标准菜谱。除了要求详细标注原调料的用量、制作方法、价格等要素外，还要详细标注原调料的产地、品牌以及购买规格，只有这样，才能保证制作的这个标准菜谱可以让任何一个厨师都能做出同一规格的菜肴。

这些标准菜谱第一时间发给切配人员，目的是让切配人员对采购起到监管作用。因为在标准菜谱中标注了原调料的产地、规格、品名、包装等，所以厨房部发给采购的进货单中就有了详细的原调料采购标准。如果采购员没有按照要求进料，切配人员就不会收货，因为他们不会因采购的问题给自己找麻烦。

举个例子，标准菜谱中规定标准芥蓝的质量应该是一斤芥蓝的出料率为60%左右，也就是100斤的料他们要出约60斤芥蓝，可以制作60份"炒芥蓝"。如果芥蓝质量有问题，那么一斤芥蓝的出料率大概只有50%甚至更低，这样就会白白损失掉10斤以上的芥蓝，怎么可能配出60份"炒芥蓝"的料呢？所以，切配人员是不会收与标准菜谱规定有出入的原料的。切配人员对于采购的监管最行之有效。

2.三权分立搞采购

采购是一个肥差，交给任何一个人恐怕都难脱嫌疑，老板怎么会放心呢？后厨原调料的采购成员组成可以是这个样子的：采购部、厨房部、财务部各派一人组成采购小组，一起负责供应商的选择，原调料的检验及结账。

执行分级定价方案。这种成熟使用的分级定价方案，有效制约了投标人、定价人及采购部三方。投标人每旬投标，定价人和采购部人员共同开箱，采购部输入投标价，厨房部和采购部从另一方输入市场询价，由定价人根据三个渠道得来的原调料价格信息进行比较、筛选，综合情况进行定价，三方不见面。

对于后厨购进的所有原调料需经采购部、厨房部、财务部三个部门的人员验收合格，三个部门负责人都签字后才可以结账。这种三个部门的相互协作与制约保证了采购环节无懈可击，采购过程中常见的回扣、注水等事情就都得到了避免。

看到这里，您可能会问了，如果这三个部门负责采购的人串通一气，同吃回扣不就可以一手遮天了吗？其实这种情况发生的概率很小。

一方面来讲，一个人作弊容易，而多人作弊就难了，每个人都不得不考虑参与的人越多越易败露的问题，而且每一个负责采购的人都对其他两个人的底细不了解，谁知道是不是老板派来的亲信，所以都不敢轻举妄动。

同时要注意一点，三个部门各派出的采购人员不可长时间固定不变，在他们还没有对其他两人足够熟悉之前就要换人，哪怕只换一人，就可以让另外两人心有顾忌，不知道新派来的人是不是卧底，只有在采购中极尽所能地表现出精打细算、正直敬业才能安心。这样一来，后厨的采购可谓滴水不漏。

3.轮岗验货责利清

说到采购的质量，验货是最好的证明方法。作为总厨不可能天天亲自验货，即使真的这样做了，也难逃受贿之嫌，与其这样还不如让基层工作者来完成这件事情——选定砧板组来负责。

为什么选这部分厨师呢？因为原料的好坏他们是第一时间接触到的，很多原料等切配加工后，炒锅厨师是了解不到其原形的，而且那时了解到也晚了。所以让墩上的切配师傅去验货是最好的选择。

当然这件事情也不可以由一个人来做，砧板组一般为5~7人，每人验货一天，依次轮岗下来，哪天的原调料出现了问题就找当班的墩上厨师。如果墩上厨师验收的原调料不符合质量，开餐没有被使用，经核实后，让该厨师负责将原调料退给供应商（好在有合同和押金在，供应商也自知当天货不佳，换货很配合），并下过失单扣罚200元。

理由很简单，开餐时没有用上这些原调料，少推了一部分菜品，直接影响了营业额，除了供应商要被扣罚一部分押金外，验货人也要受到相应处罚。

后厨人员看到这种情况都会心服口服，大家再也不认为验货是个难得的肥差，也不背后闲言碎语议论别人了。

4.供应商中有卧底，采购也要无间道

采购防注水和回扣，必需使用无间道，怎么用呢？

借助供应商来监督后厨采购。

一方面将验收货物的严格标准交代给负责验货的每店厨师长，让其一定不要徇私舞弊，按正常标准验收。另一方面，拉拢供应商的助手，告诉他每店的验货厨师长并不是稳定的，如果谁有意向供应商要好处，给了很可能就是白白浪费了。

助手也不傻，看到店里"铁打的总厨，流水的验货"大局势，自然知道应该把准确消息报告给谁。如果负责验货的厨师长暗示供应商送礼，并在验货时有意放水，供应商的助手就汇报给总厨，一经了解确有此事，就把这个厨师长调职，大家看到这种情况，自然在采购验收上不敢马虎。

资料来源　李晓.采购吃回扣200余万元被抓！餐企如何对行业"潜规则"说不？[EB/OL].[2017-06-24].http://www.sohu.com/a/151694430_374849.

思考与讨论：

1.连锁餐企是如何监督管理采购回扣的？

2.案例中的采购4招术做法给其他连锁企业的启示有哪些？

🌰 实践训练

一

【实训项目】

采购业务绩效考核与改进

【实训情境设计】

通过实地调研及网络查询调查某一连锁企业的相关采购数据，利用采购绩效指标和标准对其进行考核，并通过考核对其提出改进措施。

【实训任务】

1.确定小组的角色和分工。

2.调查某一连锁企业连续两个月的相关采购数据。

3.分析采购成本是否降低，降低或上升多少百分比，并分析原因。

4.分析采购商品质量是否提高，供应商服务是否增值。

5.采购是否有效地支持了其他部门。

6.采购管理水平和技能是否得到提高。

7.针对采购业务的绩效考核提出相应改进意见。

【实训提示】

★调查同质性连锁企业同期同类商品的采购数据。

★结合连锁企业的内外部环境进行全面分析。

★利用相关分析软件进行考核，并提出改进意见。

【实训效果评价表】

采购业务绩效考核与改进评分表

考评人		被考评小组	
小组成员			
考评内容	采购业务绩效考核与改进		
考评标准	考评点	分值（分）	评分（分）
	采购成本是否降低	10	
	采购质量是否提高	20	
	供应商的服务是否增值	20	
	采购是否有效地支持了其他部门	20	
	采购管理水平和技能是否得到提高	20	
	组员的参与度	10	
合计		100	

注：评分满分为100分，60~70分为及格，71~80分为中等，81~90分为良好，91分以上为优秀。

二

【实训项目】

连锁超市采购人员绩效指标体系的设计

【实训情境设计】

立达公司是内地一家连锁超市公司，目前已经有门店10家。该公司孙经理准备对采购人员进行业绩考核，可是不知道如何进行。孙经理认为考核采购人员应该有量化指标，于是提出以今年的采购价与往年的相比来进行考核，大多数采购人员都表示反对，因为在采购中有很多的市场因素，不能单用价格来考核采购人员的绩效。请你帮助立达公司的孙经理策划采购人员的考核方案，设计考核的主要指标。

【实训任务】

1.确定小组的角色和授权。

2.收集关于连锁超市采购人员绩效评价体系的有关资料。

3.选择一家本地的连锁超市，对其采购人员的绩效考核进行实地考察。

4.完成本项目中关于采购绩效考核指标体系的设计。

【实训提示】

★明确项目背景与目的。

★在采购人员绩效指标体系设计的理论基础上，完成设计并附相关说明。

★在报告中附上参考文献。

【实训效果评价表】

连锁超市采购人员绩效指标体系的设计评分表

考评人		被考评小组	
小组成员			
考评内容	连锁超市采购人员绩效指标体系的设计		
	考评点	分值（分）	评分（分）
考评标准	明确项目背景与目的	10	
	采购人员绩效指标体系设计的理论基础	20	
	采购人员绩效指标体系设计的合理性	30	
	采购人员绩效指标体系设计的全面性	20	
	参考文献	10	
	组员的参与度	10	
合计		100	

注：评分满分为100分，60～70分为及格，71～80分为中等，81～90分为良好，91分以上为优秀。

第7章 连锁企业商品采购新趋势

学习目标

通过本章的学习，要求学生了解 JIT 采购、全球采购、联合采购、电子商务采购的发展趋势，理解 JIT 采购、全球采购、联合采购、电子商务采购的原则和意义，掌握 JIT 采购、全球采购、联合采购、电子商务采购的概念，掌握全球采购的过程和电子商务采购的技巧。

【引例】 **2017中国商品采购年会召开**

年采购达 20 万亿元规模的公共采购市场将引入电商平台，1 号店日前与中国物流与采购联合会公共采购分会、中国公共采购有限公司（以下简称中采公司）签署三方战略合作协议，入驻公共采购电子商城后，1 号店自营商品将直接推送至中采公司打造的"公共采购电子化平台"。这是继京东之后，第二家进入公共采购市场的电商。

作为我国公共采购领域唯一经有关部门授权的平台投资、运营商，中采公司已与 22 个省区市政府采购中心签署了共建电子化平台的协议。作为国内最大的快消品 B2C 电商平台，1 号店接入公共采购电子化平台，开启了阳光采购新模式。中国物流与采购联合会公共采购分会秘书长胡大剑表示："通过电商的公共采购新模式，将消除以往协议采购中价格偏高、不透明，以及不能根据市场价格变动采购的弊端。"

公共采购引入电商可以减少中间流通环节，进一步让利于采购方。据 1 号店副总裁郭冬东介绍，1 号店目前拥有超过 800 万种在售商品，注册用户接近 9 000 万户。1 号店还与宝洁、联合利华、欧莱雅、雀巢、亿滋、好时、百事等国际品牌达成了直接合作，可以使公共采购成本进一步降低。

中采公司副总裁彭新良表示，公共采购不仅有公开招标的模式，也有限额下的直接采购，电商的模式将大幅提高公共采购效率。与 1 号店等品类覆盖完备的供应商对接，真正实现面向中国公共采购领域的"公共电子商城"，成为符合未来公共采购形态的平台。

资料来源　王婉莹．电商 1 号店进入公共采购市场［EB/OL］．［2015-05-11］．http：//www.ce.cn/cysc/tech/gd2012/201505/11/t20150511_5333416.shtml.

7.1 供应链管理中的 JIT 采购

7.1.1 供应链管理环境下 JIT 采购的意义

准时化采购又叫 JIT（just in time）采购法，是一种先进的采购模式，对于供应链管理思想的贯彻实施有着重要的意义。供应链管理环境下的采购模式和传统的采购模式的不同之处在于，其采用订单驱动的方式。订单驱动使供应与需求双方都围绕订单运作，实现了准时化、同步化。要实现同步化运作，采购方式就必须是并行的，当采购部门产生一个订单时，供应商即开始着手物资的准备工作。然后采购部门编制详细的采购计划，制造部门也进行生产的准备工作，当采购部门把详细的采购单提供给供应商时，供应商就能很快地将物资交给用户。当用户需求发生改变时，制造订单又驱动采购订单发生改变，这是一种快速的改变过程，如果没有准时的采购方法，供应链企业很难适应这种多变的市场需求。JIT 采购增加了供应链的柔性和敏捷性，体现了供应链管理的协调性、同步性和集成性，供应链管理需要 JIT 采购来保证供应链的整体同步化运作。

7.1.2　供应链管理环境下 JIT 采购的基本思想

JIT 是准时化应用拉引式生产物流控制原理的方法。JIT 采购的目的就是要消除企业采购环节中的浪费，减少并最终消除原材料和外购件库存。准时化生产最先产生于日本，日本为了减少库存和降低成本，在生产控制中采用基于订单的准时化生产模式，实现生产过程的几个"零"化管理：零缺陷、零库存、零交货期、零故障、零（无）纸文书、零废料、零事故、零人力资源浪费。要进行这种准时化的生产必须要有准时化的供应，于是JIT 采购应运而生。

JIT 采购是一种先进的采购模式，是一种管理哲学。它的核心是在恰当的时间、恰当的地点，以恰当的数量、恰当的质量提供恰当的物品。只有当企业需要什么样的原材料就能供给什么样的原材料、什么时间要就能什么时间供应、需要多少就能供给多少时，企业的原材料和外购件库存才能降到最低水平。在这个基础上，企业物资的采购和供应才具有真正的柔性。减少并最终消除原材料和外购件库存，不仅取决于企业内部，而且取决于供应商的管理水平，还取决于全社会的物资管理水平。

7.1.3　供应链管理环境下 JIT 采购的特点

供应链管理环境下，JIT 采购和传统采购在采购批量、供应商选择、检查工作、协商内容等方面有很多不同，具体见表7-1。

表7-1　　　　　　　　　　　JIT 采购与传统采购比较

项目	JIT 采购	传统采购
采购批量	小批量，送货频率高	大批量，送货频率低
供应商选择	长期合作，单源供应	短期合作，多源供应
供应商评价	质量、交货期、价格	质量、价格、交货期
检查工作	逐渐减少，最后消除	收货、点货、质量验收等逐一进行
协商内容	长期合作关系，质量和合理价格	获得最低价格
运输	准时送货，买方负责安排	较低的成本，卖方负责安排
文书工作	文书工作少，需要的是有能力改变交货时间和质量	文书工作量大，改变交货期和质量的采购单多
产品说明	供应商革新，强调性能宽松要求	买方关心设计，供应商无创新包装
包装	小、标准化容器包装	普通包装，没有特别说明
信息交流	快速、可靠	一般要求

从表7-1可以看出它们的不同之处，JIT 采购相对于传统采购也有些新的特点：

第一，从为库存而采购到为订单而采购的转变。

在供应链管理环境下，采购活动是以订单驱动方式进行的，制造订单的产生是在用户需求订单的驱动下产生的，然后制造订单驱动采购订单，采购订单再驱动供应商。这种准时化的订单驱动模式，使供应链系统得以准时响应用户的需求，从而降低了库存成本，提高了物流的速度和库存周转率。例如，海尔集团实行JIT采购，每年可以为公司节约上亿元。海尔集团首席执行官张瑞敏曾说过，如果没有订单，现代企业就不可能运作。订单就意味着靠订单去制造，为订单去销售。如果没有订单的采购，那就意味着采购回来的物料就是库存，因为采购回来的这些物料到底给谁不知道；如果没有订单的制造，就等于天天虽然很忙，但是在制造库存，干出来的产品就等于天天增加库存；如果没有订单的销售，说到底就是处理库存，因为你不知道卖给谁，唯一的出路就是降价、削价处理。所以说订单在JIT采购中起着重要的作用。

第二，从一般的采购管理变为外部资源管理。

外部资源管理就是将采购活动渗透到供应商的产品设计和产品质量控制过程，同步化运营是供应链管理的一个重要思想。通过同步化的供应链计划，使供应链各企业在响应需求方面取得一致的行动，增加供应链的敏捷性。实现同步化运营的措施是并行工程，制造商参与供应商的产品设计和质量控制过程，共同制定有关产品质量标准，使需求信息能很好地在供应商的业务活动中体现出来。如美国思科公司将大部分生产交给合作厂商，自己主要进行最后的组装和调试，为此思科公司与合作厂商共同建立并维护一条网络化的供应链，以保持公司内部及业务合作伙伴之间信息交流的顺畅，进一步提高合作效率。

第三，变一般买卖关系为战略协作伙伴关系。

随着经济全球化，战略协作已成为人们的一种共识，合作化的程度也越来越高。通过联盟可以解决库存问题，可以降低因不可预测的需求变化而带来的风险，可以为共同解决问题提供便利条件，可以降低采购成本，可以为信息共享架桥铺路，可以消除供应过程中的组织障碍等，这些都为JIT采购创造了有利的条件。

要想实施JIT采购，应考虑到：选择最佳的供应商，并对供应商进行有效的管理是JIT采购成功的基石；供应商与用户的紧密合作是JIT采购成功的钥匙；卓有成效的采购过程质量控制是JIT采购成功的保证。结合供应链和JIT采购的特点，有几个方法可作为参考：

第一，精选少数供应商，建立伙伴关系。

选择供应商应从这几个方面考虑：产品的质量、供货情况、应变能力、地理位置、企业规模、财务状况、技术能力、价格、可替代性等。

第二，搞好供应商培训，确定共同的目标。

JIT采购是供需双方共同的业务活动，单靠采购部门的努力是不够的，还需要供应商的配合。只有供应商对JIT采购的策略和运作方法有了认识与理解，才能获得供应商的支持和配合，因此需要对供应商进行培训。通过培训，大家取得一致的目标，相互之间就能够很好地协调，做好采购的准时化工作。

第三，创建JIT采购班组。

世界一流企业的专业采购人员有3个责任：寻找货源、商定价格、发展与供应商的关系并不断改进。为此，首先应成立两个班组，一个是专门处理供应商事务的班组，该班组的任务是认定和评估供应商的信誉、能力，与供应商谈判签订准时化订货合同，向供应商发放免检签证等，同时负责供应商的培训。另外一个班组专门从事消除采购过程中的浪费工作。这些班组人员对JIT采购的方法应有充分的了解和认识，必要时要进行培训。

第四，制订采购计划，确保JIT采购策略有计划、有步骤实施。

这主要包括制订采购计划，改进当前的采购方式，减少供应商的数量，正确评价供应商，向供应商发放签证等。

@ 相关链接7-1

零售连锁企业JIT采购现状及问题

我国的零售连锁企业相对起步的时间不长，对市场的研究、消费需求和其他方面的变化了解不够，尤其是传统采购模式的转变尚未完全走上正轨，没有体现JIT采购的重要性及给企业带来的优势。

1.零售连锁企业JIT采购发展现状

某大型连锁超市根据自身的门店规模采用集中采购的采购方式，即在总部设立专门的商品管理机构和专职采购人员统一负责各门店的商品采购工作，包括统一规划同供应商的接洽、议价、商品的录入、商品的淘汰以及促销等，各门店只负责商品的陈列以及内部仓库的管理和销售工作；对于商品采购，各门店只有建议权，根据自己的实际情况向总部提出有关采购事宜。采取集中采购的方式，有利于降低商品的采购成本。大批量集中进货，可以充分享有采购商品数量折扣的优惠价格，进而大幅度减少进货费用，再辅以配套的统一配送机构与制度，能够有效控制采购的总成本。

2.零售连锁企业实施JIT采购存在的问题

（1）采购的目标仍旧是为了补充库存。

存放于仓库以及配送中心的大量库存占用了大量的资金，不利于资金的有效利用，且发出订单的原因也仅仅是出于对市场需求的预测。当市场需求发生变化时，往往会造成库存的大量积压，特别是对于生鲜产品，保质、保鲜期都相当短。当造成产品积压时，就有可能影响整个卖场的正常经营以及销售业绩。

（2）采购方与供应商是相互对立的关系。

为了取得最低的价格，采购人员通常需要了解商品的实际生产成本，包括原材料价格、加工成本等，增加了采购人员的工作负担；而供应商为了满足采购方的低价要求往往不注重质量的保证。这对双方的合作以及形象都造成了不良影响。

（3）对产品质量、交货期的控制难度大。

质量检验只能通过事后把关的方式，因为公司采购人员无法参与到供应商的生产组织过程和质量控制活动中，双方的工作是不透明的，采购方只能通过各种相关标准进行检查验收。

资料来源　华天谋.零售连锁企业JIT采购现状及问题［EB/OL］.［2015-09-02］. http：//www.sohu.com/a/30382064_128794.节选.

7.2 全球采购

7.2.1 全球采购概述

经济全球化的发展趋势，促使各国企业和各国政府都进行全球采购，在全世界范围内寻找供应商，努力寻找质量最好、价格最合理的商品。

1.全球采购的缘由

（1）品质。国外商品的性能是国内销售的同类型商品所达不到的。

（2）成本。全球采购的商品可能因订购量大、工资低、工厂好或货币兑换率等原因而便宜。

（3）时间。国外供应商有及时交货的可靠性。

（4）扩大供应基地。这是战略上的原因，为了拥有具有竞争力的供应基础及保证供给，必须开发国际供应商。

（5）补充供应缺口。有时满足不了国内销售的需求，其差额必须要用国外资源来补充。

（6）互惠贸易。以货易货、冲销或互惠贸易。

2.全球采购的优势

（1）价格优势。对发达国家来说，国外供应商提供商品的总成本要比国内低一些，因为发展中国家劳动力成本很低；由于汇率的影响，许多企业购买国外商品更为有利；国外供应商所提供的设备和工艺比国内厂家的更好，可以将出口的商品定位在一个相对较低的价位上，以便大量出口。

（2）质量优势。在某些商品上，国外供应商的商品质量更稳定。

（3）特色优势。某些原材料，特别是自然资源，国内没有储存，只能从国外大量进口。

（4）供应优势。受设备及销售能力所限，国外的供应商交货速度要比国内快。

（5）技术服务优势。由于国际化分工不断发展，特定的专有技术在不断变化，领先的国家也不断交替。

（6）营销优势。为了能在其他国家出售本企业商品，企业可能会答应向那些国家的供应商采购一定金额的货物。

（7）竞争优势。引进国外供应商带来的竞争，通常会给国内的供应商造成压力。

3.全球采购发展的障碍

（1）语言沟通问题。各国存在文化差异，共同遵循的行为规则不同。特定人群的利益、习惯、价值观、交流方式和谈判风格，不同的文化、语言或专有名词等都会造成沟通问题。

（2）货币问题。至少有一方要使用外币进行计价、结算和支付，而整个交易会有一个期限，外币与本国货币的兑换比率会在这个期限内发生变化，因此存在外汇风险。

（3）价格水平不同。商品价格以商品的国际价值为依据，随着国际市场上商品供求关系的变化而变化，具有更大的价格风险。

（4）贸易手续复杂。除了国内采购的所有手续和程序外，全球采购还涉及进出口许可证的申请、货币兑换、保险、租船订舱、商品检验、通关、争议处理等复杂手续和相关事宜。

（5）运输成本问题。全球采购意味着远距离的商品运输，必须考虑由此带来的时间成本和运输成本。

（6）前置时间较长。运输时程不确定，无法预估各种不同活动所需的时间，所以全球采购需要更多的沟通协调。

7.2.2　全球采购的过程

1.全球采购前的准备工作

（1）编制全球采购计划。

全球采购计划规定了拟进行的全球采购业务的基本要求，它的编制标志着全球采购业务的开始。全球采购业务的种类、用途不同，全球采购计划的内容也不同，主要包括采购单位名称，采购目的，采购商品的名称、品质、数量、单位、总价，采购国别，贸易方式，到货口岸以及经济效益分析等。

（2）市场调研。

市场调研包括对采购商品的调研和对出口商资信的调研。对采购商品的调研要根据商品特点有重点地进行，如对一般商品来说，主要调查商品的适用性、可靠性，以及价格、质量、成分、货源等内容，并予以全面分析和综合考虑；而对大型机器设备及高新技术商品，则要注意调查其技术的先进性。对出口商资信的调研包括出口商对我国政府的态度，目前的经营状况，以往交往中的信用、销售能力、技术水平等。一般来说，应选择资金雄厚、技术先进的大公司作为贸易伙伴，避免通过中间商。

（3）拟订全球采购方案。

全球采购方案是采购公司在国外市场调研和价格成本核算的基础上，为采购业务制定的经营意图和各项具体措施安排。其内容包括采购数量和时间的安排，采购交易对象选择的安排，采购成交价格的掌握，以及采购方式和采购条件的掌握等。

2.全球采购合同的履行

全球采购合同的履行的主要内容有开立信用证、租船订舱与催装、办理货运保险、审单与付汇、报关与接货、验收与拨交等，如出现损失还须办理索赔。

（1）开立信用证。

买方履行全球采购合同的第一项程序是要按照合同的规定时间开立信用证。其具体手续是：买方按合同规定的内容，填写开具信用证申请书，连同全球采购合同副本或复印件交送相关银行；相关银行根据全球采购合同的规定，审查开具信用证申请书，无误后便开立信用证寄发国外。对此，要注意以下几点：

①开证内容必须与全球采购合同一致。

②开证时间要严格按合同规定的时间办理。迟开，不仅要承担违约责任，还会推迟到货时间；早开，供应商固然欢迎，但采购方会增加费用支出。

③如果开证以对方提供出口许可证（影印本）或履约担保书为条件，则必须在收到买方已领到许可证或担保书的正式通知后方可开证；在某些特殊情况下，必须先开证的，可先行开证，但要在证内附列该证必须在受益人交验许可证或交付保证金后才能生效的限制条件。

④信用证开出后，如果需要修改，无论由买卖双方中的哪一方提出，均应经双方协商后方可办理。

（2）租船订舱与催装。

按FOB条件成交的全球采购合同，在开出信用证后，买方应及时委托外运公司办理租船订舱手续。手续办妥后，要迅速将船名、船期通知卖方，以便卖方备货装船，做好船货衔接工作。同时，买方还应了解和掌握卖方备货和装船前的工作准备情况，做好催装工作。必要时，还可委托我驻外机构等就近了解、检查、督促卖方，使其按时履行交货义务。

货物装船后，卖方应按合同规定及时发出装船通知，以便买方提前办理保险和接货等各项手续。如卖方未发出或未及时发出装船通知，同样要承担违约责任。

（3）办理货运保险。

按FOB条件成交的全球采购合同，办理货运保险是买方的责任。具体手续由买方委托外运公司办理。因此，每次全球采购货物，买方或外运公司在收到国外装船通知后，都应将船名、提单号、开船日期、货物名称、数量、装运港、目的港等项目内容通知保险公司，办理货运保险手续。

（4）审单与付汇。

货物装运后，卖方便将汇票和货运单据交送出口地银行议付，议付行随即将汇票和货运单据转寄相关银行；相关银行在买方的配合下，对单据进行审核，如果符合信用证规定，便向国外卖方付款；如存在不符，应立即要求国外议付行改正，或暂停对外付款。按惯例，银行付款后才发现有误时，不能对外国银行行使追索权，所以审单工作一定要认真细致。同时，买方应立即按国家外汇牌价向相关银行购买外汇，赎取单据，以便报关、接货。

（5）报关与接货。

货物抵达目的港后，买方应及时办理报关、接货手续。海关凭进口许可证或报关单，查验货证，无误后放行，买方接货。货物的报关、接货一般由采购方企业委托外运公司代办。

（6）验收与拨交。

货物在卸船时，港务局要核对卸货，如发现缺少，应填制"短缺报告"，交买方签认，作为索赔的证据；如发现残损，应将货物存于海关指定的仓库，由保险公司会同商检机构进行检验鉴定。货物经过检验鉴定后，由买方委托外运公司提取货物并转交给订货单位。

（7）索赔。

全球采购的货物都要进行检验，如果发现其品质、数量、包装等方面不符合合同规定，应当进行鉴定，以便提出索赔。

7.2.3 全球采购的风险

1.全球采购风险的概念

全球采购风险是指全球采购过程可能出现的一些意外情况，包括人为风险、经济风险和自然风险。供应商群体产能下降导致供应不及时、货物不符合订单要求、呆滞物料增加、采购人员工作失误，以及供应商存在不诚实甚至违法行为等情况都会影响采购预期目标的实现。

2.全球采购风险的分类

连锁企业全球采购风险从外因、内因上可分为企业采购外因型风险和企业采购内因型风险。

（1）企业采购外因型风险。

①意外风险。物品采购过程中由于自然、经济政策、价格变动等因素所造成的意外

风险。

②价格风险。一是由于供应商操纵投标环境，在投标前相互串通，有意抬高价格，使企业采购蒙受损失；二是当企业采购认为价格合理时，批量采购，但该种物品可能出现跌价而引起采购风险。

③采购质量风险。一是由于供应商提供的物品质量不符合要求，而导致加工产品未达到质量标准，或给用户造成经济、技术、人身安全、企业声誉等方面的损害。二是因采购的原材料的质量有问题，直接影响到企业产品的整体质量、制造加工与交货期，降低企业信誉和产品竞争力。

④技术进步风险。一是企业制造的成品由于社会技术进步导致贬值、无形损耗或被淘汰等，原有的已采购原材料的积压或者因质量不符合要求而造成损失；二是采购物品由于新项目开发周期缩短导致贬值、无形损耗或被淘汰等，如计算机新型机不断出现，更新周期愈来愈短，刚刚购进了大批计算机设备，但因信息技术发展，所采购的设备已经被淘汰或使用效率低下。

⑤合同欺诈风险。一是以虚假的合同主体身份与他人订立合同，以伪造、假冒、作废的票据或其他虚假的产权证明作为合同担保；二是接受对方当事人给付的货款、预付款、担保财产后逃之夭夭；三是签订空头合同，而供应商本身是"皮包公司"，将骗来的合同转手倒卖，从中牟利，而企业所需的物品则无法保证；四是供应商设置的合同陷阱，如供应商无故中止合同，违反合同规定等。

（2）企业采购内因型风险。

①计划风险。因市场需求发生变动，影响到采购计划的准确性；采购计划管理技术不科学，与目标发生较大偏离，导致采购中的计划风险。

②合同风险。一是合同条款模糊不清，盲目签约，违约责任、约束简化，口头协议，君子协定，签证、公证合同比例过低等；二是合同行为不正当，卖方为了改变在市场竞争中的不利地位，往往采取一系列不正当手段，套取企业采购标底，或者给予虚假优惠，以某些好处为诱饵公开兜售假冒伪劣产品，而有些采购人员则贪求蝇头小利，牺牲企业利益，没有严格按规定签约；三是合同日常管理混乱。

③验收风险。在数量上缺斤少两；在质量上鱼目混珠，以次充好；在品种规格上货不对路，不合规定要求等。

④存量风险。一是采购量不能及时供应生产经营之需要，生产经营中断造成缺货损失而引发的风险；二是商品过多，造成积压，大量资金沉淀于库存中，失去了资金的机会利润，形成存储损耗风险；三是商品采购时对市场行情估计不准，盲目进货，造成价格风险。

⑤责任风险。许多风险归根到底是一种人为风险，主要体现在责任风险。例如，在合同签约过程中，由于工作人员责任心不强，未能把好合同关，造成合同纠纷，或是采购人员假公济私、收受回扣、牟取私利。

3. 影响全球采购风险的因素

在进行全球采购的时候，需要考虑一些潜在的风险问题。这些问题包括：

（1）货币。

货币风险是指进出口商的货币之间相对价值的变化所带来的风险。各种货币的需求和供给总是不断变化，所以一种货币兑换另一种货币的比率也不断变化着。这种汇率的波动与价格变化一样会影响全球贸易和全球采购。应该向该领域的专家咨询最好的实践方法，以减小风险。

（2）语言。

同一个单词在不同的文化中可能代表不同的意思。在进行全球采购时，你需要考虑用另一种语言进行沟通的问题。

（3）文化。

商业习惯和文化在世界各地都有很大的不同。买方在进行谈判前应该特别了解这些。在亚洲，如何递交名片这样简单的事情都非常重要。

（4）政治和经济的稳定。

如果一个地区的政治不稳定，那么会使你的企业面临不必要的风险。

（5）运输方式。

运输方式对成本、交付周期和缓冲库存水平都有影响，因此需要加以考虑。

（6）运输和包装成本。

运输和包装成本可能占产品成本的很大一部分，需要认真考虑。谁负责运输、风险何时转移以及货物保险责任等情况都应该予以考虑。应该正确地应用《国际贸易术语解释通则》（INCOTERMS）。

（7）交付安排。

交付条款不同，交付方式也不同。

（8）供应商的评估。

在全球采购中，选择供应商非常关键，因此有必要对供应商进行评估。

（9）规格和标准。

全世界都认可 ISO 9000 质量标准及其他类似的质量标准，因此供应商应尽量得到这些质量标准的认证。

（10）适用法律。

必须清楚地说明合同所适用的法律。如果合同所适用的法律不是你本国的法律，那么应该规避由此带来的风险。

（11）货物税。

货物税占产品成本的很大一部分，因此确保支付合适的货物税很重要，否则会增加全球采购产品的成本。

@ 相关链接7-2

永辉生鲜全球贸赴澳　与澳洲JBS签澳牛战略协议

近日，永辉生鲜全球贸奔赴澳洲，与澳洲最大肉类加工企业JBS签署战略协议。未来，生鲜全球贸将向对方采购量级澳牛，而JBS也将在品质与价格上给予永辉最大保证。

与此同时，生鲜全球贸还与牛奶国际的供应商Stanbroke、澳洲第二大牛肉加工企业Teys、新希望收购的Kilcoy进行了深入的交流、合作洽谈。未来，通过永辉渠道销售的澳洲牛肉产品将更加丰富以及具有性价比。

作为澳洲最大的肉类加工企业，JBS 每天屠宰超过 8 000 头牛。升级中的中国市场无疑对于其具有巨大吸引力。在过去的近 4 个月，JBS 已有超过 100 吨牛肉进入永辉渠道。

通过价格更为亲民的草饲牛肉进入市场，永辉直采澳洲牛肉项目成功完成了 1.0 版本。项目自今年 5 月启动以来，在过去 3 个多月，很多进入永辉超市的消费者，会在生鲜区域看到"懂!才更牛"的永辉澳牛直采专区。

未来，永辉直采澳洲牛肉项目将升级到 2.0 版本。永辉直采澳洲牛肉覆盖的门店将从几十家增长到几百家。除了草饲冷鲜牛肉之外，还将增加谷饲、冷冻等品种。配套的服务也将更加多元，菜谱、商品知识及社区活动等也将慢慢普及。

资料来源　郑媛媛.永辉生鲜全球贸赴澳 与澳洲 JBS 签澳牛战略协议［EB/OL］.［2017-08-31］.http://www.linkshop.com.cn/web/archives/2017/386154.shtml.

7.3 中小连锁企业的联合采购

作为中国经济的"毛细血管"，中小企业规模虽小，但数量庞大，已成为经济社会发展的重要力量，在增加就业、促进经济发展与社会稳定等方面具有不可替代的作用。2017 年 9 月 1 日，十二届全国人大常委会第二十九次会议表决通过《中小企业促进法（修订案）》，在对中小企业的财税支持、融资促进、创业扶持、市场开拓、服务措施、权益保护等方面的规定更细、更实。2015 年年末，全国在工商管理机构注册登记的中小企业超过 2 000 万家，个体工商户超过 5 400 万户，中小企业利税贡献稳步提高。以工业为例，截至 2015 年年末，全国规模以上中小工业企业（从 2011 年起，规模以上工业企业起点标准由原来的年主营业务收入 500 万元提高到年主营业务收入 2 000 万元）36.5 万家，占规模以上工业企业数量的 97.4%；实现税金 2.5 万亿元，占规模以上工业企业税金总额的 49.2%；完成利润 4.1 万亿元，占规模以上工业企业利润总额的 64.5%。中小企业提供 80% 以上的城镇就业岗位，成为就业的主渠道。据统计，原材料采购成本每降低 1% 所带来的利润，相当于销售额增长 8%~10%。生产成本占中小企业支出的比例最大，而生产成本中最大项之一就是采购成本，因此中小企业势必由原先向销售要利润转向向采购环节要利润。

联合采购是近些年发展起来的新型采购方式。联合采购是指在同性质的企业里，把需要购买同一产品的客户联合在一起，使该产品的数量达到可以取得价格折扣的规模，然后向供应商提出采购的行为。通过联合采购，可以大大降低中小企业的采购成本和交易成本，提高采购效率，拓宽信息渠道，加强中小企业（采购商）与供应商的有效联系。联合采购在国外应用得比较早，而且比较成熟。如成立于 1990 年的美国最大的联合采购体——FPN（药业网络联盟），现拥有全美 20 个药品采购集团成员，代表 1 万家独立药店。自 1998 年以来，随着德国市场零售业持续的并购浪潮，造就出越来越多的零售业大型集团，由于这些集团具有控制价格的能力，因此德国的中小企业纷纷加入"联合采购组织"，联合众多会员大批量进货，以压低价格，同时为制造业者提供担保。但是，联合采购在国内发展的不是很成熟，而且国内实行的联合采购大部分属于大型企业内部或者几个大型企业之间的联合。

7.3.1 中小连锁企业联合采购模式

传统采购过程中只存在简单的采购商和供应商关系（如图7-1所示），而联合采购在采购商和供应商之间多了一层联合采购联盟组织（如图7-2所示）。采购联盟相对于中小连锁企业采购商来讲是原材料的供应商。但是，中小连锁企业通过采购联盟向供应商进行采购时，采购联盟又作为一个原材料采购商的身份出现。采购联盟具有集采购商和供应商两种角色为一体的特征。联合采购使众多中小连锁企业的采购捆绑在一起，形成规模优势，有利于与供应商抗衡。通过专业性的联合采购，使得中小连锁企业可以专心致力于营销体制的创新、市场渠道的推广，甚至通过联合采购得到大量由于自身的规模不足而原本不可能得到的信息。从利益分配的角度来看，传统采购中采购商和供应商是直接的利益关系，而联合采购中采购商和供应商之间存在着间接的利益关系，其利益通过采购联盟实现。所以采购联盟如何实现采购商和供应商之间的利益在很大程度上决定了联合采购在中小连锁企业中运行的成败。

图7-1 传统采购供应关系图

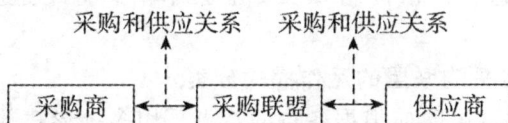

图7-2 联合采购供应关系图

中小连锁企业的联合采购模式（如图7-3所示）中有3个主体，分别是中小连锁企业、采购联盟和供应商，其中最关键的是采购联盟这一主体，采购联盟的不同决定了中小连锁企业联合采购模式的不同。

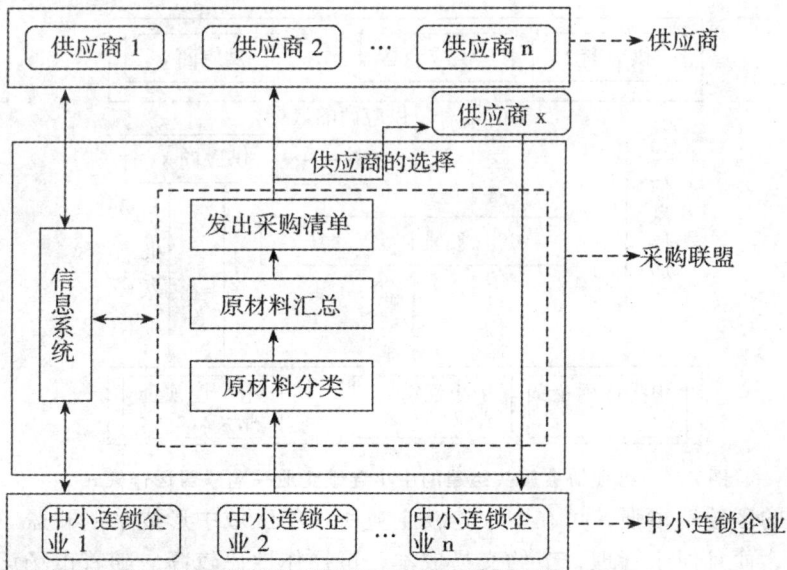

图7-3 中小连锁企业的联合采购模式

1.中小连锁企业（采购商）

中小连锁企业（采购商）是联合采购模式中的原始需求方。在这个联合采购模式中，我们以中小连锁企业作为研究对象。中小连锁企业销售的产品品种繁多，同时销售具有不确定性，因此采购联盟在选择中小连锁企业时，可以是同一行业内的中小连锁企业，也可以是需要同一规格商品的中小连锁企业。

2.供应商

供应商是采购联盟的供应商。采购联盟所选择的供应商可以是国内的，也可以是国外的，而且大、中、小型都有可能。中小连锁企业的采购订单通过采购联盟的联合，在供应商心目中的地位提升，供应商为了能保持与采购联盟的长久合作，势必主动建立战略合作关系，制订采购和供应计划、积极向采购联盟提供商品信息。

3.采购联盟

采购联盟是把同质性中小连锁企业（行业内企业所需商品具有相对一致性，或者是企业所需要的商品具有相似性）的采购订单联合起来，共同向供应商发出采购请求，目的在于通过规模取得采购价格折扣，同时为中小连锁企业提供更多的采购管理服务。通过图7-3可以看出，在采购联盟内的中小连锁企业拥有比联盟外中小连锁企业所不具备的优势，如商品信息、价格优惠以及专业技术信息等，这些信息都是通过采购联盟进行传递的。

7.3.2 中小连锁企业采购联盟的运作模式分类

中小连锁企业运用联合采购应根据各自的特点采用多种形式的采购联盟方式，因为不同的采购联盟组织会选择不同的运作方式，同时将用不同的管理机制来控制中小连锁企业（采购商）–采购联盟–供应商之间的关系。

1.行业协会领头组建的中小连锁企业采购联盟运作模式

行业协会领头组建的中小连锁企业采购联盟运作模式如图7-4所示。

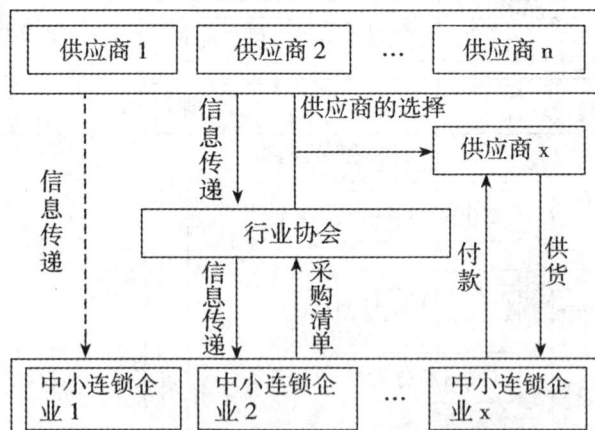

图7-4 行业协会领头组建的中小连锁企业采购联盟运作模式

行业协会的区域性很强，可在中小连锁企业所处的区域中形成采购联盟。这种模式下物流配送方便，而且便于管理，节约交易成本，可操作性比较高。随着市场竞争的日趋激烈，市场信息量增长迅速、真假难分，单靠一个中小连锁企业独自完成对商品采购信息的搜寻、甄别，成本很大。然而，借助中小连锁企业行业协会可以有效地进行采购信息搜寻、甄别，能降低市场成本。

由行业协会组建的采购联盟，由于中小连锁企业没有参与到采购的具体操作过程中，因此很难及时掌握采购信息。同时大多行业协会存在着"官商作风"的问题，办事程序多、效率不高，这在一定程度上影响了采购的效率。此外，很难有效对中小连锁企业的多变性做出迅速反应，以适应其变化。

2.多家中小连锁企业以结盟方式共同组建的中小连锁企业采购联盟运作模式

多家中小连锁企业以结盟方式共同组建的中小连锁企业采购联盟运作模式如图7-5所示。这种模式中的采购联盟随意性较大，自发组织的联盟成员具有不确定性，所以把该联盟界定为临时性组织，甚至可界定为一次性组织，或者是虚拟组织。该模式下的信息传递可以看成供应商与中小连锁企业之间的传递，因为采购联盟中有各联盟中小连锁企业的具体负责人，所以从供应商那里收到的信息可以直接无阻碍地传递给中小连锁企业。

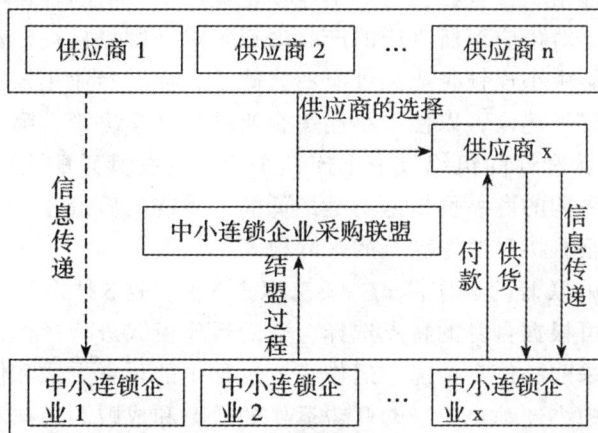

图7-5 多家中小连锁企业以结盟方式共同组建的中小连锁企业采购联盟运作模式

此种模式的优点在于中小连锁企业亲身参与到采购活动中去，对采购的价格、采购的折扣、采购的质量、供应商的情况都有全面的了解，尤其是所了解关心的具体价格折扣点和供应商的服务质量。在该模式中，中小连锁企业不用担心会产生"机会主义联盟"，对采购活动有较强的控制能力，采购的过程相对较透明。但是，该模式下参与的中小连锁企业数量毕竟是有限的（参与到采购活动中的各中小连锁企业具体负责人有限），在这个前提下所收集到的信息和对采购知识的掌握程度也是有限的。此外，中小连锁企业以结盟的方式组建的采购联盟模式不可能长期存在，只会针对具体的目标而建立。如果目标变更，则采购的主体就相应变更，致使联盟内的成员处于不断的变化中，而且没有固定的采购联盟组织形式，无形中加大了采购联盟运作的不确定性。

3.第三方运营的中小连锁企业采购联盟运作模式

第三方作为一个专门从事采购业务的营利性组织，用其专业化的知识为中小连锁企业服务。第三方运营的采购联盟模式中，中小连锁企业和供应商之间的信息都要靠第三方来传递，包括货款的支付等，供应商直接向中小连锁企业进行供货。第三方运营的中小连锁企业采购联盟运作模式如图7-6所示。

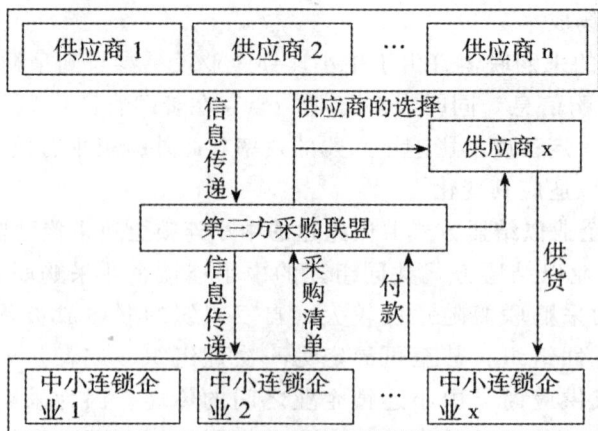

图7-6　第三方运营的中小连锁企业采购联盟运作模式

第三方作为营利性组织，势必会对中小连锁企业和供应商的各自利益有所保障，如采购质量、供货时间等，对供应商所生产的产品进行跟踪、监督检查，对所收集到的信息进行专业化加工并传递给中小连锁企业和供应商。此外，拥有专业化知识的第三方会对中小连锁企业的经营决策提供建议，以使中小连锁企业进行科学决策。第三方运营的采购联盟模式中第三方是一个营利性的组织，中小连锁企业在委托其采购之时会对第三方产生疑虑，如通过第三方所采购的商品价格是不是最低的、采购的质量能不能得到保障等，这使得中小连锁企业一时很难接受这个新型的采购模式。

中小连锁企业采购联盟的运作模式主要有以上3种。这3种采购联盟运作模式各有优缺点，中小连锁企业可根据自身的特点选择合适的运作模式进行操作，趋利避害。在操作过程中，尤其要注意采购的信息传递、运作模式过程中的付款方式和供应商的选择，因为这些要素直接关系到中小连锁企业采购联盟运作的效率和成败。采购联盟选择的运行方式直接关系到采购联盟的生存与发展，如何有效运行采购联盟体系，取决于联盟各要素之间的利益分配机制。规模效应应使中小连锁企业采购和采购联盟得到优惠，从而达到双赢。这是采购联盟管理中必须认真对待的问题。

@相关链接7-3

区域家电连锁商密谋"翻身"　向大厂联合采购

2015年6月12日下午，全国各地区域家电连锁商的掌门人、高管180多人和中外知名家电品牌的老总、销售负责人120多人齐聚重庆，他们想密谋什么呢？

《第一财经日报》记者获悉，区域家电连锁商在中国家用电器商业协会旗下，当天正式成立品牌委员会，建立联合向家电品牌厂包销订制的常规机制，希望在家电市场增长放缓、电商冲击等压力下，找到一条"翻身"之路。

四大压力

家电市场进入盘整期、电商向三四线市场渗透、全国连锁商往二三线城市扩张、厂家渠道扁平化，已成为区域家电连锁商的四大压力。

在昨天下午举行的"2015中国（重庆）区域家电连锁品牌合作TOP会"上，中怡康副总裁彭煜说，随着政府刺激政策退出，2014年国内家电销售额增幅从上年的18.8%骤降至5.3%，市场规模达到14 506亿元。2015年1—4月，国内家电市场销售额为5 021亿元，增速进一步放缓至4.4%。今年线上市场销售额仍快速增长，线下销售额有的地方甚至出现两位数的负增长。

苏宁、国美往二三线城市扩张，也对区域家电连锁商构成压力。但山东家电行业协会会长曹海奎告诉本报记者，区域家电连锁商受到的最大冲击来自电商。因为互联网让价格更加透明，消费者喜欢上网比价，使区域之间的价差缩小。区域家电连锁商的收入、利润遇到增长瓶颈。

原来区域家电连锁商还有一些家电批发业务，山东家电行业协会会长曹海奎说，现在厂家都在推进渠道扁平化，三四线市场家电批发业务在萎缩，迫使区域家电连锁商加快转型。

连总部在深圳、聚焦高档家电市场的区域家电连锁商"顺电"，去年也出现业绩下滑。2014年顺电登陆新三板，据其2014年财报显示，顺电有15家门店，去年营业收入为23.9亿元，同比下降5.7%；毛利率为15.5%，同比减少4个百分点；净利润亏损2.8亿元。

抱团取暖

"一些厂家资源向电商倾斜，对区域家电连锁商支持不足，"中怡康副总裁彭煜向本报记者直言，"所以区域家电连锁商要抱团取暖，联手向厂家要资源、要政策。"

其实，不少区域家电连锁商是"本地王"。中怡康的数据显示，重庆百货、武汉工贸、唐山百货、长春欧亚等在当地家电零售市场的份额都超过40%~50%，像重庆百货一年家电销售额约100亿元。

如今，这些区域家电连锁商的龙头企业结成联盟，有了实质性的举措。6月12日，中国家用电器商业协会的品牌委员会正式宣布成立，目的是更好地推进区域家电批发、零售渠道与国内外知名家电品牌采购合作，培育新型供销关系、提升区域家电流通渠道的产品竞争力。

中国家用电器商业协会理事长彭宝泉表示，希望品牌委员会的成立，可以搭建一个厂商合作、交流的平台，建立一个联采、联供的机制，构建一种紧密合作、和谐共赢的关系，起到"厂商链接器、市场转换器"的作用。

6月12日下午首先举行闭门会议，海尔、美的、格力、长虹、西门子、三星、LG、海信科龙、奥克斯、松下、索尼、惠而浦、飞利浦、伊莱克斯、格兰仕、新飞、奥马、立升、象印、沁园等家电品牌的销售负责人，与重百股份电器、武汉工贸家电、江西四平家电、长春欧亚电器、唐百电器、福建东南电器、步步高电器等区域家电连锁商高层，就大单采购、定制包销采购进行对接，并探讨了和谐零供关系、区域家电市场消费升级、渠道转型等话题。

在随后的"开门"大会期间，美的集团副总裁王金亮告诉《第一财经日报》记者，全国各地80多家区域家电连锁商，共有约1 200个门店，年零售额近千亿元，合起来相当于苏宁或国美的规模。目前，美的主要渠道是"4+2"，4指线下的苏宁、国美、区域TOP连锁、美的旗舰店，2指线上的天猫、京东（易购纳入苏宁计算），"4+2"已占美的销售收入的七成。所以，美的从去年开始，为区域家电连锁商提供专供机型，与全国连锁、电商平台的型号错开，避免区域家电连锁商受到冲击。

转型方向

联手争取厂家支持是一方面，区域家电连锁商的转型仍然不可避免。

中怡康副总裁彭煜认为，目前经济环境下，实体经济仍面临巨大的增长压力，预计今年国内家电市场规模出现5%以上个位数下滑的可能性极大。质量提升、效率优化，将成为家电生产、流通企业在经济放缓期的共同出路。

彭煜说，不同区域的家电连锁商之间需要合力，包括管理经验交流、联合采购、数据共享等，以提升整体竞争力。与此同时，区域家电连锁商要与生产商一起，回归服务顾客的根本。

他建议，家电厂商以数据为基础，订制适合当地的差异化产品，创造更大的附加值，降低采购成本，挤干价格水分，最终降低消费者购买价格，厂商得市场，顾客得实惠。

那么，区域家电连锁商如何盈利呢？彭煜说，应该向区域服务商转型。区域家电连锁商不只卖产品，还提供安装、配送、售后维修等服务。这样，不管电商如何发展，落地还是要依靠当地龙头企业，区域家电连锁商始终有自己生存的空间，并且可以增强本地用户的黏性和忠诚度。

"淄博市的新星公司过去做家电批发，现在家电批发业务萎缩，它拓展物流业务，承接了海尔、海信在这个地区的物流配送服务，也活得不错。"山东家电行业协会会长曹海奎说。

步步高电器城总经理余腾达在今年3月的上海家电展上提出，区域家电连锁商也要积极利用互联网手段，建设智能门店，免费提供WIFI；提高智能产品占比，增强门店体验功能；步步高还建立了"云猴"的移动互联网平台，今年用户将增至1 000万户，"我们也在做粉丝营销"。

资料来源　王珍.区域家电连锁商密谋"翻身"向大厂联合采购［EB/OL］.［2015-06-15］. http：//tech.sina.com.cn/e/2015-06-15/doc-ifxczqar0902097.shtml.

7.4 电子商务采购

7.4.1 电子商务概述

1.电子商务的含义

电子商务最早产生于20世纪60年代，发展于20世纪90年代。通俗地说，电子商务就是在计算机网络（主要指互联网（internet））的平台上，按照一定的标准开展的商务活动。当企业将它的主要业务通过内联网（intranet）、外联网（extranet）以及互联网与企业的职员、客户、供销商以及合作伙伴直接相连时，其中发生的各种活动就是电子商务。

电子商务的定义有多种，以下是一些组织、公司、学术团体等总结的较为全面的定义，在此介绍给大家以供学习。

（1）经济合作与发展组织（OECD）。电子商务发生在开放式的网络上，包括企业之间（business to business，B2B）、企业和消费者之间（business to consumer，B2C）的商业交易。

（2）联合国国际贸易法委员会（UNCITRAL）。电子商务是采用电子数据交换（EDI）和其他通信方式增进国际贸易的职能。

（3）IBM公司。电子商务（e-business）强调的是在网络计算环境下的商业化应用，不仅仅是硬件和软件的结合，也不仅仅是我们通常意义上的强调交易的狭义的电子商务（e-commerce），而是把买方、卖方、厂商及其合作伙伴在互联网、内联网和外联网上结合起来的应用。它同时强调，这三部分是有层次的，只有先建立良好的内联网，建立好比较完善的标准和各种信息基础设施，才能顺利扩展到外联网，最后扩展到e-commerce。

（4）美国惠普公司（HP）。电子商务（e-commerce）是通过电子化手段来完成商业贸易活动的一种方式，电子商务使我们能够以电子交易为手段来完成物品和服务等的交换，是商家和客户之间的联系纽带。它包括两种基本形式：商家之间的电子商务及商家与最终消费者之间的电子商务。

（5）美国政府。电子商务是通过互联网进行的各项商务活动，包括广告、交易、支付、服务等活动，全球电子商务将会涉及全球各国。

总结起来，从宏观上讲，电子商务是计算机网络的又一次革命，是通过电子手段建立一种新的经济秩序，不仅涉及电子技术和商业交易本身，而且涉及诸如金融、税务、教育等社会其他层面；从微观上讲，电子商务是指各种具有商业活动能力的实体（生产企业、商贸企业、金融机构、政府机构、个人消费者等）利用网络和先进的数字化传媒技术进行的各项商业贸易活动。虽然至今为止人们尚未对电子商务有一个统一、明确的认识，甚至电子商务可以追溯到以莫尔斯码点和线的形式在电线中传输的商贸活动。20世纪70年代的电子数据交换（electronic data interchange，EDI）技术的发展可以看作真正意义上的电子商务，但由于它的复杂性与非通用性，严重约束了其全面推广的可能。真正使电子商务迅猛发展则是互联网上通讯标准与HTML标准得到IT行业的支持，成为电子商务的主流之后而带来的革命性变革，这开辟了运用电子手段进行商务活动的新纪元。

2.电子商务的优势

相对于传统商务，电子商务有以下优势：

（1）降低企业的交易成本。

电子商务对企业最大的影响就是降低企业的交易成本，主要表现在以下几个方面：

第一，电子商务可以降低企业的促销成本。

国际数据公司的调查：利用互联网作为广告传媒，进行网上促销活动，结果是销售额增加10倍的同时，费用只是传统广告的1/10。美国宾夕法尼亚的安普公司曾经花费800万美元印刷商品目录，而现在其将销售的7万种商品目录做成数据库的形式在互联网上展示，成本大大降低，销售额却大大增加。除此之外，精心制作的数据库网页将方便客户准确及时地查找到所需要的商品情况，而纸张印刷品却无法做到这一点。随着企业电子商务的展开，网络客户支持系统受到厂家和客户的欢迎。企业提供有效的网上客户支持，可以大大降低电话咨询的次数。例如，美国联邦捷运公司通过设立网上咨询服务系统，使客户可以随时跟踪快递包裹的运输情况，而客户每次查询仅花费公司0.1美元；而用传统的咨询方式却要花费企业7美元。可见，网上技术支持服务的费用大大少于传统的电话咨询的费用。

第二，电子商务降低采购成本。

通过互联网的电子商务活动，企业可以加强与主要供应商之间的协作，将原材料的采购和商品的制造过程有机地结合起来，形成一体化的信息传递和处理系统，从而降低了劳动力、印刷和邮寄成本。采购人员也有更多的时间致力于合同条款的谈判，并注重和供应商创立稳固的供销关系。

（2）减少企业的库存。

商品的生命周期越长，企业就需要越多的库存来对付可能出现的交货延迟、交货失误，面对市场的反应速度也就越慢。而且，库存的增多也会增加运营成本，降低企业的利润。何况，高库存量也不能保证向客户提供最佳的服务。

IBM个人系统集团公司从1996年开始应用电子商务高级计划系统。通过该系统，零售商和供应商将一系列相关商品的最新预测发送出去，连接在互联网上的主机在接收到最新预测后，对大家的预测进行对比，并标出差异。该差异将使零售商和供应商的计划人员重新调整计划。为了避免操作复杂，软件设计公司针对具体的交易情况将该软件设计成可自动处理和调整的方式。这样，供应商就可以准确地依据零售商的需求销售，以销定产，使库存保持在适当的容量，从而降低库存成本。

（3）缩短企业的销售周期。

每一项商品的销售成本都涉及固定成本的支出，固定成本并不随销售数量的变化而变化，而与商品的销售周期有关。电子商务的出现缩短了商品的销售周期，从而降低了企业的销售成本。

（4）24小时无间隔运作，增加企业的交易机会。

由于网络技术的开放性和全球性，使基于网络的电子商务没有时间和空间的限制。一周7天，每天24小时，不间断的运作给企业增添了许多机会。

7.4.2 电子商务采购模式

电子商务采购所要进行的业务涉及供应商和采购商两个主体。有些电子商务采购信息来自企业外部，如采购商品信息，这给电子商务采购模式的建立提供了各种可能性。企业的电子商务采购模式主要有以下3种：

1.卖方模式

卖方模式是指供应商在互联网上发布其商品的在线目录，采购方则通过浏览来取得所需的商品信息，以做出采购决策，并下订单以及确定付款和交付选择。这就像一个购物者在一条商业大街上，选择不同的"商店"，不断地进行比较以购买商品。在这个模式里，供应商必须投入大量的人力、物力和财力以建立、维护与更新商品目录，所以成本较高、操作较为复杂。而对采购方则恰恰相反，他们不需要花费太多就能得到自己所需的商品信息，既便宜又方便，同时采购方可以开放并维护自己的目录。但是，这一模式存在自身的劣势：由于"商店"是普通的门户网站，很难和采购方后端的企业内部信息系统很好地集成。所以对于采购方而言，一切似乎都没有改变，没有自动化，采购方还是得寻找供应商的网站，登录上去之后，通过目录网络形式输入订单。只是由于批量的原因，供应商通常不必保留采购方的模板或公司的采购信息。每个采购方每次都必须输入所有重要的信息，例如公司名称、地址、电话号码、账户等。很明显，如果一家公司同时拥有500家供应商，那就要访问500个网站，不停地重复输入信息。这使得工作内容更加复杂难办。另外，采购方与供应商是通过供应商的系统进行交流的，由于双方所用的标准不同，供应商系统向采购方传输的电子文档不一定能为采购方的信息系统所识别，并自动加以处理，传送到相关负责人处，这些文档必须经过转化，甚至需要手工处理。这些大大降低了电子商务采购的效率，延长了采购的时间。所以企业必须更新自己内部的 ERP 系统。近期，XML（extensible markup language）技术的出现，为互联网上的数据表示和传播提供了新的思路，使 B2B 电子商务采购有所发展。不过这种采购模式可以被视为小型购买者和一次性采购所属的形式。

2.买方模式

买方模式是指采购方在互联网上发布所需采购商品的信息，供应商在采购方的网站上投标登录自己的商品信息，供采购方评估，并通过采购方网站，与采购方进行进一步的信息沟通，完成采购业务的全过程。买方模式可以更紧密地控制整个采购流程，可以限定目录中所需商品的种类和规格，甚至可以给不同的员工在采购不同的商品时设定采购权限和数量限制。另外，员工只需要通过一个界面就能了解到所有可能的供应商商品信息，并能很方便地进行对比和分析。同时，由于供求双方通过采购方的网站进行文档传递，因此采购方的网站与采购方信息系统之间的无缝连接将使这些文档流畅地被后台系统识别并处理。对于一个成功的买方模式来说，只有采取全面的技术防护手段，才能确保采购过程的顺利进行。当然，这一模式也有着自身的劣势：买方保留了目录和系统维护的艰巨工作。最初的信息整合和合理化过程中需要很大的投入。设想，如果一家公司涉及不同国家成百上千的供应商，就有可能有成百上千的项目条款，每个条款都有很多项规格说明。不同的供应商对相同的商品又有着不同的措辞，各种供应商一般都会为不同的版式图形提供不同的商品 ID 号码。因此，对于那些没有将目录和系统维护作为核心竞争力的公司来说，他们可能会考虑要将这项工作外包。当然，这涉及成本问题，还有技术更新的问题，同时就算将维护工作外包，公司系统也应该考虑到不同的维护通道的方法，以使政策适合未来发展需要。这一系统需要提供网络基础上的维护以便供应商能随时更新自己的目录，使买方更加方便。

3.市场模式

市场模式是指供应商和采购方通过第三方设立的网站进行采购业务的过程。在这个模式里，无论是供应商还是采购方都只需在第三方网站（独立的门户网站）上发布并描述自己提供或需要的商品信息，第三方网站则负责商品信息的归纳和整理，以便于用户使用。第三方网站是全世界范围内任何人都可以进入的互联网的单个网站站点，允许任何参与者登录并进行交易，但是要交一定的费用，可以按交易税金或交易费的百分比来计算。网站上的主要内容有查看目录、下订单（竞标）、循环交货、支付等。虽然这样省去了建立网站的费用，但由于这一市场是独立的第三方网站，它与采购方的后台系统集成比较难。为了弥补这一缺陷，现今一些网站上的交易市场，特别是由电子商务采购提供商建立的 e-market（电子交易中心），纷纷采用了基于 XML 的开放型构架，这种构架已逐渐成为构建 e-market 的主流模式。因为在这种构架下，不论企业自身的系统是什么"语言"，都可以通过 XML 顺利地进行"沟通"。同时他们还为客户提供后台集成服务，使企业能顺畅地通过电子市场进行采购。不过这些电子交易中心的发起人也在方向和服务水平上千差万别。许多电子交易都只局限于为多个买方和供应商提供一个在线的多对多的商店，而且通常只关注于单一水平或是垂直行业部门。目前，有10%～30%的采购都是由交易中心来进行的。

7.4.3 电子商务采购的系统程序

1.商品报价请求

采购方向供应商提出商品报价请求，说明想购买的商品信息。

2.商品的报价

供应商向采购方回答该商品的报价，说明该商品的报价信息。

3.商品订购单

采购方向供应商提交商品订购单，初步说明确定购买的商品信息。

4.商品订购单的应答

供应商对采购方提出的商品订购单应答说明有无此商品及规格型号、品种、质量等信息。

5.商品订购单变更请求

采购方根据应答提出是否对商品订购单有变更请求，最后说明确定购买商品的信息。

6.商品发货通知

供应商向采购方说明关于运输公司、发货地点、运输设备和包装等信息。

7.商品运输说明

供应商对运输的工具、方式以及交货地点向采购方进行说明。

电子商务采购，首先要登录到电子商务采购网站。每个申请人都可以得到一个安全的个人登录代码，包括用户的配置（如职称、默认部门、会计码、默认发货地点和账单寄送地址）。申请人可以只访问和订购它们授权的购买目录项。安全登录以后，申请人可以使用网站强大的浏览工具了解多家或特定的一家供应商以及它们的商品情况，然后进入供应商目录，采用各种查询方式（如商品代码、关键字术语、插图等）进行搜索，寻找自己需要的商品信息。购物管理员也可以通过添加商品细节来引导申请人首先进入商品清单，或者指出哪些商品在购买前需经批准。此外，申请人还可以订购和申请非标准商品源的服务。

接下来，申请人可以发出申请或订购通知。可以实时申请，申请对象可以是一个或多个供应商的一种或多种商品。申请人可以通过搜索目录添加商品。如果申请人订购与过去相似的商品，则可以拷贝现有订单，稍加修改进行填制，快速完成采购。

填好订单后，就要将其提交给供应商。支付选项主要包括一个空白的购物订单、一个新的购物订单号以及采购/信用卡，卡的选择使用受每家供应商的接收能力限制。购物控制内的申请可分给每个供应商一个订单，然后送给相应的供应商履行。

申请人在采购时应受到控制。嵌入式控制确保申请人不购买限制购买的商品，或者订购权限外的商品，如每次订购额的限制，或者每个时期订购额的限制。

一旦提交了申请，根据组织的业务章程，申请就要被送去批复。通过电子邮件，批复人知道有待批准的请求送过来了，于是他们可以选择批准、拒绝或把请求转发给另一个批复人。对批复人有一定的限制，以保证批复过程的差错最小。

最后供应商进行订购调遣和履行。供应商交叉的申请可分成一个供应商一个购物订单，以供应商偏爱的接收方式，通过各种订单格式发给每家供应商。购物订单的拷贝送给购物系统，让系统报告和跟踪订单。订购履行后，供应商通过电子邮件发回订购确认、订购状态和发货通知。申请人还可以查看在线订购状态信息，回顾详细的订购和每个项目状态历史。

买方电子商务采购只有在他们能够促使广大用户、现有管理系统和供应商一起轻松密切工作时才能真正发挥其作用，不仅是在公司内部，在整条供应链上都必须如此。只有把人和系统连接起来，才能满足整个采购过程的动态要求，实现集成效益，使采购系统的各个部分都能顺利工作，从而提高企业和供应商之间的工作效率。

7.4.4 企业实施电子商务采购的步骤

企业实施电子商务采购的步骤一般可以从以下几方面考虑：

1.提供培训

企业对电子商务采购系统的使用者进行应用技术方面的培训，让使用者了解将在什么地方进行制度革新，以便将一种积极、支持性的态度灌输给使用者。这将有助于减少未来项目进展中的阻力。

2.建立数据源

为互联网采购和提供管理功能积累数据，主要包括：供应商目录、供应商的原料和商品信息、各种文档样本、与采购相关的其他网站、可检索数据库、搜索工具。

3.成立正式的项目小组

小组需要由高层管理者直接领导，其成员应当包括整个项目实施进程涉及的层面，包括信息技术、采购、仓储、销售、计划等部门，甚至包括互联网服务提供商（ISP）、应用服务提供商（ASP）、供应商等外部组织的成员。每个成员对各种方案选择的意见、风险、成本、程序安排和监督程序运行的职责分配等进行充分的交流和讨论，以取得共识。企业的实践证明，事先做好组织上的准备工作是保证整个进程顺利进行的前提。

4.广泛调研，收集意见

为了做好电子商务采购，应广泛听取技术人员、管理人员、软件供应商等各方面的意见。同时借鉴其他企业行之有效的做法，在统一意见的基础上，制订和完善有关的技术方案。

5.建立企业内部信息系统，实现业务数据的计算机自动化管理

在企业的电子商务采购系统网站中，设置电子商务采购功能模块，使整个采购过程始终与管理层、相关部门、供应商，以及其他相关内外部人员保持实时联系。

6.应用前测试所有功能模块

在电子商务采购系统正式使用前，必须对所有的功能模块进行测试。因为任何功能模块在运行中如果存在问题，都会对整个系统的运行产生很大影响。

7.培训使用者

对使用者提供技能方面的培训，确保电子商务采购系统得以很好实施。

8.网站发布

利用电子商务网站和企业内部网收集企业内部各个单位的采购申请，并对这些申请进行统计整理，形成采购招标计划，并在网上发布。

"互联网+"助企业采购步入3.0时代

随着技术手段的不断发展，以及企业管理理念的不断进步，"互联网+"对传统产业的改造，已经不再仅仅局限于将销售渠道向互联网拓展，还意味着进货、销售、储存等各个环节与互联网的亲密接触，企业采购就是其中的重要一环。"互联网+"与企业采购相结合，不仅可以降低采购成本、提升采购效率，更能让整个流程更加透明。

日前，国家发改委、工信部等多部委印发《"互联网+"招标采购行动方案（2017—2019年）》，明确从发展规划、技术标准、交易规则、安全保障、公共服务等方面，引导各类市场主体积极参与电子招标采购平台体系建设运营。同时，充分发挥市场机制作用，培育"互联网+"招标采购内生动力。

工信部电子信息司巡视员胡燕表示，信息经济和电子商务让传统采购变得简单化、数据化、透明化、高效化，"互联网+"企业采购时代正在到来。

对于企业来说，从手工方式采购，到信息化采购，再到如今的电商化采购，可谓"一步一个台阶"。采购的"3.0版"意味着怎样的新动力？对传统企业的既定流程提出了什么样的新挑战？

各环节无缝对接

"平台化采购的最终目的是风险控制和提升效率，从而降低采购成本，并使整个采购流程更加透明。"平安集团财务总监项有志介绍说，平安集团与京东企业购签约，京东企业购将为平安集团37家专业公司及下属单位提供300多个品类、几万余种商品的电商化采购支持。

独立电商分析师、京腾汇创始人李成东表示，传统企业线下集中采购存在流程复杂、效率低下等情况。同时，大到服务器，小到毛巾和纸笔，都需要与采购人员对接。有业内人士告诉记者："一家百人以上的企业，每年年终采购需要至少2个人半个月的时间，而且哪怕有招投标环节，依然存在道德风险和操作风险。"

"目前来看，企业网购流程更为专业化、规范化、透明化。通过电子商务形式的一键式采购，能够打通采购与财务管控环节，解决集团企业总部管理预算与区域分散采购的矛盾，降低采购成本、提升采购效率。与此同时，企业非标准化和定制化的需求也能够方便地得以满足。"胡燕说。

在京东大客户部总经理宋春正看来，与信息化采购的2.0版相比，企业将采购环节迁徙到电商渠道，还意味着数据打通带来的资源彻底整合。"互联网最大的优势是连接，但传统互联网运用在采购环节，尽管包括比价、招投标等方式能带来单一品类的价格下降，但仓储成本、管理成本、折损成本等依然存在，效率与成本的变化，还需要打通所有环节的'无缝连接'。"宋春正说。

综合服务能力待提升

尽管"看起来很美"，但"互联网+采购"在国内只是刚刚起步，供需两端仍存在一些难题。

从传统企业来看，向新采购模式的迁徙需要决心。"传统企业要面对三个挑战：一是流程的梳理比较复杂；二是内部原有系统需要与电商平台对接，包括选择商品到确认、验货、付款这些都需要通过系统打通来解决；三是大型企业还要向各个分支机构推广。这些都需要技术基础和执行力。"项有志说。

对于电商平台来说，企业采购服务同样不是将个人用户模式简单复制。中国发展战略学研究会副理事长管益忻表示，要做透企业采购市场，电商平台除了比价格、比速度，还要比综合服务能力。

京东大型企业客户部总经理陈川表示，采购环节的业务场景有相当鲜明的行业特征，电商平台需要针对不同业务的采购场景，打造专属化场景的采购方案。"拿保险行业来说，根据客户的实际采购情况，比如投保礼场景，你要解决网销下单和投保礼的无缝连接，并能根据业务等级来推送不同的商品组合，同时还要解决传统场景下分支机构自行采购造成的仓储积压问题。"陈川说。

尽管如此，企业采购的"大蛋糕"依然吸引了各大电商平台，包括京东、阿里巴巴、苏宁乃至垂直领域的科通芯城等，都在这一领域发力。陈川介绍说，截至2016年，在京东企业购平台交易的企业客户总数已经超过200万家，年订单超过5 000万单，年增长速度超过100%。阿里钉钉创始人陈航同样在本月宣布，天猫企业购在阿里钉钉开放平台亮相，并和阿里钉钉一起，为中小企业提供高达10亿元补贴的"春泥计划"，为中小企业向电商化采购迁徙提供动力。

将带来颠覆性影响

"人工智能技术将提升大数据分析能力，同时利用大数据分析来提升客户行为和信息收集、分析能力，电商平台的数据服务将为企业采购环节提供新的活力。"胡燕表示，预计到2019年，企业网购市场将有望达到27.1万亿元，年均增长率为21.3%。

参与企业采购，并不仅仅意味着完成一笔笔新的"买卖"，在提供交易通路的同时，背后更深层次的商业逻辑在于包括供应链能力、数据能力等一系列能力的输出，这将对企业采购环节带来更加颠覆性的影响。项有志表示，未来平安的数字化采购，将与大数据技术结合，实现采购管理数字化转型，今年将实现从供应商的数字化评估、信息化管理到采购成本的数字化管理、自动化分析，以及采购风险的系统化识别和防范。下一步，平安将重点在用户画像、产品推荐、与供应商系统对接等方面积极实践。

在李成东看来，电商平台与传统企业在采购环节对接，未来还有可能影响到制造业和金融业等更多行业。"比如通过整合上游品牌供应商，可以为企业提供个性化定制服务，用数据来驱动制造。针对中小企业，还有可能通过与采购环节的打通，为同样针对企业用户的供应链金融和云服务拓展更多场景。"

资料来源　陈静."互联网+"助企业采购步入3.0时代［EB/OL］.［2017-03-28］. http://union.chi-na.com.cn/cmdt/txt/2017-03-28/content_9410206.htm.

案例精析

如家对接京东 树立酒店电商采购新样板

日前，如家酒店集团与京东达成合作，京东成为其积分商城采购唯一供应商，服务如家酒店集团旗下所有品牌酒店的会员积分兑换。如家酒店集团的积分商城将会与京东"智慧云"平台之一的智采平台（VOP）进行对接，广大会员可以享受到由京东提供的高品质商品和快速物流配送服务。据了解，如家酒店集团也是目前国内酒店行业中第一家实施会员积分消费电商化采购的企业。

如家酒店集团在全国各地拥有庞大会员群体，为了满足会员积分消费需求，提升会员黏性，如家专门建立了积分商城。然而，如家以往积分商城的采购模式是分别与各个供应商单独洽谈，不仅效率低下，更因商品丰富度不够、物流信息不准确、遇到节假日会暂停送货等问题，导致在积分使用方面对会员的吸引度不够，会员黏性也就大打折扣。如家积分商城相关负责人表示，这是在解决会员积分积压方面，困扰如家的最大问题。

据了解，京东帮助如家优化了积分商城，通过实时对接减轻很多平台运营方面的周转成本，积分商城上的订单也会在京东上面自动生成，商品的更换、添加等操作都非常方便。会员们不仅可以一目了然地看到商品信息、预计到货时间等，还能及时了解所在地是否有库存。如家积分商城相关负责人称，与京东合作之后，积分商城每个月预计会兑换高达100万元左右的实物商品，是以前的两到三倍。也正因此，如家的会员黏性可以大幅提升。"积分商城的浏览量明显上升，同时也间接提高了我们网站的浏览量以及网友通过官网订房的预订量。"

精析：京东是大平台，商品质量有保证，品类丰富，效率高，信誉度好，一旦双方合作过程中出现问题，京东给予解决的效率也非常高。此外，如家与京东的合作，是两个不同业态的强强联手，树立了酒店行业与电商合作的样板。以往跟每家供应商去谈的传统采购方式是将被淘汰的，跟电商合作是大势所趋。

资料来源　佚名.如家对接京东树立酒店电商采购新样板［EB/OL］.［2015-11-24］. http://www.linkshop.com.cn/web/archives/2015/338361.shtml.

职场指南

某企业采购经理的资历要求：

1.至少大专毕业，主修商学或相关学科。

2.男女不限，年龄34岁以下，体格良好、健康。

3.1~2年的专业采购或批发经验。

4.对本地及全国民生消费品之流通及价格结构有充分了解。

5.中文说写能力良好，通英日语更佳。

6.有良好的沟通、谈判、计划及分析技巧。

7.在行销、贸易及委托加工采购有经验者更佳。

8.对于制造过程、品质管制、商品法律规定及电脑软件应用有良好经验。

9.能依工作需求拜访国内外的供应商。

10.过去的工作成就良好而且有证明文件者。

本章小结

本章简单介绍了JIT采购、全球采购、联合采购和电子商务采购的基本概念与知识，着重介绍全球采购和电子商务的基本概念，重点讲述了电子商务采购实施的系统程序、技术支持、实施步骤与电子商务系统构成模型。

主要概念

JIT采购　全球采购　联合采购　电子商务

基础训练

一、判断题

1.在供应链管理的环境下，企业的采购方式和传统的采购方式完全相同。　　（　　）

2.在供应链管理模式下，采购活动是以用户的订单驱动方式进行的，制造订单驱动采购订单，采购订单再驱动供应商。　　（　　）

3.电子商务对企业最大的影响就是降低企业的交易成本。　　（　　）

4.采购是供应链运转的开始，是供应链的一个重要组成部分，没有采购就没有供应链。　　（　　）

5.供需双方从简单的买卖关系向战略协作伙伴关系的转变，是供应链模式下采购管理的重要特点。　　（　　）

二、简答题

1.JIT采购和传统采购有哪些不同？

2.全球采购的过程有哪些？

3.中小连锁企业采购联盟的运作模式是如何分类的？

4.电子商务的优势有哪些？

5.电子采购模式有哪些？

三、案例分析

一站式采购"龙卷风"般袭来，功喜源引爆邕城酒店餐饮便捷采购

1.酒店餐饮企业高管呼唤一站式采购服务提供商。

"一个高效的公共采购供应平台可以帮助酒店提高效率与服务质量，降低运营成本。"国际饭店与餐馆协会秘书长亚伯拉罕·罗赞托说。

"如何通过沟通让供需双方的信息能够进行有效的交流，从而降低采购成本，是一个很大的挑战。建立酒店采购的专业信息平台，是21世纪以来很多国际化酒店一直期望的。"喜达屋集团中国区高级采购总监直言。

2.何为一站式采购解决方案服务提供商？

在一个平台上，可以实现酒店餐饮企业的采购需求，涵盖酒店餐饮企业所需的所有品类，可以将酒店餐饮企业的库存直接与平台对接，平台可以提前预知酒店餐饮企业的需求，提前做好库存备货，让酒店餐饮企业的采购反应速度更快、更便捷，彻底解决酒店餐饮企业采购难、难采购、成本高等问题。

3.这样的平台对酒店餐饮企业有什么革命性的推动呢？

（1）不用为采购团队的组建煞费苦心了，有一两位对采购比较熟悉的人员即可，因为一切都在网上操作，采购人员也不用辛苦地在全国的批发市场跑来跑去了。

（2）价格更加透明，便于酒店餐饮企业的财务管理。

（3）成本更低，一站式采购平台因为同时和众多的供应商合作，中间省去了代理的环节，所以可以将这部分利润让利给酒店餐饮企业。

（4）海量产品，一站式选择和采购，描述详细清晰，到实体店看实物签合同的方式已经过时了，采购人员可以轻松地坐在办公室，点点鼠标，完成采购。

（5）在深入与酒店餐饮企业的合作过程中，还可以根据酒店餐饮企业的需求定制个性化服务，电子商务本质就是通过创新来提供服务的。

4.目前有没有这样的平台呢？

有的，功喜源酒店餐饮一站式农产品采购平台，是由广西烹饪餐饮行业协会、中国营养协会、广西农业扶贫开发促进会共同支持，广西功喜源健康产业有限公司建设运营，在6年多农产品收购、销售和餐饮从业经验的基础上，依托广泛的农业基地联盟和物流配送实力，结合"互联网+"，链接线上线下，广西首家专业P2C、优质的农产品采购平台。

功喜源酒店餐饮一站式农产品采购平台整合了数千家农产品厂家供应商、农村合作社和大中型酒店餐饮企业，致力于为酒店餐饮企业的一站式食材采购提供服务，致力于优化农产品供应链，省去中间环节，减少成本，从食材采购、生产加工，再到出品，各个环节上都贯彻食品的安全品质控制，实现源头可追溯，配送及时，保证产品的新鲜、安全，省时、省力、省心，彻底解决酒店餐饮企业采购难、难采购、成本高等问题。

功喜源酒店餐饮一站式农产品采购平台定位为帮千家酒店餐饮企业采购，解决酒店餐饮企业采购难题，试图为酒店餐饮企业提供更加优质、便捷的采购解决方案，推动酒店餐饮企业快速良性的竞争与发展。

酒店餐饮企业对一站式采购的期待已经迫不及待，顺应需求而生的功喜源酒店餐饮一站式农产品采购平台正好切合了酒店餐饮企业的需求，相信很快会接到大量的酒店餐饮订单。

资料来源　佚名.一站式采购"龙卷风"般袭来，功喜源引爆邕城酒店餐饮便捷采购［EB/OL］.［2017-08-19］. http://www.sohu.com/a/165829794_448312.

思考与讨论

1.结合本案例并搜查相关资料，分析一站式采购服务目前在连锁企业的应用情况。

2.为更好地实施一站式采购服务需要哪些技术方面的支持？

实践训练

一

【实训项目】

连锁企业采购方式调查报告

【实训情境设计】

通过实地调研及网络查询调查2家连锁企业（物美、永辉）的采购方式，分析采购工作在连锁企业中是日常的业务性工作还是战略性工作？为什么？结合不同连锁企业分析说明。

【实训任务】

1.确定调查小组的角色和分工。

2.调查2家连锁企业的采购方式。

3.选择其中的1家连锁企业对其某一采购方式进行详细的说明。

4.分析采购工作是业务性工作还是战略性工作。

5.连锁企业采购方式调查报告力求真实、简洁。

【实训提示】

★小组各组员分工合作调查同质性的连锁企业。

★以实地调查和网络搜索的相关资料为基础。

★适当对连锁企业现有的采购方式提出改进意见。

【实训效果评价表】

连锁企业采购方式调查报告评分表

考评人			被考评小组	
小组成员				
考评内容	采购类型调查			
考评标准	考评点		分值（分）	评分（分）
	调查连锁企业采购方式的真实性		10	
	采购方式说明的完整性		20	
	分析采购工作性质的到位程度		20	
	调查报告的逻辑性		20	
	提出采购方式建议的创新性		20	
	组员的参与度		20	
合计			100	

注：评分满分为100分，60~70分为及格，71~80分为中等，81~90分为良好，91分以上为优秀。

二

【实训项目】

连锁企业网上采购商品模拟

【实训情境设计】

请同学们在相应的实训室进行分组，借助已有的网络采购平台，进行网上采购模拟，或分别模拟采购方（连锁企业）和供应商，在网上进行订单和各种票据的传输、签约等过程。

【实训任务】

1.确定小组的角色和分工。

2.确定连锁企业网上采购商品的清单。

3.分析各家供应商的信用、商品的质量和价格。

4.分析连锁企业网上采购商品的利弊。

5.分析连锁企业网上采购商品的四流（商流、资金流、物流和信息流）。

【实训提示】

★网上供应商的评价分析。

★供应商商品的价格和质量对比。

★连锁企业网上采购商品的支付安全分析。

★连锁企业网上采购商品的效率和水平。

【实训效果评价表】

连锁企业网上采购商品模拟评分表

考评人		被考评小组	
小组成员			
考评内容	连锁企业网上采购商品模拟		
考评标准	考评点	分值（分）	评分（分）
	网络供应商评价	20	
	网络商品的质量和价格对比	20	
	网上采购商品的利弊分析	10	
	网上支付安全分析	20	
	采购效率和水平是否得到提高	20	
	组员的参与度	10	
合计		100	

注：评分满分为100分，60~70分为及格，71~80分为中等，81~90分为良好，91分以上为优秀。

综合实训

【实训项目】

采购流程、采购数量决策、采购合同、供应商管理综合实训

【实训情境设计】

假设你是一家汽车旅游客运公司的采购经理，公司目前主要的采购项目是旅客在途中食用的饼干、面包、饮料等食品，除此之外，还包括公司日常需要的办公用品，办公用品的采购相对食品的采购来说，周期长、费用低。目前，公司要进行采购部门的整改，包括采购部门组织设计以及规范采购流程等工作，请根据该公司的情况进行采购部门和采购流程设计。

另外，有两家供应商向你提供不同的食品，根据公司食品采购的要求以及这两家供应商的具体情况（见下表），确定该公司的采购数量和供应商选择时应考虑的因素。

具体情况介绍

公司情况	具体条件
汽车旅游客运公司：公司对食品供应商的采购条件是既能满足要求，包括质量、交货期以及商品的保质期，又能使成本最低，同时满足持续的供应	质量：符合食品市场安全准入条件，具有"QS"标志，并具有一定的品牌知名度 交货期：及时交货，因为缺货损失费很高 成本：最低的采购成本。平均每月的需求量是 10 000 个，同时食品具有很短保质期，存货量不能太高，存货成本每月 0.5 元/个，每次订购费用 600 元 同时供应商要有持续供货的能力，保证旅游客运品牌，杜绝断货
供应商 1：一家小生产企业，生产蛋糕、饼干	质量符合市场安全准入条件，可以为客户提供高质量的服务，包括高频率的送货。蛋糕销售价是 2.1 元/个
供应商 2：一家食品批发商，食品种类多，客户也较多，客户主要是超市和批发商，小商家、店铺也有，所以断货也是在所难免	准备销售给汽车旅游客运公司的是"爱上非蛋糕"，质量符合市场安全准入条件，销售价格是 3 元/个，建议采购商大量购买货物形成库存（至少 2 个月的库存），从而减少断货的风险

【实训任务】

1.请根据该公司具体情况设计采购部门，并说明采购部门的相关职责。

2.请为该公司设计一套完整的采购流程，并将其标准化。

3.请确定供应商选择的因素，制定供应商选择考核表及考核依据，并为两家供应商评分。

4.请分别计算向供应商 1 与供应商 2 采购的经济订购批量。

5.根据采购食品的具体内容和条件，制定规范化的采购合同模版。

6.作为采购经理，在对食品供应商管理方面有什么好的建议？

【实训提示】

★在为该公司设计采购流程时，可结合相关采购软件进行，采购的每一步如（采购需求确认—请购—询价—采购合同的订立—进货（退货）—采购入库）内容都要细化（如确认采购需求，根据采购计划填写请购单，并得到上级批准；如何减少特殊订单、紧急订单

的采购；采购商品说明，如何减少对商品采购说明的误解，可采用样品、图片、采购说明书等方法），每一步都要尽量附有表格，使其规范化，并设定特殊情况下的采购流程，体现流程的柔性、弹性。

★根据上述情境设计，确定供应商选择的标准和评分依据，并为供应商1和供应商2进行评分。评分中主观因素可能较多，说明理由即可。

★将采购合同模板制作规范化，包括完整的采购合同框架及内容，合同内容要符合采购食品的要求。

【实训效果评价表】

综合实训评分表

考评人		被考评小组	
小组成员			
考评内容	综合实训		
考评标准	考评点	分值（分）	评分（分）
	采购部门设计的合理性	10	
	采购流程设计的全面性、合理性	30	
	供应商选择考核表制作的实用性	20	
	经济订购批量计算的正确性	10	
	采购合同框架及内容的完整性	10	
	供应商管理建议的实用性、创新性	10	
	组员的参与度	10	
合计		100	

注：评分满分为100分，60~70分为及格，71~80分为中等，81~90分为良好，91分以上为优秀。

主要参考文献

［1］郑光财.连锁企业采购管理［M］.北京：电子工业出版社，2007.

［2］文峰.轻松管采购［M］.广州：广东经济出版社，2006.

［3］李琦业.货物采购与检验［M］.北京：中国物资出版社，2004.

［4］蔡中焕，鲁杰.连锁企业商品采购管理［M］.北京：科学出版社，2008.

［5］覃常员.连锁经营采购管理［M］.北京：机械工业出版社，2009.

［6］胡学庆，徐为明.连锁企业商品采购管理［M］.2版.上海：立信会计出版社，2007.

［7］侍东波.买卖合同案例评析［M］.北京：知识产权出版社，2002.

［8］曹富国，何景成.政府采购管理［M］.北京：企业管理出版社，1998.

［9］陈广.家乐福超市攻略［M］.广州：南方日报出版社，2004.

［10］沈小静.采购管理［M］.北京：中国物资出版社，2003.

［11］郭辉.采购实务［M］.北京：中国物资出版社，2006.

［12］鄢鸣，李利利.连锁企业采购管理［M］.北京：科学出版社，2013.

［13］阎宏毅，马丽涛.连锁企业采购管理［M］.北京：电子工业出版社，2013.

［14］李春杰，柳娜.连锁企业采购管理［M］.北京：清华大学出版社，2013.

［15］郭红蕾，孙海洋.连锁经营企业采购管理［M］.北京：北京师范大学出版社，2014.

［16］中国连锁经营协会校企合作小组.连锁零售企业商品采购［M］.北京：高等教育出版社，2014.

［17］李世红.连锁企业商品采购管理［M］.北京：中国财政经济出版社，2014.

［18］高文华.连锁企业采购管理［M］.南京：南京大学出版社，2014.

［19］孙前进.连锁企业采购与配送管理［M］.北京：中国发展出版社，2015.

［20］谢翠梅.连锁企业采购管理［M］.2版.北京：对外经贸大学出版社，2015.

［21］杨刚.连锁企业采购与配送管理［M］.厦门：厦门大学出版社，2016.

［22］潘慧明.连锁经营法规［M］.北京：中国人民大学出版社，2017.

［23］李依璘，李轻舟，边明伟，等.实用连锁门店选址技术［M］.成都：西南交通大学出版社，2017.

［24］黄宪仁.连锁店操作手册［M］.5版.北京：电子工业出版社，2017.

［25］郭伟.连锁经营管理原理［M］.2版.北京：电子工业出版社，2017.